Student Activities Manual
for

¡ARRIBA!

PEARSON

ALWAYS LEARNING

Holly J. Nibert

Eduardo Zayas-Bazán • Susan M. Bacon • Holly J. Nibert

Student Activities Manual for ¡ARRIBA! Comunicación y cultura

Custom Edition for Lehigh Carbon Community College

Taken from:
Student Activities Manual for ¡ARRIBA! Comunicación y cultura, Sixth Edition
by Holly J. Nibert

Taken from:

Student Activities Manual for ¡ARRIBA! Comunicación y cultura, Sixth Edition
by Holly J. Nibert
Copyright © 2012 by Pearson Education, Inc.
Published by Prentice Hall
Upper Saddle River, New Jersey 07458

This special edition published in cooperation with Pearson Learning Solutions.

All trademarks, service marks, registered trademarks, and registered service marks are the property of their respective owners and are used herein for identification purposes only.

Pearson Learning Solutions, 501 Boylston Street, Suite 900, Boston, MA 02116

A Pearson Education Company
www.pearsoned.com

Printed in the United States of America

1 2 3 4 5 6 7 8 9 10 V036 16 15 14 13 12 11

000200010270747160

CB

ISBN 10: 1-256-15527-6
ISBN 13: 978-1-256-15527-0

Contents

Preface

Drawing on the organization, pedagogy, and special features of the student text, the Student Activities Manual for *¡Arriba! Comunicación y cultura*, Sixth Edition, is a completely integrated manual that offers a wide range of practice opportunities for the vocabulary, grammar, and culture topics presented in the student textbook.

This edition of the activities manual has been carefully crafted so that it is completely coordinated with the student textbook. Its organizational structure is exactly parallel to that of the text, making it easy for students and instructors alike to find all of the practice materials on a given topic. Each chapter of the manual is divided into three sections: *Primera parte, Segunda parte,* and *Nuestro mundo.* Each *parte* is further subdivided according to the sections of the text, with *¡Así lo decimos!* to strengthen vocabulary usage and *¡Así lo hacemos!* to practice grammar points in the order in which they appear in the chapter. We have gone to great lengths to ensure that the practice activities in the manual correspond not only in sequence, but also in scope and difficulty to the topics introduced in the parallel sections of the student text.

Other features in this edition of the manual include the following:

- A *¿Cuánto saben?* assessment section after each *parte* coordinates with the communicative goals outlined in the text. The *¿Cuánto saben?* activities provide students with the ability to review the material introduced in the text and track their progress toward reaching the stated goals.
- A new *Perfiles* section offers activities relating to *Mi experiencia* and *Mi música,* according to the corresponding section of the textbook chapter. These activities provide students the opportunity to understand more fully the culture of the Hispanic world.
- The *Nuestro mundo* section also parallels the corresponding section of the text. The *Panoramas* section challenges students to develop their knowledge of the cultural topics presented in the textbook. The *Páginas* section allows the student to experience more information about the writers or writing styles found in the text. Finally, the *Taller* permits students to synthesize their own ideas about topics explored in the chapter while expanding their writing skills through guided composition.

Student Activities Manual

for

¡ARRIBA!

1

Hola, ¿qué tal?

Primera parte

¡Así lo decimos! Vocabulario (Textbook pp. 4–5)

Saludos y despedidas

01-01 **¡Así es la vida!** Reread the brief dialogs in your textbook and select the answer that best completes each statement.

1. María Luisa está _____ .
   a. muy bien
   b. más o menos
   c. muy mal

2. Jorge está _____ .
   a. mal
   b. bien
   c. fenomenal

3. La profesora se llama _____ .
   a. Juana
   b. la profesora López
   c. Roberto Gómez

4. El estudiante se llama _____ .
   a. encantado
   b. la profesora López
   c. Roberto Gómez

5. Lupita y Juan usan (*use*) _____ .
   a. presentaciones
   b. saludos
   c. despedidas

01-02 **Respuestas.** Select the most logical response in each exchange between María Luisa and a professor.

1. Buenos días, profesora.
   a. Buenos días.
   b. Más o menos.
   c. Lo siento.

2. Me llamo María Luisa.
   a. De nada.
   b. Hasta luego.
   c. Mucho gusto.

3. Buenas noches, María Luisa.
   a. Buenos días, profesora.
   b. Hasta mañana, profesora.
   c. Lo siento.

4. ¿Cómo estás, María Luisa?
   a. Hola.
   b. Hasta pronto.
   c. Muy bien, gracias.

5. Gracias, profesora.
   a. Más o menos.
   b. De nada, María Luisa.
   c. Muy mal.

6. Mucho gusto, profesora.
   a. Más o menos.
   b. Igualmente.
   c. Todo bien.

01-03 ¿Formal o informal? Indicate whether each expression is more appropriate in a formal or an informal social setting.

1. ¿Cómo estás?   a. formal   b. informal

2. ¿Cómo te llamas?   a. formal   b. informal

3. ¿Cómo se llama usted?   a. formal   b. informal

4. ¿Qué pasa?   a. formal   b. informal

5. ¿Cómo está usted?   a. formal   b. informal

6. ¿Qué tal?   a. formal   b. informal

01-06 Presentaciones. Complete the conversation between Sr. Pérez and Eduardo appropriately with words from the word bank. Use the dialogs presented in the textbook as models.

bien	Encantado	llamo	menos
buenos	llama	luego	Mucho

SR. PÉREZ: Hola, (1) _____ días. ¿Cómo se (2) _____ usted?

EDUARDO: Me (3) _____ Eduardo Orozco.

SR. PÉREZ: (4) _____ gusto. Soy el señor Pérez.

EDUARDO: (5) _____ . ¿Cómo está usted?

SR. PÉREZ: Muy (6) _____ , gracias. ¿Y usted?

EDUARDO: Más o (7) _____ . Adiós, Sr. Pérez.

SR. PÉREZ: Hasta (8) _____ .

01-07 **Diálogos.** Using models presented in the textbook, write two different dialogs, one formal and one informal, between two people. Be creative and be sure to use a variety of expressions.

Diálogo A: Formal

_____

_____

_____

_____

_____

Diálogo B: Informal

_____

_____

_____

_____

_____

¡Así lo hacemos! Estructuras
1. The Spanish alphabet (Textbook p. 8)

01-10 **Letras y palabras.** Match each Spanish letter with the word that contains it.

1. ge _____   a. señor

2. equis _____   b. muy

3. eñe _____   c. verdad

4. i griega _____   d. López

5. zeta _____   e. luego

6. uve _____   f. hasta

7. cu _____   g. México

8. hache _____   h. que

01-11 Ciudades del mundo hispano. Give the name of each city that is spelled out below. Be sure to capitalize the first letter of each city.

1. ce, a, ere, a, ce, a, ese

   _____

2. eme, a, de, ere, i, de

   _____

3. eme, o, ene, te, e, uve, i, de, e, o

   _____

4. ce, u, zeta, ce, o

   _____

5. ge, u, a, de, a, ele, a, jota, a, ere, a

   _____

6. ese, e, uve, i, ele, ele, a

   _____

7. uve, e, ere, a, ce, ere, u, zeta

   _____

8. ge, u, a, i griega, a, cu, u, i, ele

   _____

2. The numbers *0–100* (Textbook p. 10)

01-14 **Matemáticas.** Complete each math problem by writing out the missing numbers as words in Spanish.

Modelo: once + *dos* = trece

1. once – _____ = dos

2. treinta + _____ = noventa

3. ochenta – _____ = diez

4. tres × _____ = cuarenta y ocho

5. quince ÷ _____ = cinco

6. dos × _____ = cuarenta

7. cien – _____ = cuarenta y nueve

8. doce ÷ _____ = dos

9. once + _____ = treinta y dos

10. ocho ÷ _____ = dos

01-16 Números de teléfono. Spell out all phone numbers listed on the following business cards. Be sure to follow the Spanish custom of dividing phone numbers into groups of two digits, as in the model.

Eduardo Soto España
Director Ejecutivo

Comisión de Intercambio Educativo
Entre Estados Unidos y Venezuela
(Fulbright Commission)

Palomo 305 - 3°
Tel. 39-24-97/39-38-55
2013 - 6047
Caracas

José Sigüenza Escudero
Tomasa Miranda de Sigüenza

C/ El Molino, 11
Teléfono 39 21 37

QUEL (Logroño)

José Bernardo Fernández

Aníbal Ruiz Pérez

Departamento de Matemáticas
Universidad de Puerto Rico,
Río Piedras

SERVICIO DE VIAJES RODRÍGUEZ TRAVEL SERVICE

Antonio Rodríguez
DIRECTOR GENERAL

PASEO DE CABALLOS 371
58300 MONTERREY,
MÉXICO

TELS. 21-14-75 Y
21-14-93
TELEX 4902384 HOTME

Modelo: Miguel Ángel Navarro Pérez, Tel. 91-17-44
            noventa y uno, diecisiete, cuarenta y cuatro

1. José Sigüenza Escudero y Tomasa Miranda de Sigüenza

    _____

2. Eduardo Soto España

    _____

3. Antonio Rodríguez

    _____

3. The days of the week, the months, and the seasons (Textbook p. 13)

01-17 ¿En qué mes del año...? Match the list of holidays with the months of the year when they take place.

1. el día de la Independencia de EE. UU. _____   a. febrero

2. Halloween _____   b. diciembre

3. el día de San Valentín _____   c. junio

4. la Navidad (*Christmas*) _____   d. noviembre

5. el día de Acción de Gracias (*Thanksgiving*) _____   e. julio

6. el día de Martin Luther King, Jr. _____   f. octubre

7. el día de la Madre (*Mother*) _____   g. enero

8. el día del Padre (*Father*) _____   h. mayo

01-18 Los días, los meses y las estaciones. Find these words for the days of the week, the months, and the seasons in the following puzzle. Search horizontally, vertically, and diagonally, both forward and backward.

abril	domingo	jueves	noviembre	primavera
agosto	invierno	martes	otoño	verano

```
O  O  G  N  I  A  O  L  R  C  I  B  D  A  Z
U  M  Q  W  A  G  T  L  L  I  R  B  A  R  U
O  E  N  C  D  Z  N  E  I  R  R  O  S  B  I
S  E  M  S  E  F  O  R  M  A  D  I  T  R  E
A  N  A  S  D  A  V  N  O  T  O  Ñ  O  O  S
U  E  R  E  I  J  I  S  N  A  N  V  N  P  O
C  H  R  T  S  X  E  T  R  N  C  A  M  Z  F
Y  I  L  R  B  C  M  O  E  C  R  A  N  E  D
S  B  G  A  R  H  B  A  I  E  M  A  S  Y  E
D  I  O  M  E  A  R  E  V  A  M  I  R  P  I
T  G  T  S  R  L  E  G  N  A  Y  T  E  K  O
R  E  S  A  V  A  T  E  I  X  I  F  A  L  P
B  R  O  T  F  A  S  A  H  C  L  C  O  H  C
I  A  G  A  B  U  J  U  E  V  E  S  S  P  T
L  M  A  N  U  I  O  G  N  I  M  O  D  D  C
```

01-19 Los días de la semana. Write in Spanish the day that completes each sequence.

Modelo: viernes, *sábado*, domingo

1. martes, _____ , jueves

2. domingo, _____ , martes

3. miércoles, _____ , viernes

4. lunes, _____ , miércoles

5. jueves, _____ , sábado

6. sábado, _____ , lunes

01-24 ¿Saben los números 0–100? Solve each math problem by writing out the answer as a word in Spanish.
Modelo: 50 − 25 = *veinticinco*

1. 53 + 14 = _____ .

2. 66 − 33 = _____ .

3. 33 × 3 = _____ .

4. 10 + 14 = _____ .

5. 20 × 5 = _____ .

Perfiles (Textbook p. 18)

Mi experiencia: Soy bilingüe

01-28 Según Óscar Ponce Torres. Reread this section of your textbook and give the answer that best complete each statement.

Aventura	experience	New York City	proud
bilingual	international business	opportunities	Puerto Rico

1. Óscar Ponce Torres lives in _____ .

2. His family is from _____ originally.

3. Óscar speaks both Spanish and English; he is _____ .

4. Óscar is _____ of his heritage.

5. He studies _____ at NYU.

6. Being bilingual brings about many professional and social _____ .

7. For Óscar, being bilingual and bicultural is his life _____ .

8. Óscar identifies with the theme of the song "Mi corazoncito" by _____ .

Mi música: "Mi corazoncito" (Aventura, EE. UU.)

01-29 **Asociar datos.** Read about this group in your textbook and follow the directions to listen to the song on the Internet. Then match each item with the best description.

1. Aventura _____   a. en español y en inglés

2. "Mi corazoncito" _____   b. tipo de música romántica

3. *K.O.B. Live* _____   c. grupo de Nueva York

4. "Romeo" Santos _____   d. álbum con "Mi corazoncito"

5. la bachata _____   e. canción popular de Aventura

6. la letra (*lyrics*) de Aventura _____   f. miembro del grupo Aventura

Segunda parte

¡Así lo decimos! Vocabulario (Textbook pp. 20–21)

En la clase

01-30 **¡Así es la vida!** Reread the brief dialog in your textbook and match each character with an associated concept.

1. la profesora García _____   a. No escucha bien.

2. Miguel _____   b. Necesita su computadora.

3. Paulina _____   c. No tiene estudiantes preparados (*prepared*).

4. Ramón _____   d. No tiene la tarea.

01-31 **En la clase.** Select the word that does not fit in each group based on meaning.

1. a. la calculadora   b. el libro   c. el/la estudiante   d. la computadora

2. a. la silla   b. el hombre   c. la mesa   d. la pizarra

3. a. la universidad   b. el/la estudiante   c. la profesora   d. la mujer

4. a. el bolígrafo   b. la mochila   c. el lápiz   d. el papel

5. a. el libro   b. el cuaderno   c. el diccionario   d. el reloj

6. a. el mapa   b. la calculadora   c. el teléfono móvil   d. la computadora

01-32 Antónimos. Match each item with its opposite.

1. oscuro _____   a. caro

2. grande _____   b. hombre

3. blanco _____   c. pequeño

4. mujer _____   d. negro

5. barato _____   e. claro

01-33 El profesor López. Professor López gives directions to his class in Spanish. Give the Spanish equivalent of each of his instructions using the *ustedes* form of the verb.

Modelo: Write in Spanish.
            Escriban en español.

1. Answer in Spanish. _____

2. Listen. _____

3. Go to the board. _____

4. Study. _____

5. Read the dialog. _____

6. Close your book. _____

01-34 La profesora de español. A Spanish teacher is giving instructions in class. Match each statement with the picture that best illustrates it.

1.   _____

2.   _____

3.   _____

4.   _____

5.   _____

6. _____

a. José, abre el libro en la página 23.
b. Juan, contesta en español: ¿Cómo estás?
c. Escriban en el cuaderno.

d. Repitan, por favor: ¡Mucho gusto!
e. Ve a la pizarra y escribe: Yo me llamo Paula.
f. Escuchen el vocabulario.

01-35 ¿Qué hay en la clase? Professor Sosa teaches in the classroom next to yours. Write six sentences to identify various items in her classroom.

Modelo: *Hay una pizarra.*

1. _____

2. _____

3. _____

4. _____

5. _____

6. _____

01-37 **Descripción de una clase.** Write five sentences to describe one of your classrooms this semester.
Modelo: *Hay treinta estudiantes.*

1. _____

2. _____

3. _____

4. _____

5. _____

¡Así lo hacemos! Estructuras

4. Subject pronouns and the present tense of *ser* (Textbook p. 24)

01-38 **Los sujetos.** Choose the subject pronoun that best corresponds to each person or group of people.

1. María Luisa   a. yo   b. usted   c. ella

2. Susana y yo   a. ellos/as   b. nosotros/as   c. yo

3. Jorge y Ramón   a. ellos   b. nosotros   c. ustedes

4. las profesoras   a. ellas   b. ustedes   c. ellos

5. tú y yo   a. nosotros/as   b. ellos/as   c. ustedes

6. Eduardo   a. él   b. ella   c. tú

7. Lucía, Mercedes y Teresa   a. ustedes   b. ellos   c. ellas

8. Anita, Carmen, Alicia, María y José   a. ustedes   b. ellos   c. ellas

01-39 **Manuel Rivera.** Manuel is a university student from southern Spain. Complete his description with the correct forms of **ser.**

¡Hola! Yo (1) _____ Manuel Rivera y (2) _____ de Sevilla. Mi papá

(3) _____ colombiano y mi mamá (4) _____ española. Mis padres

(5) _____ profesores. Yo (6) _____ estudiante en la universidad. ¿De dónde

(7) _____ tú? ¿Cómo (8) _____ tu clase de español?

5. Nouns and articles (Textbook p. 27)

01-41 El artículo definido. For each noun, write the appropriate definite article (**el, la, los, las**) in Spanish, based on the gender and number of the noun.

Modelo: *la*   clase

1. _____ cuaderno   6. _____ papeles

2. _____ profesora   7. _____ calculadora

3. _____ pizarras   8. _____ mapa

4. _____ diccionarios   9. _____ lápices

5. _____ día   10. _____ sillas

01-42 El artículo indefinido. For each noun, write the appropriate indefinite article (**un, una, unos, unas**) in Spanish, based on the gender and number of the noun.

Modelo: *una*   clase

1. _____ señora   6. _____ universidad

2. _____ profesor   7. _____ mesa

3. _____ pizarras   8. _____ mapas

4. _____ libros   9. _____ papel

5. _____ clases   10. _____ relojes

01-43 **¿Necesitas...?** Your parents want to make sure that you have everything you need for your classes. Answer their questions, following the model and the words in parentheses.

Modelo: ¿Necesitas unos lápices? (Sí) or (No)
             Sí, necesito unos lápices. or *No, gracias. Tengo unos lápices.*

1. ¿Necesitas el libro de español? (No)

    _____

2. ¿Necesitas una calculadora? (Sí)

    _____

3. ¿Necesitas unos bolígrafos? (No)

    _____

4. ¿Necesitas unos cuadernos? (Sí)

    _____

5. ¿Necesitas una mochila? (Sí)

    _____

01-44 **En la mochila de Laura.** Complete Laura's description of the contents of her backpack. For each blank, provide the correct form of a definite (**el, la, los, las**) or indefinite (**un, una, unos, unas**) article, according to the context. Be sure to watch for agreement in gender and number.

¿Qué hay en mi mochila? Tengo (1) _____ papeles importantes. Tengo (2) _____ tarea preparada para

(*prepared for*) mañana. También (*also*) tengo (3) _____ cuaderno rojo y (4) _____ cuaderno blanco.

(5) _____ cuaderno rojo es grande y (6) _____ cuaderno blanco es pequeño. Tengo (7) _____ lápices,

pero (*but*) necesito (8) _____ bolígrafos. ¿Qué hay en tu mochila?

6. Adjective forms, position, and agreement (Textbook p. 30)

01-45 Los artículos y los adjetivos. Fill in the blanks with the correct forms of the articles and the adjectives given in parentheses. Watch for agreement in gender and number.

Modelos: *la*   pizarra   *negra*   (el/negro)
          unas pizarras *negras* (un/negro)

1. _____ computadora _____ (el/caro)

2. _____ estudiantes _____ (el/simpático)

3. _____ señoras _____ (el/trabajador)

4. _____ profesor _____ (el/aburrido)

5. _____ profesoras _____ (un/inteligente)

6. _____ clase _____ (un/pequeño)

7. _____ libro _____ (un/interesante)

8. _____ bolígrafos _____ (un/azul)

01-46 Del singular al plural. Change each sentence from singular to plural. Be sure to watch for agreement in gender and number, and follow the model closely.

Modelo: El cuaderno amarillo es pequeño.
         Los cuadernos amarillos son pequeños.

1. La mesa pequeña es negra.

   _____

2. La mochila gris es barata.

   _____

3. El reloj grande es caro.

   _____

4. El cuaderno azul es bueno.

   _____

5. El estudiante inteligente es trabajador.

   _____

01-47 Del plural al singular. Change each sentence from plural to singular. Be sure to watch for agreement in gender and number, and follow the model.

Modelo: Son unas señoras tímidas.
           Es una señora tímida.

1. Son unas señoritas idealistas.

   _____

2. Son unos señores extrovertidos.

   _____

3. Son unas clases interesantes.

   _____

4. Son unos mapas grandes.

   _____

5. Son unos libros fascinantes.

   _____

01-48 Identidades. Use the words provided and the correct forms of the verb **ser** to create complete sentences or questions. Change the forms of all articles, nouns, and adjectives to agree with the subjects or subject pronouns given.

Modelo: Ana / ser / un / mujer / optimista
           Ana es una mujer optimista.

1. nosotras / ser / un / profesor / interesante

   _____

2. Juan y Felipe / ser / un / hombre / introvertido

   _____

3. Julia / ser / un / mujer / misterioso

   _____

4. ¿ser / ustedes / un / estudiante / trabajador?

   _____

5. ¿ser / Elena / un / señor / simpático?

   _____

01-50 **Tus descripciones.** Use a variety of adjectives to create sentences that accurately describe people, places, and things you know. Be sure to watch for correct agreement in gender and number.

1. mi clase de español

_____

2. la universidad

_____

3. mi teléfono celular

_____

4. el/la estudiante ideal

_____

5. el hombre o la mujer ideal

_____

¿Cuánto saben? (Textbook p. 32)

01-51 **¿Saben el verbo *ser*?** Match each statement with the appropriate form of **ser** to complete it.

1. Los estudiantes _____ idealistas.   a. Eres

2. El profesor _____ impaciente.   b. somos

3. Yo _____ tímido.   c. es

4. Mis amigos y yo _____ estudiantes.   d. son

5. ¿ _____ tú estudiante?   e. soy

01-52 ¿Saben usar los artículos y los adjetivos? Complete Carla's introduction appropriately using words from the word bank.

aburridas	interesantes	las	un
inteligente	la	trabajadora	una

Hola. Me llamo Carla. Soy (1) _____ estudiante (2) _____ en

(3) _____ universidad. Mi amigo (*friend*) Luis es (4) _____ estudiante

(5) _____ . Nosotros somos (6) _____ , ¡pero (7) _____

clases son (8) _____ !

Nuestro mundo

Panoramas: La diversidad del mundo hispano (Textbook p. 34)

01-58 ¡A informarse! Based on the information from **Panoramas**, decide whether the following statements are **cierto** or **falso.**

1. No hay civilizaciones avanzadas en el Nuevo Mundo   Cierto   Falso
   antes de la llegada (*before the arrival*) de los españoles.

2. En el siglo XVI, la Torre de Oro en Sevilla guardaba armas.   Cierto   Falso

3. Tikal es parte de México.   Cierto   Falso

4. El 15% de la población de EE.UU. habla español.   Cierto   Falso

5. No hay hispanohablantes en Canadá.   Cierto   Falso

6. El español es la lengua oficial de veintiún países.   Cierto   Falso

Páginas: *Versos sencillos*, "XXXIX" (José Martí, Cuba) (Textbook p. 36)

01-59 **Tu poema.** Reread the poem from **Capítulo 1** and substitute other nouns and adjectives for the five words in bold to create your own poem. Be as creative as possible using vocabulary from **Capítulo 1**.

Cultivo una rosa **blanca,**

En **julio** como en **enero,**

Para el **amigo** sincero

Que me da (*gives*) su mano (*hand*) franca.

Y para el cruel que me arranca (*yanks out*)

El corazón (*heart*) con que vivo,

Cardo (*thistle*) ni ortiga (*nettle, a prickly plant*) cultivo:

Cultivo una rosa **blanca.**

_____

_____

_____

_____

_____

_____

_____

_____

_____

Taller (Textbook p. 38)

01-60 **Presentación para la clase de español.** How well do you and your classmates know each other? Write at least five sentences about yourself to share with others. Include your name (**Me llamo...**), place of origin (**Soy de...**), your birthday (**Mi cumpleaños es el ...**), your favorite color (**Mi color favorito es...**), and some of your inherent qualities (**Soy...**). Be sure to watch for agreement with verbs and adjectives.

_____

_____

_____

_____

_____

_____

_____

_____

_____

_____

_____

_____

_____

2

¿De dónde eres?

Primera parte

¡Así lo decimos! Vocabulario (Textbook pp. 42–43)

Las descripciones y las nacionalidades

02-01 **¡Así es la vida!** Reread the brief dialogs in your textbook and select all items that are true for each statement.

1. Paco _____ .
   a. es moreno
   b. no tiene preguntas
   c. es amigo de Chema

2. Paco y Chema _____ .
   a. están en Madrid
   b. están en un café
   c. están en la capital de España

3. Isabel _____ .
   a. es una muchacha rubia
   b. es de Sevilla
   c. lleva (*is wearing*) un suéter negro

4. Clara _____ .
   a. está con Isabel
   b. está con Chema
   c. lleva un suéter negro

5. Carlos _____ .
   a. no es joven
   b. tiene una mochila
   c. está con la profesora de filosofía

6. Ramón _____ .
   a. está con Ángeles
   b. es moreno
   c. tiene muchos amigos

02-02 **Opuestos (*opposites*).** Various descriptions are used to identify people in the café. Match each adjective below with its opposite.

1. feo _____

   a. rico

2. nuevo, joven _____

   b. alto

3. bajo _____

   c. moreno

4. pobre _____

   d. delgado, flaco

5. rubio _____

   e. viejo

6. gordo _____

   f. guapo, bonito

02-03 Amigos opuestos. Two of Chema's university friends, Federico and Eva, are exact opposites. Complete each sentence accordingly, and be sure to watch for correct agreement in gender and number.

Modelo: Federico es alto. Eva es *baja*.

1. Federico es moreno. Eva es _____ .

2. Federico es delgado. Eva es _____ .

3. Federico es feo. Eva es _____ .

4. Eva es rica. Federico es _____ .

5. Eva es joven. Federico es _____ .

6. Eva es perezosa (*lazy*). Federico es _____ .

02-04 Nacionalidades. Chema further describes some of his friends and acquaintances at **la Universidad Complutense**. Complete each description with the correct form of the corresponding adjective of nationality. Be sure to watch for agreement in gender and number.

Modelo: Carlos y Clara son de Puerto Rico. Son *puertorriqueños*.

1. Ramón es de España. Es _____ .

2. La profesora Vargas es de Venezuela. Es _____ .

3. Federico es de la República Dominicana. Es _____ .

4. Los padres de Federico son de Cuba. Son _____ .

5. Eva es de Canadá. Es _____ .

6. Alicia y Ana son de México. Son _____ .

7. Anita y Juan son de Panamá. Son _____ .

8. Dos profesores de inglés son de Estados Unidos. Son _____ .

02-05 **Un crucigrama.** Complete the crossword puzzle with accurate information about Spanish-speaking capital cities and nationalities. Be sure to watch for correct agreement in gender and number.

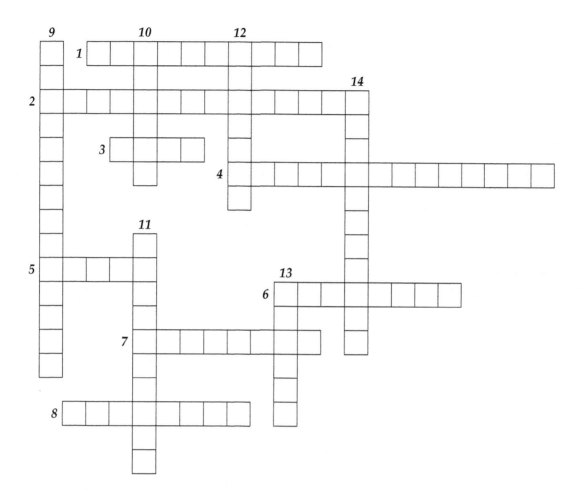

Across

1. Mujer de la República Dominicana

2. Persona de Estados Unidos

3. Capital de Perú

4. Hombre de Norteamérica

5. Capital de Ecuador

6. Mujer de Panamá

7. Hombre de México

8. Mujer de España

Down

9. Mujer de Puerto Rico

10. Capital de España

11. Hombre de Colombia

12. Mujer de Chile

13. Capital de Panamá

14. Hombre de Ecuador

¡Así lo hacemos! Estructuras

1. Telling time (Textbook p. 46)

02-07 Emparejar (*Matching*). Match each statement with the correct corresponding time.

1. Es la una en punto de la tarde. _____   a. 11:25 A.M.

2. Son las diez y cuarto de la mañana. _____   b. 9:05 A.M.

3. Son las nueve y media de la noche. _____   c. 1:00 P.M.

4. Son las once y veinticinco de la mañana. _____   d. 9:30 P.M.

5. Son las cinco menos cuarto de la tarde. _____   e. 4:45 P.M.

6. Son las nueve y cinco de la mañana. _____   f. 10:15 A.M.

02-08 ¿Qué hora es? For each clock, write out the time in words. Include one of the following expressions where possible: **de la mañana, de la tarde, de la noche.** (Remember that, by definition, "noon" and "midnight" do not take these expressions.)

Modelo: *Son las once de la mañana / de la noche.*

1. _____

2. _____

3. _____

4. _____

5. _____

6. _____

02-09 **Los programas de televisión.** Look at the TV guide of programs in Spain and answer the questions in complete sentences following the model. Convert times to a 12-hour clock, and be sure to include one of the following expressions in each answer: **de la mañana, de la tarde, de la noche.**

CANALES DE TELEVISIÓN
Viernes 16 de noviembre

	TV1	TV2	Canal+	Tele 5	Antena 3
8:00	—	Barrio Sésamo (niños)	Noticias CNN+	—	—
8:30		Doraemón, el gato cósmico (niños)	El juego de las lunas		
9:00	Los desayunos de TVE	Daniel el travieso (niños)	Lo+plus (magazine)	—	Noticias con Míriam Romero
9:20	—				El primer café (tertulia)
9:30	—	Empléate a fondo (servicio público)		—	
10:00	Luz María	TV. Educativa: La aventura del saber	Tarzán (película)	Vacaciones en el mar (serie)	
10:25	—				El cronómetro (concurso)
11:00	—	Viaje a Patagonia (documental)	—	Día a día (magazine)	Como la vida misma (magazine)
11:30	Saber vivir		(cine)	—	
12:00	—	Sorteo 2ª fase UEFA Champions League		—	
12:30		Guillermo Tell	—		
12:45	Así son las cosas		—	—	Farmacia de guardia (serie)
13:00	—	Garfield y sus amigos	—		—
13:30	Noticias	Trilocos	Los 40 principales	—	Paso a paso (serie)
14:00	—	Gargoyles	Más deporte (informativo)	El juego del Euromillón (concurso)	Nada es para siempre (teleserie)
14:30	Corazón de otoño	Cocodrilos al rescate		Informativos Telecinco 14'30	Sabrina: Cosas de brujas (serie)
15:00	Telediario-1	Saber y ganar (concurso)	Los líos de Caroline (serie)		Noticias 1
15:30	—		Pura sangre(documental)	Al salir de clase (serie)	
15:55	El tiempo	Planeta solitario III (documental)		—	El tiempo
16:00	Calle nueva		—	—	Sabor a ti (magazine)
16:45	La máscara del zorro (película)	Y tu mamá también (película)	El mismísimo	Pancho Villa (película)	—
17:20	—	A su salud	—	—	—
17:50	—	Fútbol	Phoenix vs. Philadelphia	¿Quiere ser millonario? (concurso)	—
18:15	—	Buffy			—
19:00	—	La buena vida	—	Hospital General (serie)	Sobreviviente (concurso)

Modelo: ¿A qué hora es el programa "Los desayunos de TVE"?
Es a las nueve de la mañana.

1. ¿A qué hora es la película (*movie*) *Tarzán*?

_____

2. ¿A qué hora es el concurso (*contest*) "Sobreviviente"?

_____

3. ¿A qué hora es la serie "Farmacia de guardia"?

_____

4. ¿A qué hora es la serie "Al salir de clase"?

_____

5. ¿A qué hora es el programa "El tiempo"?

_____

6. ¿A qué hora es el programa "Noticias con Míriam Romero"?

_____

2. Formation of *yes/no* questions and negation (Textbook p. 50)

02-11 **Información incorrecta.** A classmate is unfamiliar with Latin recording artists and actors but wants to learn more. Respond to each of her questions in the negative using a complete sentence. Then make an affirmative statement, based on the correct information in parentheses. Be sure to follow the model closely in your answers.

Modelo: ¿Es Javier Bardem cubano? (Spanish)
            No, Javier Bardem no es cubano. Es español.

1. ¿Es Gloria Estefan puertorriqueña? (Cuban)

   _____

2. ¿Es Shakira argentina? (Colombian)

   _____

3. ¿Es Ricky Martin mexicano? (Puerto Rican)

   _____

4. ¿Es Penélope Cruz venezolana? (Spanish)

   _____

5. ¿Es Gael García Bernal colombiano? (Mexican)

   _____

02-12 **¿No es cierto?** Your classmate e-mails you some additional queries about Latin recording artists. The word order is inaccurate and difficult to understand. Unscramble the elements to form a statement with a tag question in order to better understand the queries.

Modelo: ¿verdad? / es / Shakira / de Colombia
            Shakira es de Colombia, ¿verdad?

1. Juanes / ¿verdad? / se llama / el artista

   _____

2. es / ¿no es cierto? / Juanes / colombiano

   _____

3. es / de España / Alejandro Sanz / ¿cierto?

   _____

4. ¿no? / es / Sanz / guapo y moreno

   _____

5. ¿no? / son / muy buenos / Juanes y Sanz

   _____

Nombre: _____ Fecha: _____

02-13 **Un amigo en la Internet.** A new e-friend from Spain wants to get to know you better and has a list of questions for you. Answer his questions truthfully in complete sentences.

enviar	enviar más tarde	guardar	añadir ficheros	firma	contactos	nombres de control	

¡Hola!

De: tu amigo

Asunto: ¡Hola!

Fecha: 19 de abril, 2011

tamaño [medio] B I U T

1. **Eres estudiante, ¿verdad?**
2. **Eres de los Estados Unidos, ¿no?**
3. **¿Eres alto/a?**
4. **¿Eres rubio/a?**
5. **¿Eres extrovertido/a?**

1. _____

2. _____

3. _____

4. _____

5. _____

02-14 **Información sobre tu amigo.** Your new e-friend from Spain wrote you the following sentences with information about his life. Write the complete questions that generated his answers. Be sure to make any necessary changes to word order and to the form of the verb **ser**.

Modelo: *¿Eres alto (tú)?*
           No, no soy alto.

1. _____

   Sí, soy de España.

2. _____

   No, no soy activo.

3. _____

   Sí, mi universidad es grande.

4. _____

   No, mis clases no son aburridas (*boring*).

5. _____

   Sí, mis amigos y yo somos trabajadores (*hard-working*).

3. Interrogative words (Textbook p. 52)

02-17 ¿Cuáles son las preguntas? You heard the following answers from a student interview, but not the questions. Select the question that prompted each response.

1. Soy de Santiago de Compostela.
   a. ¿De qué país es usted?
   b. ¿De qué ciudad española es usted?
   c. ¿Cómo es usted?

2. Soy alto y rubio.
   a. ¿Quién es el profesor?
   b. ¿Cómo son los amigos?
   c. ¿Cómo es usted?

3. Son por la mañana.
   a. ¿Cuándo tiene usted clases?
   b. ¿Por qué tiene usted clases?
   c. ¿De dónde son los estudiantes?

4. Tengo cinco.
   a. ¿Cuántas clases tiene ahora?
   b. ¿De quién es el libro?
   c. ¿Qué tiene el profesor?

5. Es a las nueve.
   a. ¿A qué hora son las clases?
   b. ¿Qué hora es?
   c. ¿A qué hora es la clase de inglés (*English*)?

02-18 Muchas preguntas. You just met a woman named Susana at a party and are trying to get to know her. Based on her answers, complete each question with the most appropriate interrogative word(s) from the word bank.

Cómo	Cuándo	De dónde	De qué	Por qué	Quiénes

1. ¿_____ te llamas?   Me llamo Susana.

2. ¿_____ estás ahora en Madrid?   Porque soy estudiante de español.

3. ¿_____ eres?   Soy de Estados Unidos.

4. ¿_____ son tus amigos aquí?   Elena, Ana y Pablo. Son estudiantes también.

5. ¿_____ ciudad eres?   Soy de Chicago, una ciudad fascinante.

6. ¿_____ nos vemos tú y yo otra vez (*again*)?   Bueno, mañana tengo unos minutos por la tarde…

02-19 ¿Qué o cuál(es)? Write either **qué** or **cuál(es)** to complete each additional question for Susana about her classes.

Modelo: ¿A *qué* hora es la clase de español?

1. ¿ _____ de los estudiantes es Pablo?

2. ¿ _____ son tus clases interesantes?

3. ¿ _____ hay en la clase de español?

4. ¿ _____ es el libro de español?

5. ¿ _____ día es el examen final?

6. ¿ _____ hora es ahora mismo?

02-22 La amiga de un amigo. You just met Cristina, a friend of a friend, on Facebook. You enjoy interacting with her, and she asks you various questions. Answer them truthfully using complete sentences.

1. ¿Cómo te llamas? _____

2. ¿Cuál es tu nacionalidad? _____

3. ¿De qué ciudad eres? _____

4. ¿Cómo eres? _____

5. ¿Cómo es tu clase de español? _____

6. ¿De dónde es el/la profesor/a de español? _____

¿Cuánto saben? (Textbook p. 55)

02-24 ¿Saben qué hora es? Match each statement with the correct corresponding time.

1. Es mediodía. _____

2. Son las tres y diez de la tarde. _____

3. Son las ocho menos cuarto de la mañana. _____

4. Son las ocho y media de la mañana. _____

5. Son las ocho menos veinte de la noche. _____

6. Es medianoche. _____

a. 7:40 P.M.

b. 12:00 de la noche

c. 7:45 A.M.

d. 12:00 de la tarde

e. 8:30 A.M.

f. 3:10 P.M.

02-25 **¿Saben preguntar?** Complete each question with an appropriate interrogative word or expression, based on the answer given.

Modelo: *¿Cómo* se llama tu amigo?
Se llama José.

1. ¿ _____ es tu nombre?   Mi nombre es David.

2. ¿ _____ clases tienes hoy?   Tengo tres.

3. ¿ _____ es tu amigo Miguel?   Es inteligente y extrovertido.

4. ¿A _____ hora es la clase de español?   Es a las once.

5. ¿ _____ está la profesora?   Está en su oficina.

6. ¿ _____ son las otras personas en su oficina?   Son unos estudiantes de la clase.

Perfiles (Textbook p. 56)

Mi experiencia: Nombres, apellidos y apodos

02-28 **Según Gladys García Sandoval.** Reread this section of your textbook and complete each statement with the best word from the word bank.

Bardem	maternal	paternal	Sanz
Chema	nicknames	Salamanca	surnames

1. Gladys García Sandoval currently lives in _____ .

2. Gladys is fascinated by the practice of using two _____ in Spanish.

3. In the case of the famous actress Penélope Cruz Sánchez, "Sánchez" is her _____ last name.

4. When a woman marries in Spain, she maintains her _____ surname.

5. Less typically, a person is known by the maternal surname, which is the case with the famous actor Javier Ángel

   Encinas _____ .

6. *Apodos*, or _____ , are used commonly in Spanish.

7. Some *apodos*, such as _____ for "José María," show no transparent link to the original names on which they are based.

8. Alejandro Sánchez Pizarro, a well-known Spanish singer, goes by the shortened surname _____ .

Mi música: "Looking for Paradise" (Alejandro Sanz, España)

02-29 Asociar datos. Read about this musician and song in your textbook and follow the directions to listen on the Internet. Then match each item with its description.

1. Alejandro Sanz _____

2. Shakira _____

3. Alicia Keys _____

4. la letra (*lyrics*) _____

5. el tema (*theme*) _____

6. la guitarra _____

a. Colabora con Sanz en la canción (*song*) "Looking for Paradise".

b. Es el instrumento que toca (*plays*) Sanz en la canción.

c. Es en inglés y en español.

d. Colabora con Sanz en la canción "La Tortura".

e. Es bonito, romántico y universal.

f. Es un cantante (*singer*) español famoso.

Segunda parte

¡Así lo decimos! Vocabulario (Textbook pp. 58–59)

¿Qué haces? ¿Qué te gusta hacer?

02-30 ¡Así es la vida! Reread the brief dialogs in your textbook and select all items that answer each question accurately.

1. ¿Quién es Celia?
   a. Es estudiante de lenguas.
   b. Es buena amiga de la secretaria.
   c. Es canadiense.

2. ¿Qué necesita Celia?
   a. Necesita la ayuda de un tutor.
   b. Necesita la ayuda de la secretaria.
   c. Necesita estudiar para un examen.

3. ¿Qué hace Rogelio?
   a. Trabaja como secretario.
   b. Estudia para un examen.
   c. Busca trabajo.

4. ¿Cómo es la secretaria?
   a. Es muy simpática (*nice*) con todas las personas.
   b. Es simpática con Rogelio, pero menos (*less so*) con Celia.
   c. Es simpática con Celia, pero menos con Rogelio.

5. ¿Qué conclusión(es) hay?
   a. La secretaria no trabaja más.
   b. Rogelio habla con Celia.
   c. Celia recibe ayuda.

02-31 Verbos. Match each verb with the most logically associated expression.

1. escuchar _____   a. en un apartamento

2. hablar _____   b. a clases regularmente

3. abrir _____   c. historia en la universidad

4. vivir _____   d. español, italiano y francés

5. leer _____   e. música clásica

6. estudiar _____   f. libros

7. asistir _____   g. la puerta

8. comer _____   h. una pizza

02-32 Fuera de lugar. Select the word that does not belong in each group.

1. a. Rusia   b. chino   c. japonés   d. ruso

2. a. Corea   b. Canadá   c. Inglaterra   d. Estados Unidos

3. a. español   b. alemán   c. italiano   d. portugués

4. a. hablar   b. leer   c. desear   d. escribir

5. a. aprender   b. comprender   c. estudiar   d. bailar

6. a. comer   b. enseñar   c. beber   d. tomar

02-34 ¿Te gusta? Look at each of the following drawings and state whether you like or dislike each activity. Answer with **(no) me gusta + infinitive**, following the model.

Modelo: *Me gusta practicar tenis. or No me gusta practicar tenis.*

1. _____

_____

3. _____

_____

2. _____

_____

4.A_____

_____

¡Así lo hacemos! Estructuras

4. The present tense of regular -ar verbs (Textbook p. 62)

02-37 **¿Qué hacen?** First decide which verb makes the most sense within the context of each sentence. Then complete the sentence with the correct form of that verb.

Modelo: Yo *ayudo* (ayudar / comprar) a mis padres.

1. Los estudiantes _____ (llegar / preparar) la lección.

2. Yo _____ (estudiar / llegar) español.

3. La muchacha _____ (bailar / estudiar) en discotecas.

4. Nosotros _____ (buscar / bailar) soluciones.

5. ¿Cuántas lenguas _____ (comprar / hablar) tú?

6. ¿A qué hora _____ (enseñar / llegar) el autobús (*bus*)?

02-38 **¡A combinar!** Combine elements from the three columns to form five logical sentences. Be sure to use each element only once, and conjugate each verb correctly, according to the subject you choose.

Yo	tomar	música
Tú	hablar	a España
Mi amigo	viajar	mucha Coca-cola
Mis padres y yo	escuchar	en la universidad
Ustedes	estudiar	inglés y español

1. _____

2. _____

3. _____

4. _____

5. _____

5. The present tense of regular -er and -ir verbs (Textbook p. 64)

02-40 ¿Qué hacen ahora? First decide which verb makes the most sense within the context of each sentence. Then complete the sentence with the correct form of that verb.

Modelo: El señor *abre* (decidir / abrir) la puerta.

1. ¿_____ (Aprender / Comer) tú mucha pizza?

2. Patricia y yo _____ (deber / abrir) estudiar.

3. ¿_____ (Creer / Decidir) ustedes en fantasmas (*ghosts*)?

4. Adela _____ (asistir / vender) a la clase de chino.

5. Yo _____ (vivir / escribir) una composición.

6. El profesor _____ (beber / leer) un libro.

02-41 Mis amigas nuevas. Maribel is writing an e-mail to a high school friend about her new friends at the university. Complete the description with the correct form of each verb.

Mis amigas nuevas Bárbara, Isabel y Victoria (1) _____ (vivir) en un apartamento. Ellas

(2) _____ (aprender) inglés en la universidad y (3) _____ (asistir) a

clases por la mañana. Bárbara (4) _____ (escribir) inglés muy bien, e Isabel

(5) _____ (comprender) bien, pero Victoria menos. Al mediodía, ellas y yo

(6) _____ (comer) juntas (*together*) y hablamos de las clases. Ellas

(7) _____ (creer) que es difícil aprender otra lengua. Y tú,

(8) _____ (creer) que es difícil?

02-44 **Preguntas y respuestas.** Answer each question regarding your university and your Spanish class in a complete sentence.

1. ¿A qué universidad asistes?

   _____

2. ¿Dónde vives?

   _____

3. ¿Aprenden a hablar en la clase de español los estudiantes?

   _____

4. ¿Escribes composiciones en tu clase de español?

   _____

5. ¿Crees que es importante aprender español?

   _____

6. The present tense of *tener* (Textbook p. 67)

02-45 **¿Qué tiene(n) que hacer?** Match each drawing with the most appropriate statement.

1. _____

4. _____

2. _____

5. _____

3. _____

6. _____

a. Tiene que preparar la sopa (*soup*).

b. Tiene que ayudar a su madre.

c. Tiene que llegar más temprano.

d. Tiene que estudiar más.

e. Tienen que comprar un carro nuevo.

f. Tiene que trabajar mucho.

02-46 Conjugar *tener*. Complete each statement with the correct form of **tener**.

1. Tú _____ clase los lunes, miércoles y viernes.

2. Mercedes y Lola _____ dos clases por la tarde.

3. Él _____ que estudiar más.

4. Nosotras _____ que hablar con la profesora.

5. Yo _____ muchos amigos en la universidad.

6. Tú también _____ muchos amigos, ¿verdad?

02-47 Responsabilidades. List three things that you have to do tomorrow and three things that other people have to do.

Modelo: *Yo tengo que estudiar por la tarde.*

1. Yo _____ .

2. Yo _____ .

3. Yo _____ .

4. Mis padres _____ .

5. Mi amigo _____ .

6. El/La profesor/a _____ .

¿Cuánto saben? (Textbook p. 68)

02-48 ¿Saben conjugar? Fill in each blank with the correct form of the most appropriate verb from the word bank. Use each verb once.

aprender	comer	estudiar	ver
asistir	enseñar	practicar	vivir

Yo (1) _____ en la universidad. (2) _____ a mis clases regularmente.

(3) _____ mucho en mis clases porque los profesores (4) _____ muy bien. Mis

amigos y yo (5) _____ pizza en la cafetería al mediodía. Después, nosotros (6) _____

un poco de televisión juntos (*together*), porque (7) _____ en un apartamento en el campus. A las seis

(8) _____ tenis. Es una buena vida, ¿verdad?

02-49 ¿Saben conjugar *tener*? Complete each sentence with the correct form of **tener**.

1. Anita _____ muchas clases en la universidad.

2. Anita y Lupe _____ que trabajar esta tarde.

3. Yo _____ que ayudar a Anita con su tarea.

4. Nosotros _____ un examen difícil mañana.

5. Tú también _____ mucha tarea, ¿no?

Nuestro mundo
Panoramas: Descubre a España (Textbook p. 70)

02-57 ¡A informarse! Based on the information from **Nuestro mundo**, decide if the following statements are **cierto** or **falso**.

1. Hay montañas en Andalucía, en el sur de España.   Cierto   Falso

2. La Costa Brava está en el sur de España.   Cierto   Falso

3. El acueducto de Segovia es una estructura nueva en España.   Cierto   Falso

4. Santiago Calatrava es un pintor (*painter*).   Cierto   Falso

5. La pesca (*fishing*) en España es muy mala.   Cierto   Falso

6. Hablan cuatro lenguas diferentes en España.   Cierto   Falso

7. El turismo es muy importante para la economía española.   Cierto   Falso

8. La edad (*age*) mínima para beber alcohol en España es 16.   Cierto   Falso

Nombre: _____   Fecha: _____

02-58 **La geografía de España.** Look at the map of Spain and match each place indicated with the most appropriate description.

1. _____   a. región famosa por la Alhambra

2. _____   b. región famosa por Don Quijote

3. _____   c. región donde hablan gallego

4. _____   d. región donde hablan eusquera

5. _____   e. región donde hablan catalán

6. _____   f. islas en la costa de África

7. _____   g. capital de España

8. _____   h. ciudad española en el norte de África

Páginas: "*Cinemundo* entrevista a Pedro Almodóvar" (Textbook p. 72)

02-59 **¿Cierto o falso?** Based on the information from the **Páginas** section of the text, decide if each statement is **cierto** or **falso**.

1. El nombre completo del director es Pedro Almodóvar Galindo.   Cierto   Falso

2. Almodóvar no tiene apodo fuera de (*outside*) su pueblo.   Cierto   Falso

3. Almodóvar fue (*went*) a Madrid a los 20 años.   Cierto   Falso

4. Para Almodóvar, su película (*film*) favorita es *Los abrazos rotos*.   Cierto   Falso

5. En *Los abrazos rotos*, Penélope Cruz tiene dos personalidades.   Cierto   Falso

6. Las películas de Almodóvar presentan humor y temas (*themes*) sociales.   Cierto   Falso

Taller (Textbook p. 74)

02-60 **Una entrevista.** Prepare to interview a classmate by writing five questions that you'd like to ask. Aim to complete a student information card for him/her with the information you obtain.

Nombre: _____ Apellido: _____

Nacionalidad: _____ Edad (*age*): _____

Ciudad: _____ País: _____

Descripción física:_____

Actividades:_____

Obligaciones:_____

1. _____

2. _____

3. _____

4. _____

5. _____

02-61 **¡A escribir!** After interviewing a classmate (Activity 02-60), write a brief paragraph about him/her. Be sure to include facts collected on the student information card.

_____

_____

_____

_____

_____

_____

_____

_____

3

¿Qué estudias?

Primera parte

¡Así lo decimos! Vocabulario (Textbook pp. 78–79)

Las materias académicas y la vida estudiantil

03-01 ¡Así es la vida! Reread the brief dialogs in your textbook and select the best answer to each question.

1. ¿Cómo es el horario de Pedro?	a. fácil	b. complicado	c. tímido
2. ¿Cuál de estas materias no tiene Pedro?	a. física	b. economía política	c. matemáticas
3. ¿Cuántas materias tiene Marcela?	a. siete	b. cinco	c. cuatro
4. ¿Qué escribe Beatriz?	a. la tarea	b. un libro	c. un correo electrónico
5. ¿Qué necesita Ana?	a. comprar	b. comer	c. creer
6. ¿Qué clase tienen Ana y Beatriz a las dos?	a. geología	b. biología	c. historia

03-02 Emparejar (Matching). Match each academic subject with the most logically associated concept, person, or thing.

1. la arquitectura _____   a. los animales

2. la química _____   b. Einstein

3. la veterinaria _____   c. los mapas

4. la geografía _____   d. Aristóteles

5. la historia _____   e. Frank Lloyd Wright

6. la física _____   f. 1776

7. el arte _____   g. Picasso

8. la filosofía _____   h. H_2O

03-03 Las carreras. What are these students' majors? Select the most logical field of study, based on each statement.

administración de empresas	educación física	informática
ciencias políticas	estadística	medicina

1. Ana escribe programas para la computadora. La carrera de Ana es _____ .

2. Roberto estudia matemáticas y la probabilidad. La carrera de Roberto es _____ .

3. Carmen estudia biología y química. La carrera de Carmen es _____ .

4. Pedro tiene clase de contabilidad y clase de finanzas. La carrera de Pedro es _____ .

5. Luisa estudia las elecciones y los presidentes de Estados Unidos. La carrera de Luisa es _____ .

6. David tiene clases de pedagogía y clases de deporte obligatorias. La carrera de David es _____ .

03-06 ¿Cómo es el horario de clases ideal? Express your opinion of what an ideal class schedule is like by answering each question with a complete sentence in Spanish.

1. En tu horario ideal, ¿qué materias tienes?

   _____

2. ¿Qué días de la semana son las clases?

   _____

3. ¿Cuándo son las clases: por la mañana, por la tarde o por la noche?

   _____

4. ¿Cuántos estudiantes hay en una clase?

   _____

5. ¿Cómo son los profesores?

   _____

¡Así lo hacemos! Estructuras

1. The numbers *101–3.000.000* (Textbook p. 82)

03-07 ¡A calcular! Solve each of the following math problems and select the correct answer in Spanish.

1. $(525 - 300) \times 2 =$
   a. doscientos veinticinco
   b. ochocientos veinticinco
   c. cuatrocientos cincuenta
   d. setenta y cinco

2. $(21 \div 3) \times 100 =$
   a. setecientos
   b. doscientos diez
   c. trescientos treinta
   d. setenta

3. $111 + 222 + 333 =$
   a. quinientos sesenta y cinco
   b. seiscientos sesenta y seis
   c. setecientos cincuenta y seis
   d. cuatrocientos treinta y tres

4. $7.700 \div 7 =$
   a. ciento uno
   b. mil uno
   c. mil ciento uno
   d. mil cien

5. $110 \times 5 =$
   a. quinientos cinco
   b. quinientos cincuenta
   c. cincuenta y cinco
   d. cinco mil quinientos

6. $(3.500 \times 10) \div 2 =$
   a. ciento setenta mil
   b. mil setecientos cincuenta
   c. diecisiete mil quinientos
   d. ciento setenta y cinco

03-08 Buscar patrones (*patterns*). Follow the pattern to complete each number sequence. Spell out each result in Spanish.

Modelo: ciento dos, ciento cuatro, ciento seis, *ciento ocho,* ciento diez

1. ciento diez, ciento veinte, ciento treinta, _____ , ciento cincuenta

2. cien, doscientos, cuatrocientos, _____ , mil seiscientos

3. ciento once, doscientos veintidós, _____ , cuatrocientos cuarenta y cuatro, quinientos cincuenta y cinco

4. seiscientos, quinientos uno, _____ , trescientos tres, doscientos cuatro

5. mil quinientos, tres mil, cuatro mil quinientos, seis mil, _____

6. ciento venticinco mil, _____ , ciento setenta y cinco mil, doscientos mil, doscientos venticinco mil

7. setecientos mil, ochocientos mil, novecientos mil, _____ , un millón cien mil

8. un millón, _____ , tres millones

03-09 El recuento. The state has asked all institutions of higher learning to take joint inventory of the following items. Spell out each result in Spanish, and be sure to watch for agreement.

Modelo: 2.321 *dos mil trescientos veintiún* cuadernos

1. 1.623   _____   diccionarios

2. 5.566   _____   mesas

3. 12.314   _____   computadoras

4. 599   _____   lápices

5. 881   _____   puertas

6. 1.500.000 _____   libros

7. 6.740   _____   sillas

8. 2.351   _____   marcadores

2. Possessive adjectives (Textbook p. 84)

03-11 La vida estudiantil en la UNAM. Read about university life for the following students at the UNAM, and complete each paragraph with appropriate possessive adjectives.

A. Raúl. ¡Hola! Soy Raúl Ramos, estudiante de la UNAM. Estudio historia. (1) _____ clases son exigentes y muy

interesantes. (2) _____ apartamento está cerca de la universidad y vivo con (3) _____ amigos.

B. Dos hermanas *(sisters).* ¡Buenos días! Somos Margarita y Sara Jiménez. Somos hermanas y estudiamos

administración de empresas. (4) _____ clases son muy difíciles, y siempre estudiamos con

(5) _____ amigos. (6) _____ universidad es muy grande, pero (7) _____ profesores son simpáticos y

la vida estudiantil aquí es buena.

C. Un buen amigo. Ramón Espinosa es buen amigo de Margarita y Sara. Él estudia informática. (8) _____ clases

son complicadas y (9) _____ profesores son exigentes. Él siempre trabaja con (10) _____ computadora.

03-12 Posesiones. Your Spanish class set up a booth on Mexican culture for an international fair at your university. You are now cleaning up and returning items borrowed for the display. A classmate reads off a tally list, and you confirm the accuracy of the information. Restate each assertion using an appropriate possessive adjective.

Modelo: La computadora es del profesor, ¿verdad?
            Sí, es su computadora.

1. El mapa de México es de Sofía, ¿no?

   _____

2. El libro de fotografías es de ti, ¿cierto?

   _____

3. Las postales (*postcards*) son del profesor, ¿no es así?

   _____

4. Las monedas (*coins*) son de mi colección, ¿verdad?

   _____

5. Las guías (*guide books*) son de Pablo y de Marco, ¿no?

   _____

6. Los sombreros (*hats*) son de ti y de tus amigos, ¿no es cierto?

   _____

03-14 Tus experiencias universitarias. Answer the following questions about your university experiences using complete sentences in Spanish.

1. ¿Cuántas materias tienes este semestre/trimestre? ¿Cuáles son?

   _____

2. ¿Cuál es tu materia favorita? ¿Y tu materia menos favorita?

   _____

3. ¿Qué días de la semana son tus clases?

   _____

4. ¿Asistes a tus clases regularmente (*regularly*)?

   _____

5. ¿Cómo son tus profesores?

   _____

6. ¿Cómo es tu universidad en general?

   _____

3. Other expressions with *tener* (Textbook p. 87)

03-15 Reacciones. Choose the most logical emotional, mental, or physical state for each situation.

1. En el invierno... _____   a. tengo hambre.

2. En el verano... _____   b. tengo cuidado.

3. Cuando no como... _____   c. tengo miedo.

4. Cuando no bebo... _____   d. tengo frío.

5. Cuando veo una película de terror... _____   e. tengo sed.

6. A las tres de la mañana... _____   f. tengo calor.

7. Cuando no voy a tiempo... _____   g. tengo sueño.

8. Cuando estoy en el carro... _____   h. tengo prisa.

03-17 **Ahora tú.** Answer the following questions about age or your reactions in various situations using complete sentences in Spanish.

1. ¿Cuántos años tienes?

    _____

2. ¿Cuántos años tiene tu mejor (*best*) amigo/a?

    _____

3. ¿A qué hora tienes sueño normalmente?

    _____

4. ¿Con qué películas (*movies*) tienes miedo?

    _____

5. ¿Qué tienes ganas de hacer los sábados?

    _____

6. ¿Qué *no* tienes ganas de hacer los sábados?

    _____

¿Cuánto saben? (Textbook p. 89)

03-18 **¿Saben usar los adjetivos posesivos y los números?** You and some friends are renting a house on campus and want to insure your valuables. An insurance agent asks you several questions during an assessment. Answer each question using an appropriate possessive adjective, and spell out each number in parentheses.

Modelo: ¿Cuánto cuesta tu bicicleta (*bicycle*)?
          Mi bicicleta cuesta *novecientos cuarenta y cinco* (945) dólares.

1. ¿Cuánto cuesta tu computadora?

    _____ computadora cuesta _____ (3.250) dólares.

2. ¿Cuánto cuestan las computadoras de tus compañeros de casa (*housemates*)?

    _____ computadoras cuestan _____ (2.125) dólares cada una (*each*).

3. ¿Cuánto cuesta la impresora (*printer*) de tu compañero?

    _____ impresora cuesta _____ (315) dólares.

4. ¿Cuánto cuesta el televisor de alta definición de ustedes?

    _____ televisor cuesta _____ (1.475) dólares.

5. ¿Cuánto cuestan las calculadoras de ustedes?

    _____ calculadoras cuestan _____ (430) dólares en total.

03-19 **¿Saben usar expresiones con *tener*?** Describe the following emotional and physical states using expressions with **tener** and the subjects given.

Modelo: Yo *tengo prisa.*

4. Juanito _____

1. Tú _____

5. Uds. _____

2. Yo _____

6. Ellos _____

3. Nosotros _____

7. Tú _____

Perfiles (Textbook p. 90)

Mi experiencia: Mi universidad: La UNAM

03-23 **Según Susana Buendía.** Reread this section of your textbook and give the best answer to complete each statement. Not all expressions in the word bank will be used.

7.000	23.000	el examen de admisión
168.000	la Facultad de Derecho	pequeñas
un año de servicio social	la Facultad de Filosofía y Letras	privada (*private*)
Café Tacvba	grandes	pública

1. Susana Buendía está en Chiapas para hacer _____ .

2. Su presentación a estudiantes jóvenes es sobre _____ de la UNAM.

3. La facultad de Susana tiene unos _____ estudiantes.

4. Todo el sistema universitario tiene unos _____ estudiantes.

5. Las clases de tipo taller son _____ .

6. La UNAM es una universidad _____ .

7. La matrícula de la universidad es barata, pero _____ es caro.

8. _____ es un grupo musical popular entre los estudiantes de la UNAM.

Mi música: "Eres" (Café Tacvba, México)

03-24 **Asociar datos.** Read about this group in your textbook and follow the directions to listen to the song on the Internet. Then match each item with the best description.

1. Café Tacvba _____   a. álbum con la canción "Eres"

2. la música de Café Tacvba _____   b. combina ritmos modernos y folclóricos

3. *Cuatro caminos* _____   c. grupo mexicano con varios Grammy y Grammy Latinos

4. el tema de "Eres" _____   d. lento y melancólico

5. el ritmo de "Eres" _____   e. el amor romántico hacia otra persona

Segunda parte

¡Así lo decimos! Vocabulario (Textbook pp. 92–93)

Los edificios de la universidad

03-25 **¡Así es la vida!** Reread the brief dialogs in your textbook and indicate whether each statement is **cierto** or **falso.**

1.	El campus de la UNAM es pequeño.	Cierto	Falso
2.	Los estudiantes nuevos necesitan mirar el mapa.	Cierto	Falso
3.	Marcela tiene que ir a la librería.	Cierto	Falso
4.	Marcela tiene que comprar un diccionario.	Cierto	Falso
5.	La librería está enfrente de la Facultad de Medicina.	Cierto	Falso
6.	La biblioteca está lejos de la librería.	Cierto	Falso
7.	No hay cancha de tenis en el campus.	Cierto	Falso
8.	Rosa y Tomás van a la biblioteca.	Cierto	Falso

03-26 **¡A emparejar!** Match each place on a university campus with the most logically associated activity.

1. el gimnasio _____

2. el auditorio _____

3. el teatro _____

4. la cafetería _____

5. la rectoría _____

6. la Facultad de Ingeniería _____

7. el museo _____

8. el laboratorio de lenguas _____

a. estudiar diseño técnico y matemáticas

b. practicar el español

c. comer una hamburguesa

d. ver arte y leer historia

e. escuchar un concierto de música clásica

f. ver *Romeo y Julieta*

g. hablar con el/la presidente/a de la universidad

h. hacer ejercicio (*exercise*)

03-27 La universidad y sus facultades. Find these words for university schools and places in the following puzzle. Search horizontally, vertically, and diagonally, both forward and backward.

arte	cafetería	ciencias	estadio	ingeniería
auditorio	cancha de tenis	derecho	gimnasio	rectoría

```
D  V  I  P  J  H  A  Z  R  C  O  U  T  Q  I  R
I  B  H  O  P  G  V  Y  A  Q  U  F  E  T  E  O
N  A  T  L  L  A  O  U  M  T  N  J  T  C  S  G
G  I  M  N  A  S  I  O  C  A  F  T  T  I  C  S
E  S  R  E  J  U  R  F  I  N  Z  O  A  E  A  I
N  V  O  D  U  T  O  R  C  U  R  F  E  N  T  N
I  A  N  E  Z  I  T  Z  G  Í  B  A  T  C  N  E
E  C  E  R  L  L  I  A  A  Y  R  D  E  I  S  T
R  A  L  E  O  T  D  S  I  U  J  E  F  A  P  E
Í  G  E  C  M  Y  U  Q  T  R  P  B  Z  S  O  D
A  C  A  H  P  J  A  T  U  B  A  B  E  N  D  A
M  R  G  O  E  F  D  Z  Í  B  E  T  R  A  N  H
L  I  T  R  V  A  M  O  Y  E  Z  P  S  L  M  C
O  B  T  E  N  E  S  T  A  D  I  O  L  Z  I  N
S  Í  M  T  A  V  L  A  S  F  J  U  P  O  A  A
E  B  L  A  N  D  I  A  Í  R  E  T  E  F  A  C
```

03-28 El mapa del campus. You are standing in front of the **Museo Rivera**, looking at its grand entrance. Based on the map, indicate if each statement is **cierto** or **falso**.

1. La Facultad de Arte está a la derecha del Museo Rivera.   Cierto   Falso

2. La cafetería "El Campus" está a la izquierda del Museo Rivera.   Cierto   Falso

3. La cafetería "El Campus" está bastante lejos de la cancha de tenis.   Cierto   Falso

4. El teatro está entre el estadio y la biblioteca.   Cierto   Falso

5. La biblioteca está cerca de la librería.   Cierto   Falso

6. La Facultad de Medicina está delante de la Facultad de Ciencias.   Cierto   Falso

7. El observatorio está al lado de la librería.   Cierto   Falso

8. El estadio está detrás del gimnasio.   Cierto   Falso

03-30 Los edificios de tu universidad. Some new students on campus need help finding their classes. Answer their questions truthfully based on your campus. Be sure to follow the model.

Modelo: ¿Dónde está el centro estudiantil?
          Está enfrente de la rectoría.

1. ¿Dónde está el estadio?

   _____

2. ¿Dónde está la rectoría?

   _____

3. ¿Dónde está la librería?

   _____

4. ¿Dónde está la biblioteca?

   _____

5. ¿Dónde está el gimnasio?

   _____

6. ¿Dónde están las canchas de tenis?

   _____

Letras y sonidos: Syllabification (Textbook p. 94)

03-31 Palabras y sílabas. Divide each word into syllables following the blanks provided.

Modelo: sábado
          sá – ba – do

1. rojo

   _____ - _____

2. viernes

   _____ - _____

3. español

   _____ - _____ - _____

4. septiembre

   _____ - _____ - _____

5. rectoría

   _____ - _____ - _____ - _____

6. amarillo

   _____ - _____ - _____ - _____

7. observatorio

   _____ - _____ - _____ - _____ - _____

8. administración

   _____ - _____ - _____ - _____ - _____

¡Así lo hacemos! Estructuras

4. The present tense of *ir* and *hacer* (Textbook p. 96)

03-34 ¿Qué van a hacer? You and your friends have a lot to do at the university. Match each situation with a logical course of action.

1. Ramón tiene mucha sed. _____
2. Juan Pablo tiene hambre. _____
3. Necesitamos practicar español. _____
4. Tienes que hacer ejercicio. _____
5. Necesitan libros para las clases. _____
6. Tengo un examen mañana. _____
7. Tienes ganas de ver arte. _____
8. Tengo ganas de ver una ópera. _____

a. Va a comer en la cafetería.

b. Van a comprar en la librería.

c. Voy a estudiar en la biblioteca.

d. Voy a ir al teatro.

e. Vas a ir al gimnasio.

f. Vamos a ir al laboratorio de lenguas.

g. Va a tomar agua mineral.

h. Vas a ir al museo.

03-35 En nuestro apartamento. Complete Berta's description of apartment life with her friends using the appropriate forms of **hacer.**

¡Hola, soy Berta! Mis amigas y yo vivimos en un apartamento cerca de la universidad. Somos buenas amigas, pero

(1) _____ actividades muy diferentes. Por la mañana, yo (2) _____ ejercicio

en el gimnasio y mi amiga Elisa (3) _____ su tarea. Por la tarde, mis amigas Marta y Luisa

(4) _____ el trabajo para sus clases. Por la noche, nosotras (5) _____ la

cena (*dinner*). Elisa siempre prepara pasta. Yo normalmente (6) _____ una hamburguesa. ¿Qué

(7) _____ tú donde vives? ¿Qué vas a (8) _____ este fin de semana

(*weekend*)?

03-36 **Mañana.** Rewrite the following sentences about Berta and her friends to indicate that the actions will take place tomorrow instead of today. Use an appropriate form of **ir** + **a** + infinitive, and be sure to follow the sentence structure of the model exactly.

Modelo: Elisa practica su inglés hoy.
          Elisa va a practicar su inglés mañana.

1. Yo hago ejercicio hoy.

   _____

2. Elisa prepara pasta hoy.

   _____

3. Marta y Luisa trabajan en la cafetería hoy.

   _____

4. Nosotras asistimos a clase hoy.

   _____

5. Yo hablo con mi profesor hoy.

   _____

6. ¿Estudias tú con nosotras hoy?

   _____

03-37 En la biblioteca. Complete the dialog between Maribel and Margarita in the library using appropriate forms of **ir** and **hacer.**

MARIBEL: ¡Hola, Margarita! ¿Qué (1) _____ tú aquí en la biblioteca?

MARGARITA: ¿Yo? Pues, (2) _____ mi tarea para la clase de ingeniería.

MARIBEL: ¡Qué interesante! ¿Estudias ingeniería? ¿Qué (3) _____ ustedes en las clases de ingeniería por lo general?

MARGARITA: Nosotros (4) _____ muchos diseños (*designs*). Ahora diseñamos partes para

bicicletas. El próximo (*next*) semestre nosotros (5) _____ a trabajar con carros. Me gusta mucho.

MARIBEL: ¿Ustedes (6) _____ a preparar los diseños en la computadora?

MARGARITA: Pues, sí. ¿Qué (7) _____ tú en la biblioteca, Maribel?

¿(8) _____ a estudiar también?

MARIBEL: Sí, (9) _____ a leer un artículo para mi clase de psicología.

MARGARITA: ¡Qué interesante! ¿Qué tal si después de una hora, (10) _____ tú y yo a tomar un café?

MARIBEL: ¡Estupenda idea!

03-39 ¿Qué vas a hacer este fin de semana (*weekend*)? Write a paragraph stating your plans for this weekend. Include activities you are going to do (**ir** + **a** + infinitive; **hacer**) and places you are going to go (**ir** + **a** + place).

_____

_____

_____

_____

_____

5. The present tense of *estar* (Textbook p. 98)

03-40 **Nuestro amigo Rafael.** Rafael feels the opposite of how his friends generally feel. For each sentence, select the statement that describes Rafael's opposite mood or lifestyle.

1. Elisa está contenta, pero… _____

2. Miguel está casado, pero… _____

3. Isabel está sana (*healthy*), pero… _____

4. Luz está ocupada, pero… _____

5. Sebastián está tranquilo (*calm*), pero… _____

6. Elena tiene mucha energía, pero… _____

a. Rafael está aburrido.

b. Rafael está triste.

c. Rafael está cansado.

d. Rafael está nervioso.

e. Rafael está enfermo.

f. Rafael está divorciado.

03-41 **En el teléfono.** Using appropriate forms of **estar,** complete the phone conversation between Alfredo, who is away at college, and his mother, who is in their hometown with the rest of the family.

ALFREDO: ¡Hola, Mamá! ¿Cómo (1) _____ (tú)?

MADRE: (Yo) (2) _____ bien, hijo (*son*). ¿Y tú?

ALFREDO: Bien, también. ¿(3) _____ Papá (*Dad*) en casa?

MADRE: No, hijo, él (4) _____ en su oficina porque tiene mucho trabajo.

ALFREDO: Y, ¿cómo (5) _____ mis hermanitas (*little sisters*)?

MADRE: Ellas (6) _____ muy contentas, porque mañana vamos al museo de arte y después vamos al parque (*park*).

ALFREDO: ¡Ay, magnífico! Pues pronto (*soon*) yo voy a (7) _____ con ustedes.

MADRE: Sí, y todos nosotros (8) _____ muy emocionados (*excited*) por tu llegada (*arrival*) en unas semanas. Hasta pronto, Alfredo. Muchos besos (*kisses*)…

ALFREDO: Adiós, Mamá. ¡Saludos a todos!

03-42 ¿Cómo están? Describe the probable feelings or conditions of various university students, using **estar** and one of the adjectives given in each response. Remember to watch for agreement.

aburrido/a	contento/a	enfermo/a	ocupado/a
cansado/a	enamorado/a	enojado/a	preocupado/a

Modelo: Laura tiene un examen de cálculo por la mañana.
Ella *está nerviosa*.

1. Tú crees que Rosa, una compañera de clase, es muy bonita, inteligente, fascinante, maravillosa...

   Tú _____ .

2. Julia y Ramona tienen que leer una novela, escribir una composición y estudiar para un examen.

   Ellas _____ .

3. No estudiamos más. Es medianoche.

   Nosotras _____ .

4. El profesor de historia habla y habla. No es interesante.

   Ustedes _____ .

5. Roberto no habla con sus amigos.

   Él _____ .

6. Es medianoche. Roberto no está en casa.

   Sus padres _____ .

7. Mi novia no está bien. Va al hospital.

   Ella _____ .

8. ¡Tengo varios días de vacaciones ahora!

   Yo _____ .

6. Summary of uses of *ser* and *estar* (Textbook p. 101)

03-45 **La fiesta de Luisa de esta noche.** Read Antonio's statements about a party tonight and select the verb that best completes each one: **ser** (for traits), **estar** (for states), or **hay** (*there is/are*).

¡Esta noche (1) (es / está / hay) una fiesta! (2) (Es / Está / Hay) en el apartamento de Luisa Chacón. Su apartamento (3) (es / está / hay) cerca de mi apartamento. La fiesta (4) (es / está / hay) a las nueve de la noche. Luisa (5) (es / está / hay) un poco triste porque su buen amigo Raúl (6) (es / está / hay) enfermo y no va a estar. Las fiestas de Luisa siempre (7) (son / están / hay) muy divertidas (*fun*). (8) (Es / Está / Hay) buena música y mucha comida para todos. ¡Vamos!

03-46 **Mi pequeño mundo.** Read about various aspects of Marco's personal life, and complete each statement using the correct form of **ser** (for traits) or **estar** (for states).

A. Mi familia. Mi familia (1) _____ mexicana. Nosotros (2) _____ de Guadalajara.

Guadalajara (3) _____ en el estado (*state*) de Jalisco. Los miembros (*members*) de mi familia

(4) _____ trabajadores y simpáticos.

B. Mis padres. Mis padres (5) _____ profesores. Enseñan en la universidad. La universidad

(6) _____ cerca de nuestra casa. Sus oficinas (7) _____ en edificios diferentes del

campus. Mi mamá (8) _____ profesora de literatura mexicana y su oficina está en la Facultad de

Filosofía y Letras. Mi papá es profesor de biología y su oficina (9) _____ en la Facultad de Ciencias.

¡Los dos (10) _____ muy inteligentes!

03-47 **Vicente Ramírez.** Read the following statements about Vicente Ramírez and decide whether each conclusion requires **ser** (for traits) or **estar** (for states).

1. Vicente habla muchos idiomas.
   a. Es listo.   b. Está listo.

2. Son las seis. Vicente va a buscar a su novia porque van a un restaurante elegante.
   a. Es listo.   b. Está listo.

3. La novia de Vicente tiene un vestido (*dress*) negro nuevo.
   a. Es bonita.   b. Está bonita.

4. En general, la novia de Vicente es como Salma Hayek.
   a. Es bonita.   b. Está bonita.

5. Como siempre, Vicente habla de temas (*topics*) interesantes.
   a. No es aburrido.   b. Está aburrido.

6. Ahora es domingo y Vicente no tiene nada (*nothing*) que hacer.
   a. Es aburrido.   b. Está aburrido.

03-50 Tu mejor amigo/a. Write a brief description of your best friend using appropriate forms of **ser** (for traits) and **estar** (for states).

_____

_____

_____

_____

_____

_____

¿Cuánto saben? (Textbook p. 104)

03-51 ¿Saben usar *ir* y *hacer*? Read more about aspects of Marco's student life and complete each statement using the correct form of **ir** or **hacer.**

Yo (1) _____ a la biblioteca todos los días y (2) _____ mi tarea. Mis amigos

también (3) _____ a la biblioteca a estudiar. Después de estudiar, nosotros

(4) _____ al gimnasio. (5) _____ muchos deportes (*sports*), por ejemplo,

practicamos tenis. Los sábados y los domingos, yo (6) _____ a la casa de mis padres. Ellos

(7) _____ la comida, y nosotros hablamos mucho. ¿Qué (8) _____ tú en la

universidad? ¿Adónde (9) _____ (tú) a estudiar? ¿Qué vas a (10) _____ el

sábado y el domingo?

03-52 ¿Saben usar *ser* y *estar*? Read about Toño's upcoming graduation and complete each statement using the correct form of **ser** (for traits) or **estar** (for states).

Toño (1) _____ estudiante en Los Ángeles. Pronto (*soon*) va a (2) _____

ingeniero. (3) _____ abril y Toño va a graduarse (*graduate*) en mayo. Él y su familia

(4) _____ muy contentos. Su familia va a (5) _____ en Los Ángeles para la

ceremonia de graduación. La ceremonia (6) _____ en el estadio de fútbol de la universidad a las

nueve de la mañana. (7) _____ importante ir temprano (*early*), porque el estadio

(8) _____ un poco lejos del campus central. Y tú, ¿(9) _____ listo/a para tu

ceremonia de graduación? ¿Crees que va a (10) _____ un día especial para ti y para tu familia?

Nuestro mundo

Panoramas: ¡México fascinante! (Textbook p. 106)

03-59 **¡A informarse!** Based on information from **Panoramas**, indicate whether each statement is **cierto** or **falso**.

1.	No hay influencias indígenas en la cultura mexicana de hoy.	Cierto	Falso
2.	No hay flamencos en la península Yucatán.	Cierto	Falso
3.	La capital de México tiene un metro extenso.	Cierto	Falso
4.	Hay una pirámide azteca completa en una de las estaciones del metro.	Cierto	Falso
5.	Los alebrijes representan figuras fantásticas.	Cierto	Falso
6.	El 91% de las personas en México lee y escribe.	Cierto	Falso

03-60 **La geografía de México.** Look at the following map of Mexico and write the name of the city that corresponds to each number on the map.

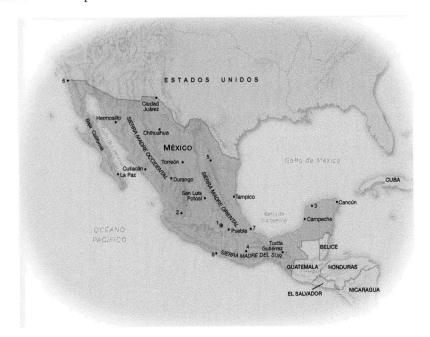

1. _____   5. _____

2. _____   6. _____

3. _____   7. _____

4. _____   8. _____

Páginas: El Museo de Antropología de México (Textbook p. 108)

03-61 ¿Cierto o falso? Based on information from the **Páginas** section of the text, decide if each statement is **cierto** or **falso.**

1. En el museo hay exhibiciones sobre los grupos indígenas de México.   Cierto   Falso

2. El museo tiene información sobre la religión de los mayas pero no sobre su comercio (*commerce*).   Cierto   Falso

3. Los mayas construyeron (*built*) pirámides.   Cierto   Falso

4. El museo no abre los lunes.   Cierto   Falso

5. El museo está abierto de 9:00 a 20:00 horas.   Cierto   Falso

6. Siempre tienen que pagar por admisión los profesores.   Cierto   Falso

Taller (Textbook p. 110)

03-62 Un correo electrónico de un amigo mexicano. Read the following e-mail and answer the comprehension questions.

A: ramirez99carl@gmail.com

DE: roberto2020@yahoo.mx

ASUNTO: Mi universidad

¡Hola, Carlos!

Hoy es martes y estoy en la universidad porque tengo muchas clases. A las nueve tengo clase de matemáticas. ¡Es muy difícil! Afortunadamente (*Fortunately*), la profesora es muy buena. A las diez y media tengo clase de psicología. La clase es un poco complicada y el profesor es exigente, pero estudio mucho y tengo buenas notas. Mi clase de informática es bastante fácil, porque para mí las computadoras son fascinantes. A las dos como con mis amigos en la cafetería de la universidad. Después de comer, estudio en la biblioteca y a las tres y media tengo clase de inglés. Es mi clase favorita porque me gustan las lenguas, aunque (*even though*) todavía no hablo inglés muy bien. A las cinco tengo clase de historia con mi profesora favorita. Ella habla de muchos temas (*topics*) interesantes. Este semestre tengo clases todos los días, pero como (*since*) las clases son muy buenas, estoy contento aquí en la universidad. ¿Cuándo vienes a visitarme?

Hasta pronto,

Roberto

---

1. ¿Dónde está Roberto hoy?

   _____

2. ¿Qué clases tiene Roberto los martes?

   _____

3. ¿A qué hora tiene clase de psicología?

   _____

4. ¿Qué hace Roberto a las dos?

   _____

5. ¿Qué clase es muy difícil para Roberto?

   _____

6. ¿Qué clase es bastante fácil para Roberto?

   _____

7. ¿Cuál es la clase favorita de Roberto?

   _____

8. ¿Quién es su profesora favorita?

   _____

03-63 Tu propio correo electrónico. Write an e-mail to one of your friends that is similar to Roberto's, in which you explain aspects of your university schedule. Write about the classes you take and when you have them, and give a brief description of each class. Don't forget to include a header, a greeting, and a closing in your e-mail.

_____

_____

_____

_____

_____

_____

_____

_____

_____

_____

_____

_____

_____

_____

_____

4

¿Cómo es tu familia?

Primera parte

¡Así lo decimos! Vocabulario (Textbook pp. 114–115)
Miembros de la familia

04-01 **¡Así es la vida!** Reread the brief dialogs in your textbook and select all items that are true for each statement.

1. La familia Suárez celebra _____ .
   a. la graduación de Anita
   b. el aniversario de los abuelos
   c. el cumpleaños de don Ramón

2. Las mujeres de la familia _____ .
   a. preparan la comida
   b. pasan tiempo juntas (*together*)
   c. hacen buenos tamales

3. Anita _____ .
   a. es la sobrina de Chela
   b. es la nieta de Clara
   c. quiere refrescos

4. Los hombres de la familia _____ .
   a. ayudan con la comida
   b. hablan de la comida
   c. beben

5. Tomasito _____ .
   a. tiene hambre
   b. quiere almorzar
   c. es el mayor de la familia

6. La familia Suárez _____ .
   a. es unida
   b. tiene personas menores
   c. tiene personas mayores

04-02 **La familia.** Clara is helping her children Anita and Tomasito better understand family relationships. Complete each of her statements with the correct word.

Modelo: Los padres de mi madre son mis *abuelos*.

1. La hermana de mi madre es mi _____ .

2. El esposo de mi hermana es mi _____ .

3. Los hijos de mi hermana son mis _____ .

4. La madre de mi esposo es mi _____ .

5. La madre de mi padre es mi _____ .

6. Las hijas de mi tío son mis _____ .

7. La esposa de mi hijo es mi _____ .

8. El hijo de mis padres es mi _____ .

9. La esposa de mi hermano es mi _____ .

10. El esposo de mi hija es mi _____ .

04-03 Los parentescos. The Suárez family loves puzzles. Find these ten words for family relationships in the puzzle below. Search horizontally, vertically, and diagonally, both forward and backward.

abuela	esposa	hermanastra	madre	sobrino
cuñada	hermano	hija	padre	tío

H	H	U	C	L	S	O	F	H	I	P	A	A	R
E	Í	R	U	A	O	O	U	L	F	R	L	I	T
R	J	X	Ñ	P	B	E	B	E	N	A	H	D	D
M	T	F	A	H	N	P	B	R	O	S	R	E	C
A	A	O	D	U	A	L	D	D	I	J	T	Y	S
N	L	D	A	D	R	E	A	A	V	N	Í	U	O
O	G	I	R	C	T	S	L	M	F	A	O	P	R
R	O	E	J	I	S	M	E	P	Ñ	S	L	E	T
F	M	P	O	S	A	A	U	O	E	R	P	A	S
I	P	O	M	Í	N	P	B	L	L	O	J	Q	A
V	A	Y	T	O	A	R	A	U	C	I	E	U	C
E	S	P	O	S	M	C	L	S	H	A	M	I	A
H	D	E	N	E	R	Í	R	O	B	J	N	E	G
Y	A	C	E	P	E	S	P	O	S	A	T	T	S
U	M	O	S	O	H	Z	O	Z	M	H	E	U	S

04-05 Emparejar. Match each verb with a logically associated concept or thing.

1. almorzar _____   a. el cumpleaños de tu madre

2. dormir _____   b. tiempo con amigos

3. entender _____   c. por la noche

4. ganar _____   d. el problema

5. jugar _____   e. al tenis

6. pasar _____   f. al mediodía

7. recordar _____   g. un buen salario

8. servir _____   h. la comida en el restaurante

04-06 Preguntas personales. A friend in Spanish class wants to know more about your family. Answer his/her questions truthfully with complete sentences in Spanish.

1. ¿De dónde son tus padres?

   _____ .

2. ¿Te gusta pasar tiempo con ellos? ¿Por qué?

   _____ .

3. ¿Tienes hermanos o hermanas? ¿Son mayores o menores?

   _____ .

4. ¿Tienes muchos primos? ¿Son ustedes unidos?

   _____ .

5. ¿Tienes hijos? ¿Cuántos y cómo se llaman?

   _____ .

6. ¿Deseas tener una familia grande o pequeña? ¿Por qué?

   _____ .

¡Así lo hacemos! Estructuras

1. The present tense of stem-changing verbs: *e → ie*, *e → i*, *o → ue* (Textbook p. 118)

04-07 La clase de matemáticas. Match each statement to the drawing that best depicts its meaning.

1. _____

2. _____

3. _____

4. _____

5. _____

6. _____

a. La clase de matemáticas *empieza* al mediodía.

b. La clase es difícil y los estudiantes no *entienden* al profesor.

c. En la clase algunos estudiantes *sueñan* con estar de vacaciones.

d. Los estudiantes trabajadores *prefieren estudiar* en la biblioteca.

e. Después de la clase, los estudiantes *almuerzan* en la cafetería.

f. En la cafetería ellos *sirven* pizza.

04-08 La pasión de Gabriel. Complete each sentence about Gabriel's favorite sport with the correct form of the verb in parentheses.

1. Gabriel _____ (jugar) al tenis todos los días.

2. Cuando él _____ (perder), no está contento.

3. Él _____ (dormir) nueve horas todas las noches para estar bien.

4. Gabriel también _____ (pensar) mucho en el tenis.

5. Él _____ (querer) ser tenista (*tennis player*) profesional en el futuro.

6. Seguramente (*surely*) él _____ (poder), porque es muy dedicado.

Nombre: _____   Fecha: _____

04-09 En casa de los abuelos. Adriana's family is very close-knit. Complete the following paragraph about Sunday gatherings at her grandparents' house by correctly conjugating each verb in parentheses, based on the corresponding subject.

Mi familia es grande. Los domingos todos nosotros (1) _____ (almorzar) en casa de los abuelos. La

comida (*meal*) (2) _____ (empezar) a la una. Mis abuelos siempre (3) _____ (servir)

varios platos (*dishes*) deliciosos. Mis padres y mis tíos siempre (4) _____ (querer) ayudar. Hay mucha

comida, y por eso todos nosotros (5) _____ (repetir) nuestros platos favoritos. Después de comer,

mis primos pequeños (6) _____ (jugar) afuera (*outside*). Yo (7) _____ (preferir)

hablar con mi abuela, porque ella (8) _____ (entender) bien mis ideas y siempre

(9) _____ (poder) ayudar. Yo (10) _____ (querer) mucho a mi abuela y a toda

mi familia.

04-12 En la cafetería. Based on the drawing, write six complete sentences using various verbs from the word bank. Follow the model as a guide.

almorzar	pedir	querer	soñar
encontrar	pensar	servir	tener

Modelo: *Juanito repite la palabra "¡Mamá!"*

1. _____ .

2. _____ .

3. _____ .

4. _____ .

5. _____ .

6. _____ .

2. Direct objects, the personal *a*, and direct object pronouns (Textbook p. 124)

04-13 **Habla Raúl.** Complete each description of Raúl's family life by providing the personal **a** when needed. When not needed, write an **X**.

Modelo: Cuando visito *a* mi primo Jorge, siempre pedimos *X* pizza.

1. Llevo _____ mis hermanitos a jugar en el parque.

2. Mis hermanitos y yo compramos _____ chocolate.

3. Invito _____ mi cuñado a almorzar en un restaurante.

4. Mis padres no quieren mucho _____ su yerno.

5. Mis tíos no entienden _____ mis padres.

6. Mis hermanos y yo tenemos _____ muchos primos y los visitamos.

7. Visitamos _____ nuestro primo Gustavo y _____ nuestra prima Isabel.

8. El primo Gustavo quiere _____ una novia guapa y alta.

9. La prima Isabel tiene _____ un esposo rico y simpático.

10. Cuando estamos con los primos, pasamos _____ tiempo en el centro de la ciudad.

04-14 **Habla Ana.** Complete each of Ana's sentences about her family with an appropriate direct object pronoun in order to avoid repeating the previous word(s) in italics.

Modelo: Mi primo se llama *Jorge* y *lo* voy a visitar en otoño.

1. Yo soy Ana. Tengo *dos hermanas* y _____ llamo todos los días.

2. *Nosotras* vivimos en San Salvador y mi tío _____ invita a almorzar en su casa los domingos.

3. *Tú* visitas a tu familia los domingos también, ¿verdad? Por eso todos _____ adoran tanto (*so much*).

4. *Mi prima Luisa* estudia en Nueva York y yo _____ quiero visitar.

5. *Yo* voy a ir en verano y Luisa _____ va a llevar a muchos lugares.

6. *Los amigos de Luisa* son muy interesantes y simpáticos y _____ vamos a invitar a comer una tarde.

04-15 Habla Pablo. Complete each sentence about Pablo's family life with the direct object pronoun that corresponds to the subject in italics.

Modelo: *Nosotros* debemos esperar aquí porque tu madre *nos* busca.

1. *Mi hermana Marta* quiere mucho a su novio, pero él no _____ quiere.

2. *Yo* hablo mucho con mi abuelo, porque él _____ entiende bien.

3. *Mi hermana y yo* ayudamos mucho a nuestros padres, porque ellos también _____ ayudan mucho.

4. *Mis tías* buscan a mi madre para ir a comprar, pero ella no _____ contesta.

5. *Tú* esperas mucho a tu novia, pero ella no _____ espera. ¡No es simpática!

6. *Tus padres* te llaman mucho, pero tú no _____ llamas. ¿Por qué?

04-19 Preguntas sobre la familia. Your grandfather lives in another state and writes to inquire about family matters. Answer his questions truthfully in complete sentences, using a direct object pronoun to avoid repetition. Be sure to follow the model closely.

Modelo: ¿Llamas a tus padres todos los días?
            No, no los llamo todos los días.

1. ¿Ayudas a tu padre?

   _____.

2. ¿Encuentra tu madre tiempo para la familia?

   _____.

3. ¿Ven tus hermanos y tú mucho a los primos?

   _____.

4. ¿Recuerdas bien a tus abuelas?

   _____.

5. ¿Quieres mucho a tu familia?

   _____.

¿Cuánto saben? (Textbook p. 127)

04-20 **¿Saben usar los verbos con cambio de raíz (*stem change*)?** Complete each of the following sentences with the appropriate form of the verb in parentheses.

1. Nuestros padres nos _____ (querer) mucho.

2. Mi hermano _____ (pensar) mucho en su novia.

3. Yo no _____ (entender) bien a mis suegros.

4. Mi esposo y yo _____ (soñar) con tener una pequeña familia.

5. Mi hermano menor _____ (preferir) un perro para su cumpleaños.

6. ¿Qué _____ (pedir) tú para tu cumpleaños?

04-21 **¿Saben usar la *a* personal?** Complete each sentence by providing the personal **a** when needed. When not needed, write an **X**.

Modelo: Necesito llamar *X* un taxi.

1. Necesito llamar _____ mi esposa.

2. Buscamos _____ un buen apartamento en una ciudad nueva.

3. También buscamos _____ buenos amigos.

4. Mi hermanastro Miguel vende _____ varios productos para apartamentos.

5. Mañana vemos _____ mi hermanastro para almorzar y para hablar.

04-22 **¿Saben usar los pronombres de objeto directo?** Complete each sentence with the direct object pronoun that corresponds to the word(s) in italics.

Modelo: *Nosotros* debemos esperar aquí porque tu madre *nos* busca.

1. Mi tía lee *italiano y portugués* y _____ escribe también.

2. Mi padrastro hace *bebidas tropicales (tropical drinks)* y después _____ sirve a la familia.

3. Mis primos practican mucho *la salsa* y ahora _____ bailan muy bien.

4. Mi suegro siempre pierde *su teléfono celular;* mi suegra siempre _____ encuentra.

5. *Yo* quiero mucho a mi esposo; él también _____ quiere mucho.

Perfiles (Textbook p. 128)

Mi experiencia: La familia hispana ¿típica?

04-26 **Según Maríahondureña.** Reread this section of your textbook and complete each sentence with the correct answer from the word bank.

buscar	entender	globalización	migración
dinero	generalizar	hijos	unidad familiar

1. En la opinión de esta mujer hondureña, no es posible _____ el concepto de "familia hispana".

2. Por razones económicas y políticas, hay mucha _____ en los países centroamericanos.

3. Muchos hombres tienen que _____ trabajo fuera de sus países.

4. Las mujeres y los hombres mayores mantienen (*maintain*) la _____ .

5. Además, con más estudios, las mujeres de ahora tienen menos _____ .

6. La _____ es un tema presente en la música de Guillermo Anderson, un cantautor popular hondureño.

Mi música: "El encarguito" (Guillermo Anderson, Honduras)

04-27 **Asociar datos.** Read about this artist in your textbook and follow the directions to listen to the song on the Internet. Then match each item with the best description.

1. Guillermo Anderson _____   a. lugar donde viven muchos grupos étnicos

2. "El encarguito" _____   b. de origen español y amerindio

3. un encarguito _____   c. de origen africano

4. La Ceiba _____   d. canción con humor y realismo

5. la lengua y la cultura garífunas _____   e. tipo de paquete (*package*)

6. mestizo _____   f. músico de La Ceiba

Segunda parte

¡Así lo decimos! Vocabulario (Textbook pp. 130–131)

Lugares de ocio

04-28 **¡Así es la vida!** Reread the brief dialogs in your textbook and select the answer that best completes each statement.

1. Raúl llama a Laura para ver si _____ .
   a. está bien
   b. quiere ir al cine
   c. quiere ir a cenar

2. Laura pregunta sobre _____ .
   a. los actores de la película
   b. la hora de la película
   c. el nombre de la película

3. El cine se llama _____ .
   a. el Rialto
   b. El Salvador
   c. Guazapa

4. En el cine ponen una película _____ .
   a. ecuatoriana
   b. panameña
   c. salvadoreña

5. La película empieza _____ .
   a. a las seis y media
   b. a las siete
   c. a las siete y media

6. Laura prefiere _____ .
   a. ir al cine mañana
   b. ir al cine esta noche
   c. ver una película diferente

04-29 **Respuestas a una invitación.** Decide whether each statement is used to accept (**aceptar**) or decline (**rechazar**) an invitation and select the correct answer.

1. Sí, claro.   aceptar   rechazar

2. Me encantaría.   aceptar   rechazar

3. Me encantaría, pero tengo que trabajar.   aceptar   rechazar

4. De acuerdo.   aceptar   rechazar

5. No, lo siento.   aceptar   rechazar

6. Paso por ti.   aceptar   rechazar

7. Gracias, pero no puedo.   aceptar   rechazar

8. Estoy muy ocupado/a.   aceptar   rechazar

04-30 **Más invitaciones.** Raúl and Laura from **¡Así es la vida!** had a wonderful time at the movies and have decided to see each other again. This time Laura initiates the date. Using the numbers 1 to 7, put the lines of dialog in order to create a logical conversation.

1. ¡Me encantaría! ¿Quién canta? _____

2. De acuerdo. ¡Hasta pronto! _____

3. Sí, soy Raúl _____.

4. ¿Aló? _____

5. Alejandro Sanz. El concierto es a las ocho. Paso por ti a las siete, ¿de acuerdo? _____

6. ¿Está Raúl, por favor? _____

7. Raúl, soy Laura. ¿Te gustaría ir a un concierto esta noche? _____

04-31 **Emparejar (*Matching*).** Match each activity with an associated detail or place.

1. ir al centro _____   a. por el parque

2. escuchar un concierto _____   b. de hockey

3. comprar entradas _____   c. de la ciudad

4. ir a un partido _____   d. para la función

5. ver una película _____   e. en el cine

6. pasear _____   f. de música clásica

Letras y sonidos: Word stress and written accent marks in Spanish (Textbook p. 132)

04-35 **¿Hay acento escrito?** Based on the correct answers about emphasis in the previous activity, decide whether each word requires a written accent mark. Fully rewrite each word correctly, as shown in the model.

		third to last syllable	second to last syllable	last syllable	correctly written word
Modelo:	te	le	fo	no	*teléfono*
1.	pe	li	cu	la	
2.		vein	ti	tres	
3.			fun	cion	
4.		com	pren	der	
5.		en	tra	da	
6.		cla	si	ca	
7.	her	ma	nas	tra	
8.			ti	os	
9.	di	vor	cia	do	
10.		re	cuer	das	

¡Así lo hacemos! Estructuras

3. Demonstrative adjectives and pronouns (Textbook p. 134)

04-36 **De compras.** You are shopping for and discussing school supplies with a friend at the university bookstore. Indicate your preferences by completing each statement with the correct demonstrative adjective.

Modelo: Deseo comprar *ese* (*that [close to you]*) diccionario allí.

1. No quiero _____ (*these*) mochilas.

2. Prefiero _____ (*that [close to you]*) mochila allí.

3. _____ (*Those over there [away from both of us]*) libros son muy caros.

4. Voy a comprar _____ (*this*) libro de aquí.

5. Deseo tener _____ (*these*) cuadernos también.

04-37 ¿Qué prefieres? At the bookstore, a clerk asks you which of the following items you would like to buy. Reply to each question with a complete sentence, using the appropriate demonstrative adjective based on the three columns below and following the model.

AQUÍ, CERCA	ALLÍ, MÁS LEJOS DE AQUÍ	ALLÁ, MUY LEJOS
escritorio	mochilas	computadora
calculadoras	libros	lápices
cuadernos	diccionario	bolígrafo

Modelo: ¿Qué escritorio quiere usted?
           Quiero este escritorio.

1. ¿Qué cuadernos prefiere usted?

   _____

2. ¿Qué computadora quiere?

   _____

3. ¿Qué lápices prefiere?

   _____

4. ¿Qué libros desea?

   _____

5. ¿Qué diccionario quiere?

   _____

6. ¿Qué calculadoras prefiere?

   _____

04-38 **En una fiesta.** Your family is attending your close friend Roberto's college graduation party. Roberto wants to know who, among the crowd, each member of your family is. Complete your conversation with him using appropriate demonstrative adjectives or pronouns.

ROBERTO: ¡Hola! ¿Está toda tu familia aquí?

TÚ: Sí, gracias por invitarnos.

ROBERTO: ¿Quiénes son tus padres?

TÚ: Mi padre es (1) _____ señor alto y moreno que está allá lejos hablando con tu padre.

ROBERTO: ¿Es tu madre (2) _____ señora de aquí?

TÚ: No, ella es mi tía. Mi madre es (3) _____ señora al lado de mi padre.

ROBERTO: ¿Están tus hermanos en la fiesta?

TÚ: ¡Por supuesto! Mi hermano es (4) _____ muchacho de allí, cerca de la puerta.

ROBERTO: ¿Y tus hermanas?

TÚ: Son (5) _____ muchachas aquí con las que hablo. Te las presento.

    (6) _____ es Ángela y (7) _____ es Carmen.

ROBERTO: Encantado. Mucho gusto en conocerlas.

TÚ: ¡(8) _____ evento es maravilloso!

ROBERTO: Sí, ¡hay mucha gente y me encanta!

Capítulo 4   ¿Cómo es tu familia?   85

4. The present tense of *poner, salir,* and *traer* (Textbook p. 136)

04-40 **Varias situaciones.** What do people do on different occasions? Complete each paragraph with the correct forms of the verb indicated.

A. poner

Ana y Pepe siempre (1) _____ sus libros en una mochila. Mi amigo Raúl no

(2) _____ sus libros en una mochila. ¡Los tiene en el carro! Yo (3) _____ mis

libros en una bolsa grande. Y tú, ¿dónde (4) _____ tus libros?

B. salir

Sandra (5) _____ con Teodoro. Ellos siempre (6) _____ a comer en

restaurantes. Mi vida es más difícil. Yo (7) _____ del trabajo a las seis y media. Mis amigos y yo

sólo (8) _____ los viernes porque los restaurantes son muy caros.

C. traer

¿Qué (9) _____ tú a clase? Yo (10) _____ el libro y Teresa

(11) _____ el cuaderno de actividades. Quique y Eduardo (12) _____ un

diccionario.

Nombre: _____   Fecha: _____

04-41 **Los planes.** Two friends have plans for a weekend at the beach. Complete each sentence with the most appropriate verb from the word bank.

salir	traigo	pone	salen	poner	salimos	trae	salgo

Alejandro y Eduardo (1) _____ hoy para la playa (*beach*). Alejandro (2) _____

todas las cosas en su carro. Quieren (3) _____ a las nueve de la mañana. A las ocho y media

Eduardo llama a Alejandro.

EDUARDO: ¡Hola, Alex! ¿A qué hora (4) _____ (nosotros)?

ALEJANDRO: En treinta minutos. Yo voy a (5) _____ mis cosas en el carro ahora.

EDUARDO: Alex, ¿no es posible salir a las diez? Necesito ver a mi hermano.

ALEJANDRO: ¿A qué hora tienes que verlo?

EDUARDO: A las nueve y cuarto. (6) _____ (yo) de mi casa ahora.

ALEJANDRO: Hombre, no hay problema. ¿Quién (7) _____ la música?

EDUARDO: No te preocupes (*Don't worry*)… Yo (8) _____ la música. ¡Gracias, y hasta pronto!

ALEJANDRO: Adiós.

5. *Saber* and *conocer* (Textbook p. 139)

04-43 Más información sobre tus primas. Your friend Tony wants to know more about two female cousins who are coming to spend a month with your family. Complete each question with the correct form of **saber** or **conocer,** according to the context.

1. ¿ _____ tus primas a tus otros amigos?

2. ¿ _____ (ellas) que yo estudio español?

3. ¿ _____ (tú) al novio de tu prima Anita? ¿Es guapo?

4. ¿ _____ (tú) si ellas visitan a tu familia en agosto?

5. ¿ _____ ellas jugar al tenis?

6. ¿ _____ tu prima Carmen hablar inglés bien?

04-44 Una conversación. Complete the following conversation between two friends about a new student with the correct form of **saber** or **conocer,** according to the context.

MARÍA: ¿(1) _____ tú al estudiante nuevo? ¿(2) _____ (tú) cómo se llama?

CARMEN: (Yo) (3) _____ que su apodo es Beto.

MARÍA: ¿(4) _____ si Beto habla español?

CARMEN: Sí, (5) _____ que habla español.

MARÍA: ¿(6) _____ dónde vive?

CARMEN: Yo no (7) _____ dónde vive, pero mi hermano (8) _____ que Beto vive cerca de la universidad.

MARÍA: ¿(9) _____ tú a Maribel, la hermana de Beto?

CARMEN: No, yo no (10) _____ a Maribel.

MARÍA: ¡Vamos a conocerlos!

CARMEN: ¡Vamos!

04-45 Unas preguntas. For each drawing, formulate an appropriate question using the **tú** form of **saber** or **conocer**. Be sure to follow the model closely.

Modelo: *Begoña, ¿conoces a este muchacho?*

1. _____

    _____

3. _____

    _____

2. _____

    _____

4. _____

    _____

¿Cuánto saben? (Textbook p. 142)

04-47 ¿Saben usar los demostrativos? Complete each sentence with the most appropriate demonstrative adjective or pronoun.

Modelo: ¿Qué es eso (*that*)?

1. Esta casa es de mis abuelos, pero _____ (*that one over there [away from both of us]*) es de mis tíos.

2. Mi primo es _____ (*this*) muchacho que está aquí.

3. Mi hermana no quiere comprar estas sillas, pero quiere _____ (*those ones [close to you]*) que están allí.

4. Mis padres trabajan en _____ (*that [away from both of us]*) edificio (*building*) allá lejos.

5. _____ (*That [close to you]*) muchacho es mi amigo Ramón.

6. ¿Qué es _____ (*this*)?

04-48 ¿Saben *poner, salir* y *traer*? Complete each sentence with the correct form of the verb in parentheses.

Modelo: Los amigos *salen* (salir) para nuestra fiesta a las nueve de la noche.

1. Yo _____ (poner) los refrescos en el refrigerador.

2. Tú _____ (traer) música.

3. Yo _____ (traer) mi guitarra.

4. Elena _____ (salir) a comprar unas pizzas.

5. Yo _____ (salir) a buscar a más amigos nuestros.

6. Todos nosotros _____ (poner) dinero (*money*) para la fiesta.

04-49 ¿Saben la diferencia entre *saber* y *conocer*? Complete each sentence with the appropriate form of **saber** or **conocer,** according to the context.

1. Yo no _____ Nueva York.

2. Yo _____ que Nueva York está en la costa del Atlántico.

3. Mi madre _____ jugar al tenis muy bien.

4. Nosotros _____ quién es Rigoberta Menchú.

5. Mis padres _____ a mis amigos.

6. Los estudiantes de español _____ la diferencia entre **saber** y **conocer.**

Nuestro mundo

Panoramas: América Central I: Guatemala, El Salvador, Honduras (Textbook p. 144)

04-56 **¡A informarse!** Based on information from **Nuestro mundo,** decide whether each of the following statements is **cierto** or **falso.**

1. Hay muchas montañas en Centroamérica.   Cierto   Falso

2. La cultura indígena en Guatemala se ve en los huipiles que llevan muchas mujeres.   Cierto   Falso

3. El maíz es un producto muy importante para los centroamericanos.   Cierto   Falso

4. La economía de los países centroamericanos es independiente de las economías   Cierto   Falso
   de EE. UU. y Canadá.

5. En Centroamérica las personas con dinero viven mayormente en el campo   Cierto   Falso
   mientras que las personas sin dinero viven principalmente en las ciudades.

6. En Guatemala, el número promedio (*average*) de hijos es cinco por mujer.   Cierto   Falso

7. La agricultura es muy importante para la economía de Honduras.   Cierto   Falso

8. El turismo es muy importante para la economía de El Salvador.   Cierto   Falso

04-57 La geografía de Centroamérica. Based on the map of Central America, match each place with the country where it is located.

1. San Salvador
   a. El Salvador   b. Guatemala   c. Honduras

2. Quetzaltenango
   a. El Salvador   b. Guatemala   c. Honduras

3. La Ceiba
   a. El Salvador   b. Guatemala   c. Honduras

4. Tegucigalpa
   a. El Salvador   b. Guatemala   c. Honduras

5. Antigua
   a. El Salvador   b. Guatemala   c. Honduras

6. Tikal
   a. El Salvador   b. Guatemala   c. Honduras

Páginas: *Sobreviviendo Guazapa*, Cinenuevo (Textbook p. 146)

04-58 **¿Cierto o falso?** Based on the information from the **Páginas** section of the textbook, decide whether each statement is **cierto** or **falso**.

1. La película *Sobreviviendo Guazapa* es ficción pero se basa en la guerra civil en El Salvador durante los años 1980–1992.   Cierto   Falso

2. La película es sobre el asesinato del Arzobispo Óscar Romero en 1980.   Cierto   Falso

3. En la película dos combatientes enemigos se unen (*unite*) para sobrevivir y en el proceso ayudan a una muchacha joven.   Cierto   Falso

4. El director Roberto Dávila no encuentra problemas en el proceso de hacer esta película.   Cierto   Falso

5. Todos los actores en la película tienen experiencia previa a esta.   Cierto   Falso

6. La realización de la película toma tres años.   Cierto   Falso

7. Esta película recibe atención en varios festivales de cine internacionales y gana premios (*awards*).   Cierto   Falso

8. Según el crítico Héctor Ismael Sermeño, Dávila tiene una agenda puramente política.   Cierto   Falso

Taller (Textbook p. 148)

04-59 Otra invitación. Write an e-mail to a family member inviting him/her to a special event (such as a jazz concert, a play, a big game, etc.). Include information about the date, the time, the place, and any other needed arrangements. Don't forget to include a header, a greeting, and a closing typical of an e-mail. Consult the examples in the **Taller** section of the textbook as a guide.

_____

_____

_____

_____

_____

_____

_____

_____

_____

_____

5
¿Cómo pasas el día?

Primera parte

¡Así lo decimos! Vocabulario (Textbook pp. 152–153)

Las actividades diarias

05-01 ¡Así es la vida! Reread the brief dialog in your textbook and indicate whether each statement is **cierto** or **falso**.

1. Fabián y Rosario tienen planes para ir a un café.   Cierto   Falso

2. Fabián llega al café temprano.   Cierto   Falso

3. Fabián llama a Rosario.   Cierto   Falso

4. Rosario está en el Café Solo.   Cierto   Falso

5. Fabián necesita prepararse antes de salir para el café.   Cierto   Falso

6. Rosario está muy contenta.   Cierto   Falso

05-02 ¡Fuera de lugar! For each set of expressions about daily routines and personal hygiene, choose the one that is out of place based on its meaning.

1. a. acostarse
   b. bañarse
   c. dormirse
   d. despertarse

2. a. el secador
   b. el peine
   c. los ojos
   d. la máquina de afeitar

3. a. el maquillaje
   b. el brillo de labios
   c. el champú
   d. la mano

4. a. afeitarse
   b. vestirse
   c. ponerse furioso
   d. peinarse

5. a. el maquillaje
   b. la máquina de afeitar
   c. la navaja de afeitar
   d. la crema de afeitar

6. a. la nariz
   b. el jabón
   c. la cara
   d. los dientes

05-03 **Un poco de lógica.** For each group of phrases about a daily morning or evening routine, number them one to three in logical order.

1. Me seco. _____

   Me levanto. _____

   Me baño. _____

2. Te vistes. _____

   Te bañas. _____

   Sales de la casa. _____

3. Se acuestan. _____

   Se cepillan los dientes. _____

   Se duermen. _____

4. Nos despertamos. _____

   Nos ponemos la crema de afeitar. _____

   Nos afeitamos. _____

05-04 **Un crucigrama.** Fill in the crossword puzzle with words that complete the following statements about daily routines and personal hygiene.

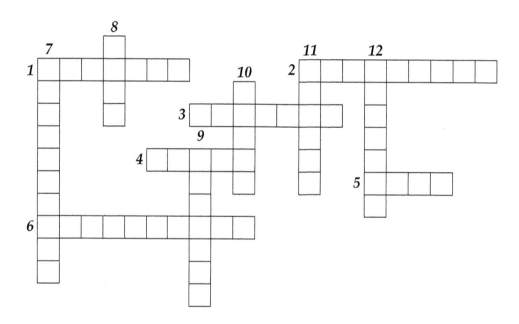

Across

1. Nosotros nos _____ el pelo con champú.

2. Es medianoche y Juan tiene sueño. Quiere _____ .

3. Todas las mañanas nos cepillamos los _____ .

4. Para lavarnos las manos, usamos el _____ .

5. Olga tiene pelo rubio y _____ azules.

6. Las mujeres se ponen _____ en la cara.

Down

7. Nosotros nos _____ de la cama por la mañana.

8. Muchos hombres se afeitan la _____ .

9. A los niños no les gusta ducharse; prefieren _____ .

10. El señor necesita peinarse, pero no tiene _____ .

11. El señor se _____ la cara con navaja todas las mañanas.

12. Nos secamos el pelo con el _____ .

05-07 **¿Cómo te pones?** Write a sentence stating how you feel in each situation. Follow the model, and choose from the expressions in the word bank.

ponerse contento/a   ponerse furioso/a   ponerse molesto/a   ponerse nervioso/a   ponerse triste

Modelo: *Cuando estoy en la clase de español, me pongo contento/a.*

1. _____

_____

3. _____

_____

2. _____

_____

4. _____

_____

¡Así lo hacemos! Estructuras

1. Reflexive constructions: Pronouns and verbs (Textbook p. 156)

05-08 **Las rutinas diarias en la familia de Ana.** Ana lives at home with her family. Based on the drawings, complete her descriptions of family routines with the correct forms of reflexive verbs.

1. Yo _____ la cara por la mañana y _____ la cara por la noche.

2. Mi padre _____ con agua caliente por la mañana y después _____ .

3. Mis abuelos _____ a tomar un café y después los dos _____ los dientes.

4. Mi hermanito _____ a las ocho de la noche y _____ a las ocho y media.

5. Todos nosotros _____ contentos por la noche y _____ temprano el día siguiente.

05-09 Rogelio y su compañero por la mañana. Rogelio and his friend share an apartment but have very different morning routines. Complete Rogelio's narrative with correct forms of appropriate reflexive verbs from the word bank. Use each verb only once.

afeitarse	despertarse	lavarse	peinarse
cepillarse	ducharse	levantarse	vestirse

Yo (1) _____ de la cama (*bed*) a las siete de la mañana. Primero,

(2) _____ los dientes. Después, (3) _____ la cara con crema y navaja. Yo

no (4) _____ por la mañana porque lo hago por la noche. Salgo para la universidad a las ocho.

Mi compañero de apartamento (5) _____ a las diez, pero está en la cama hasta las diez y

media. Tiene clase a las once, entonces no tiene mucho tiempo para prepararse. Él (6) _____ el

pelo pero no (7) _____ la cara con jabón. (8) _____ rápidamente con

ropa (*clothes*) del día anterior y sale con prisa para la universidad.

Nombre: _____ Fecha: _____

05-10 **¿Reflexivo o no?** Sonia has many children, and she loves to talk about them! Complete each of Sonia's statements with the correct form of a reflexive or nonreflexive verb from the word bank, according to each situation. Use each verb shown only once.

lavar	llamar	peinar	vestir
lavarse	llamarse	peinarse	vestirse

1. Yo _____ Sonia y tengo muchos hijos.

2. Yo _____ a mi hijo Samuel en la universidad todos los sábados.

3. Paula, mi hija mayor, _____ temprano todos los días para ir a trabajar.

4. Muchas veces Paula _____ a su hermanito también.

5. Mi hija Lucía _____ a su hermanita Susi.

6. Lucía _____ sin prisa después.

7. Mi hija Laura _____ su carro todos los viernes.

8. Después Laura _____ bien las manos y la cara. ¡Así es mi familia!

05-12 Tu rutina diaria. Create a list of at least five activities that typically make up your weekday morning or evening routine. Order the activities numerically, and for each one, include the time that you do it. Be sure to follow the model carefully.

Modelo: 1. *Me despierto a las seis.*
            2. *Me levanto a las seis y cuarto.*

1. _____

2. _____

3. _____

4. _____

5. _____

05-13 Más detalles sobre tu rutina diaria. Now write a description of your typical morning or evening. Add additional details whenever possible.

Modelo: *En general, me despierto a las seis de la mañana porque mi primera clase es a las siete y media, pero muchos días no me levanto hasta las seis y cuarto. Después…*

_____

_____

_____

_____

_____

_____

05-14 Maribel y Nacho. Maribel and Nacho are very much in love and do a lot for and with each other. Complete each description with the correct form of the reciprocal verb in parentheses.

Modelo: Maribel y Nacho *se llaman* (llamarse) por teléfono todos los días.

1. Maribel y Nacho _____ (escribirse) mensajes de texto todos los días.

2. Ellos _____ (encontrarse) en la biblioteca después de clase.

3. Ellos _____ (verse) por la mañana, por la tarde y por la noche.

4. Ellos _____ (hablarse) con mucho cariño (*affection*) y respeto.

5. Ellos _____ (quererse) mucho.

05-15 **En el verano.** It's summer and you are no longer on campus. Using reciprocal constructions in complete sentences, answer the following questions about your relationships with university friends.

1. ¿Se hablan ustedes por teléfono?

   _____ .

2. ¿Se escriben ustedes correos electrónicos?

   _____ .

3. ¿Se visitan ustedes durante el verano?

   _____ .

4. ¿Dónde se encuentran ustedes?

   _____ .

5. ¿Qué más hacen ustedes para mantenerse en contacto (*keep in touch*)?

   _____ .

2. Comparisons of equality and inequality (Textbook p. 161)

05-16 **El ego de Roberto.** Roberto frequently compares himself to his brother Jorge, because he thinks he is better than Jorge at everything. For each set of comparisons, select the one that Roberto most likely says.

1. a. Yo soy tan responsable como Jorge.
   b. Yo soy menos responsable que Jorge.
   c. Yo soy más responsable que Jorge.

2. a. Por la mañana, yo me baño y me visto menos rápidamente que Jorge.
   b. Por la mañana, yo me baño y me visto más rápidamente que Jorge.
   c. Por la mañana, yo me baño y me visto tan rápidamente como Jorge.

3. a. Jorge estudia más que yo.
   b. Jorge estudia tanto como yo.
   c. Jorge estudia menos que yo.

4. a. Jorge tiene menos dinero que yo.
   b. Jorge tiene más dinero que yo.
   c. Jorge tiene tanto dinero como yo.

5. a. Yo tengo tantos amigos como Jorge.
   b. Yo tengo más amigos que Jorge.
   c. Yo tengo menos amigos que Jorge.

05-17 **Más comparaciones.** Each of the following drawings shows two individuals. Answer the questions in complete sentences to compare some outward aspect of them. Be sure to follow the model carefully.

Eduardo   María

Modelo: ¿Quién es más elegante, Eduardo o María?
          María es más elegante que Eduardo.

1. ¿Quién tiene más dinero, Carlos o Ricardo?

    _____ .

2. ¿Quién está menos contento, Carlos o Ricardo?

    _____ .

Carlos   Ricardo

3. ¿Quién es más joven, Juana o Juanito?

    _____ .

4. ¿Quién es más alto/a, Juana o Juanito?

    _____ .

Juana   Juanito

05-19 **Laura y Rosa.** Laura and Rosa are identical twins. Describe their similarities through comparisons of equality using **tan... como, tanto como,** or **tanto / a / os / as... como.**

Modelo: Laura y Rosa son altas.
          Laura es tan alta como Rosa.

1. Laura y Rosa son muy simpáticas.

   _____.

2. Laura y Rosa visten bien.

   _____.

3. Laura y Rosa se despiertan temprano.

   _____.

4. Laura y Rosa estudian mucho.

   _____.

5. Laura y Rosa hablan tres lenguas.

   _____.

6. Laura y Rosa tienen muchos amigos.

   _____.

05-20 **Tus propias comparaciones.** Think of a person close to you (a family member, friend, roommate, etc.) to whom you can compare yourself. Write a total of six comparisons, including three comparisons of inequality (**más/menos... que**) and three comparisons of equality (**tan... como, tanto como, tanto / a / os / as... como**).

Comparaciones de desigualdad:

1. _____.

2. _____.

3. _____.

Comparaciones de igualdad:

4. _____.

5. _____.

6. _____.

¿Cuánto saben? (Textbook p. 165)

05-22 ¿Saben las construcciones reflexivas? Complete each sentence about the daily routines of classmates with the correct form of a reflexive verb from the word bank. Use each verb only once.

afeitarse	ducharse	maquillarse
cepillarse	lavarse	secarse

1. Marcos _____ con navaja todas las mañanas.

2. Nosotras _____ con un brillo de labios especial.

3. ¿_____ tú el pelo con secador?

4. Yo prefiero _____ por la mañana.

5. Debemos _____ los dientes por la mañana y por la noche.

6. Dos compañeras _____ el pelo con un champú muy caro.

05-23 ¿Saben las construcciones recíprocas? You meet new friends in Spanish class and decide to form a study group. Describe what you do together by completing each sentence with the correct form of the reciprocal verb in parentheses.

Modelo: Nosotros *nos escuchamos* (escucharse) para practicar la pronunciación.

1. Nosotros _____ (ayudarse) con la tarea.

2. Nosotros _____ (escribirse) correos electrónicos en español.

3. Nosotros _____ (hablarse) en español de vez en cuando también.

4. Nosotros _____ (verse) antes de los exámenes para estudiar en grupo.

5. Nosotros _____ (hacerse) preguntas para verificar la comprensión.

05-24 **¿Saben comparar?** You frequently compare yourself to your roommate. Form comparisons of inequality and equality according to the elements provided and the prompts in parentheses.

Modelo: Mi jabón / fuerte / tu jabón (inequality, +)
           Mi jabón es más fuerte que tu jabón.

1. Mi navaja de afeitar / caro / tu máquina de afeitar (inequality, –)

   _____ .

2. Mi crema de afeitar / bueno / tu crema de afeitar (inequality, +)

   _____ .

3. Yo / levantarse / temprano / tú (inequality, +)

   _____ .

4. Mi champú / barato / tu champú (equality, =)

   _____ .

5. Yo / afeitarse / tú (equality, =)

   _____ .

6. Yo / tener / pelo / tú (equality, =)

   _____ .

Perfiles (Textbook p. 166)

Mi experiencia: Eco voluntariado en Costa Rica

05-27 **Según Ramón Vázquez, un joven panameño.** Reread this section of your textbook and give the best answer to complete each statement. Not all words will be used.

cubetas	muchos kilómetros	naturalistas	recogen
huevos	lugar seguro	parque nacional	repiten

1. Tortuguero, un _____ en Costa Rica, es un lugar muy importante para la protección de las tortugas marinas, una especie en peligro de extinción.

2. Las tortugas marinas depositan sus _____ en la playa (*beach*) de Tortuguero.

3. Voluntarios como este joven panameño llevan los huevos a un _____ para que sobreviva un gran número de crías.

4. Después _____ las pequeñas crías en cubetas y las llevan a la orilla del mar (*seashore*).

5. Ramón y sus amigos _____ su trabajo voluntario en Tortuguero todos los años.

6. Para hacer este servicio, recorren _____ en carro, escuchando música como la de Los Rabanes, acampando por el camino y a veces durmiendo en la playa.

Mi música: "Everybody" (Los Rabanes, Panamá)

05-28 **Asociar datos.** Read about this group in your textbook and follow the directions to listen to the song on the Internet. Then match each item with the best description.

1. Los Rabanes _____

2. los cantantes (*singers*) del grupo _____

3. la letra (*lyrics*) de sus canciones _____

4. las palabras tomadas del inglés _____

5. su estilo de música _____

6. los instrumentos que tocan _____

a. Regueira Pérez y Torres

b. guitarra, bajo y percusión

c. el grupo más popular de Panamá

d. combina reggaetón y rock

e. irónicas o sarcásticas

f. en español y en inglés

Segunda parte

¡Así lo decimos! Vocabulario (Textbook pp. 168–169)

Los quehaceres domésticos

05-29 **¡Así es la vida!** Reread the brief passages in your textbook and select all items that are true for each statement.

1. Vera vive _____ .
   a. en un apartamento
   b. con su familia
   c. con tres amigos

2. Vera quiere _____ .
   a. dar una fiesta
   b. la ayuda de sus compañeros
   c. un apartamento ordenado (*tidy*)

3. Enrique debe _____ .
   a. llenar el lavaplatos
   b. vaciar el lavaplatos
   c. sacar la basura

4. Rogelio tiene que _____ .
   a. recoger la ropa
   b. pasar la aspiradora en su cuarto
   c. pasar la aspiradora en la sala

5. Estela necesita _____ .
   a. lavar los platos
   b. poner la mesa
   c. quitar la mesa

6. Vera va a _____ .
   a. lavar el piso
   b. comprar refrescos
   c. volver a las seis

05-30 Los quehaceres y los utensilios. Match each drawing with its associated chore.

1. _____

4. _____

2. _____

5. _____

3. _____

6. _____

a. planchar

d. hacer la cama

b. poner la mesa

e. sacar la basura

c. lavar la ropa

f. pasar la aspiradora

05-31 En casa de Claudia. Complete each sentence about Claudia's household with the most appropriate word from the list.

aspiradora	cama	dormitorio	lavaplatos	secadora
basura	cuadro	estantes	mesa	sillón

1. Tengo un _____ de Picasso en la pared.

2. Todas mis novelas están en esos _____ .

3. Ahora tengo ropa limpia en la _____ . Tengo que doblarla (fold it).

4. Tengo un _____ enorme, porque me duermo mejor en espacios grandes.

5. En mi casa hago la _____ todas las mañanas cuando me levanto.

6. Yo saco la _____ los jueves.

7. Paso la _____ por la sala los sábados.

8. Hoy vienen Pepe y Clara a comer; tengo que poner la _____ .

9. También tengo que poner varios platos en el _____ ; están sucios.

10. Todos van a preferir sentarse en mi _____ porque es muy cómodo.

05-32 Las partes de la casa nueva de Claudia. Select the appropriate word for each numbered room in Claudia's new house.

1. _____

2. _____

3. _____

4. _____

5. _____

a. el baño

b. la cocina

c. el comedor

d. el dormitorio

e. la sala

05-35 **¿Y tú?** Answer the following questions about your habits and preferences related to household chores. Be sure to answer in complete sentences.

Modelo: ¿Con qué frecuencia planchas la ropa?
           Plancho la ropa de vez en cuando.

1. ¿Cuándo limpias tu dormitorio?

_____.

2. ¿Haces la cama?

_____.

3. ¿Con qué frecuencia lavas la ropa?

_____.

4. ¿Prefieres poner la mesa o quitar la mesa?

_____.

5. ¿Prefieres ordenar el garaje o sacar la basura?

_____.

¡Así lo hacemos! Estructuras

3. The superlative (Textbook p. 172)

05-38 **Casas en venta.** Read the advertisements about four different houses and answer the following questions about superlative qualities.

Los Arcos
Cariari
4 dormitorios, 3 baños, garaje, terraza.
Superficie: 1.025 m².
Precio venta: 45.000.980 colones.

Parritta
2 dormitorios, 1 baño, 1 aseo, 2 plantas, piscina, acceso directo a la playa, casa de huéspedes.
Superficie: 820 m².
Precio venta: 39.700.000 colones.

Palo Seco
(cerca de Parritta)
5 dormitorios, 5 baños, alojamiento de criadas, suite principal, 3 plantas, jacuzzi, piscina, garaje, jardines, acceso directo a la playa.
Superficie: 1.575 m².
Precio venta: 144.999.900 colones.

Santo Domingo de Heredia
(15 minutos de San José)
3 dormitorios, 2 baños, chimenea, sobre parcela de 15.000 m² con jardines, frutas, vista del valle.
Superficie: 900 m².
Precio venta: 39.265.000 colones.

OFERTA INMOBILIARIA • COSTAMAX   OFERTA INMOBILIARIA • COSTAMAX

1. ¿Cuál de las cuatro casas es la más cara?
   a. Los Arcos
   b. Santo Domingo de Heredia
   c. Palo Seco

2. ¿Cuánto cuesta la casa más cara?
   a. 144.999.900 colones
   b. 39.265.000 colones
   c. 1.575 m²'

3. ¿Cuál es la casa más pequeña?
   a. Los Arcos
   b. Parritta
   c. Palo Seco

4. ¿Cuál es la casa con más baños?
   a. Los Arcos
   b. Parritta
   c. Palo Seco

5. ¿Cuál es la casa con menos dormitorios?
   a. Los Arcos
   b. Santo Domingo de Heredia
   c. Parritta

05-39 ¡Los mejores! Gabriela is a professional home decorator who speaks in superlatives. Complete her statements about homes and furnishings following the cues provided. Be sure that your definite articles and adjectives agree in number and gender with the subjects given.

Modelo: Estos sillones son *los más modernos de* la casa. (+ moderno)

1. Esta lavadora es _____ todas. (+ eficiente)

2. Estas sillas son _____ la casa. (– bonito)

3. Este cuadro es _____ la sala. (– caro)

4. Estos estantes son _____ toda la casa. (+ fuerte)

5. Esta casa es _____ toda la ciudad. (+ grande)

05-40 Mi casa. Write five superlative statements to describe your house to a classmate. Combine one element from each word bank in each sentence.

Partes de la casa:

la sala	el comedor	el dormitorio	*el garaje*
la terraza	la cocina	el baño	el jardín

Adjetivos:

bonito/a	grande	limpio/a	cómodo/a
ordenado/a	pequeño/a	sucio/a	agradable

Modelo: *El garaje es la parte menos ordenada de mi casa.*

1. _____ .

2. _____ .

3. _____ .

4. _____ .

5. _____ .

4. The present progressive (Textbook p. 174)

05-41 Cada uno a lo suyo. Tell what each person or couple is doing by completing the sentences with the present progressive, according to the drawings.

Modelo: Katia y Giselle *están estudiando.*

1. La abuela y Arturo _____ .

3. Diego _____ .

2. Ramona _____ .

4. Víctor y Catalina _____ .

05-42 ¡Estamos haciendo los quehaceres de la casa! The Pérez family is busy with weekend chores. Complete each sentence with the present progressive form of the verb in parentheses to express what each member is doing to help out.

Modelo: La Sra. Pérez *está quitando* (quitar) la mesa.

1. La Sra. Pérez _____ (planchar) la ropa.

2. El Sr. Pérez _____ (lavar) los platos.

3. Rosa y Antonio _____ (hacer) las camas.

4. Cristina _____ (pasar) la aspiradora.

5. Yo no _____ (ordenar) mi casa ahora mismo.

6. Y tú, ¿_____ (limpiar) tu casa?

05-43 Luces, cámara, acción. Narrate the actions being performed by residents of an apartment building by creating sentences based on the prompts.

Modelo: Cristina / hacer su tarea
          Cristina está haciendo su tarea.

1. yo / beber un refresco _____ .

2. nosotros / hablar por teléfono _____ .

3. tú / comer _____ .

4. Teresa y María / leer un libro _____ .

5. Pepe y su amigo / pedir una pizza _____ .

6. Pedro / dormir la siesta _____ .

¿Cuánto saben? (Textbook p. 176)

05-45 ¿Saben usar el superlativo? Ernesto likes to use the superlative when talking about himself. Form superlative statements with the elements given. Be sure that your definite articles and adjectives agree in number and gender with the subjects. Remember that for **yo**, the speaker **Ernesto** is masculine and singular.

Modelo: Yo / simpático / la familia
             Yo soy el más simpático de la familia.

1. Mi casa / bonita / la ciudad

   _____.

2. Mi carro / rápido / todos

   _____.

3. Yo / inteligente / la clase

   _____.

4. Mis amigos / populares / la escuela

   _____.

5. Yo / mayor / mis hermanos

   _____.

05-46 ¿Saben usar el presente progresivo? Based on the information given, explain what chore each person is doing at the moment.

Modelo: Pedro usa la secadora.
             Pedro está secando la ropa.

1. Elena tiene la aspiradora.

   _____.

2. Ricardo tiene la plancha.

   _____.

3. Sonia usa la lavadora.

   _____.

4. Víctor toma los platos sucios de la mesa.

   _____.

5. Adriana quita la ropa del piso de su dormitorio.

   _____.

Nuestro mundo

Panoramas: América Central II: Costa Rica, Nicaragua, Panamá (Textbook p. 178)

05-52 **¡A informarse!** Based on information from **Nuestro mundo**, decide if each statement is **cierto** or **falso**.

1. Los volcanes de la zona centroamericana tienen poco impacto en la vida de los habitantes.	Cierto	Falso
2. La artesanía local representa la gran diversidad de la flora y la fauna de la región.	Cierto	Falso
3. Panamá celebra el centenario de la construcción del Canal en 2014.	Cierto	Falso
4. Panamá tiene la población más pequeña de estos tres países.	Cierto	Falso
5. Nicaragua tiene el porcentaje de la población urbana más pequeña de estos tres países.	Cierto	Falso
6. Costa Rica y Panamá no tienen fuerzas militares.	Cierto	Falso
7. El servicio militar en Nicaragua es obligatorio.	Cierto	Falso
8. Panamá tiene frontera con Nicaragua.	Cierto	Falso

05-53 La geografía de Centroamérica. For each statement, select the correct country based on the map.

1. La capital de _____ es San José.
   a. Nicaragua   b. Costa Rica   c. Panamá

2. La capital de _____ es Managua.
   a. Nicaragua   b. Costa Rica   c. Panamá

3. La capital de _____ es Panamá.
   a. Nicaragua   b. Costa Rica   c. Panamá

4. _____ tiene un lago grande en su interior.
   a. Nicaragua   b. Costa Rica   c. Panamá

5. _____ tiene un canal importante que conecta el Mar Caribe con el Océano Pacífico.
   a. Nicaragua   b. Costa Rica   c. Panamá

6. _____ es el país más sureño (*southernmost*) de la América Central.
   a. Nicaragua   b. Costa Rica   c. Panamá

Páginas: Playa Cacao (Textbook p. 180)

05-54 **¿Cierto o falso?** Based on information from the **Páginas** section of the text, decide if each statement is **cierto** or **falso**.

1. La casa en Playa Cacao tiene un patio con vista al mar.   Cierto   Falso

2. Hay otras casas similares que están cerca.   Cierto   Falso

3. La casa se vende con los muebles incluidos.   Cierto   Falso

4. La casa tiene aire acondicionado.   Cierto   Falso

5. La casa es tan grande como el terreno que se vende.   Cierto   Falso

6. Es posible financiar la casa y pagar entre diez y veinte años.   Cierto   Falso

Taller (Textbook p. 182)

05-55 **Pedir más información.** You are interested in the house advertised for sale in the **Páginas** section of the textbook. However, you have questions and need additional information before making a decision. Write an e-mail to the seller of the house on Playa Cacao expressing your interest in the property and requesting specific information. Don't forget to include a header, greeting, and closing in your e-mail.

_____

_____

_____

_____

_____

_____

_____

_____

_____

_____

_____

6

¡Buen provecho!

Primera parte

¡Así lo decimos! Vocabulario (Textbook pp. 186–187)

Las comidas y las bebidas

06-01 **¡Así es la vida!** Reread the brief dialogs in your textbook and indicate whether each statement is **cierto, falso,** or **No se sabe** (*unknown*).

1. Manolo le pide la cuenta al mesero.   Cierto   Falso   No se sabe.

2. Jorge no sabe cuánto deben dejar de propina.   Cierto   Falso   No se sabe.

3. Esme pide pastel de manzana.   Cierto   Falso   No se sabe.

4. Elías quiere pedir pollo y papas.   Cierto   Falso   No se sabe.

5. Matilde no desea comer mariscos.   Cierto   Falso   No se sabe.

6. La mamá está contenta con Matilde.   Cierto   Falso   No se sabe.

06-02 Emparejar. Matilde sees a lot of foods around her in the restaurant and wants to confirm with her mother what they are. Match each food or beverage with the Spanish word for it.

1. _____

2. _____

3. _____

4. _____

5. _____

6. _____

7. _____

8. _____

a. la torta de chocolate

b. el queso

c. el maíz

d. la lechuga, el tomate y la cebolla

e. el vino blanco y el vino tinto

f. el helado de vainilla y de chocolate

g. el pescado

h. el pan

06-03 Fuera de lugar. Select the word that does not belong in each group of foods or beverages.

1. a. el agua mineral
   b. el té
   c. la mantequilla
   d. la limonada

2. a. el bocadillo
   b. el flan
   c. el pastel de manzana
   d. las galletas

3. a. las fresas
   b. el ajo
   c. la manzana
   d. la naranja

4. a. el bistec
   b. el azúcar
   c. el jamón
   d. el pollo

5. a. la zanahoria
   b. el maíz
   c. las judías verdes
   d. la cerveza

6. a. el arroz
   b. los camarones
   c. los mariscos
   d. el pescado

06-04 Los alimentos. Matilde loves puzzles. Find these 12 words related to food vocabulary in the word search. Be sure to look for words horizontally, vertically, and diagonally, both forward and backward.

arroz	huevos	mantequilla	queso
azúcar	jamón	manzana	refresco
banana	leche	pescado	zanahoria

```
A Z Ú C A R E F C Ó M F P L P
P R L O Z E M A P L A E O E O
H X R B C F J L Ó M S H D C T
L U H O A R I D J C O A V H Ó
O E B Y Z E F U A I B Z Ú E A
S M Ó S U S O D Z Q L A M I S
G V J I B C O S X H A N I T R
Y H U E V O S E B A N A N A A
Q O D P N F H O I G I H A B N
A T A Ó I S R S A R L O M R A
O Z M V A R Q E T V Z R N O Z
P A F U L O P U Y Ú E I Z L N
J I A L L I U Q E T N A M S A
D L Ú A E V Z Ó R R W Ú F C M
```

06-05 En un restaurante elegante. You are with your significant other at a fine restaurant, where dialog between clients and the server is formal. Match each question or statement with the most appropriate response.

1. ¿Desean algo de tomar? _____
2. ¿Me trae la cuenta, por favor? _____
3. ¿Cuál es la especialidad de la casa? _____
4. ¡Buen provecho! _____
5. ¿Cuánto es la propina, mi amor? _____

a. Enseguida.
b. Gracias.
c. La especialidad de la casa son los camarones.
d. El veinte por ciento.
e. Sí, el vino tinto de la casa, por favor.

06-08 Las comidas del día. Your university health center is offering a complimentary consultation with a dietician. She wants to know what you typically eat for breakfast, lunch, dinner, and snacks. List at least three detailed items per category, following the model as a guide.

Modelo: el desayuno:
café con leche y azúcar, pan tostado (toasted) *con mantequilla, yogur con varias frutas*

el desayuno:

_____

_____

el almuerzo:

_____

_____

las meriendas:

_____

_____

la cena:

_____

_____

06-09 Cuestionario. In further preparation for your consultation with a dietician, your university health center gives you a form with questions to answer. Answer using complete sentences in Spanish.

1. ¿Desayunas bien todos los días?

_____ .

2. ¿Comes muchas verduras y frutas? ¿Cuáles son tus favoritas?

_____ .

3. ¿Eres vegetariano/a? ¿Qué proteínas consumes?

_____ .

4. ¿Consumes mucho azúcar en general?

_____ .

5. ¿Qué prefieres beber? ¿Tomas mucha agua todos los días?

_____ .

¡Así lo hacemos! Estructuras

1. Indirect objects, indirect object pronouns, and the verbs *decir* and *dar* (Textbook p. 190)

06-10 **Una familia cooperativa.** The González family cooperates to ensure that all runs smoothly. Susana González explains with the following statements. Complete each one with the indirect object pronoun that corresponds to the indirect object in italics.

Modelo: Mi padre *le* prepara el desayuno *a mi madre* los sábados y domingos.

1. Mi madre _____ prepara la cena *a todos nosotros* durante la semana.

2. Mis padres _____ traen *a mí* comida china de vez en cuando. ¡Es mi favorita!

3. Mi hermano Esteban _____ hace la cama *a mi hermanito Juanito*.

4. Yo _____ lavo los platos *a todos*.

5. Yo también _____ lavo la ropa *a mi abuelo*.

6. Mi abuelo _____ compra helado *a mis dos hermanos y a mí*.

7. ¿Qué _____ haces tú *a los miembros de tu familia*?

8. ¿ _____ compran cosas (*things*) especiales *a ti* tus abuelos?

06-11 **¿Qué dicen?** Maribel is from Mexico and her friend Cristina is from Spain. As you read in **Variaciones**, they use different words for some food-related concepts. Complete each of Maribel's explanations with the correct form of the verb **decir**.

Modelo: Yo *digo* "jugo de naranja", pero Cristina *dice* "zumo de naranja".

1. Como soy mexicana, yo _____ "mesero", pero Cristina como española

   _____ "camarero".

2. Cuando hablamos con el mesero en México, nosotros _____ "usted", pero las personas en

   España _____ más "tú".

3. Yo _____ "banana", pero Cristina y sus amigos _____ "plátano".

4. En México nosotros _____ "papas", pero las personas en España prefieren

   _____ "patatas".

5. ¿Qué _____ tú, "patatas" o "papas"?

06-12 ¿Qué le dan? Little Juanito isn't feeling well today, and several family members give him different things to soothe him. Complete each statement by his older sister with the correct form of the verb **dar**.

Modelo: Mi abuelo le *da* su libro favorito.

1. Mis padres le _____ medicinas.

2. Mi abuela le _____ una sopa de pollo casera (*homemade*) muy buena.

3. Yo le _____ jugo de naranja.

4. Yo también le quiero _____ un té caliente, pero él no lo quiere.

5. Todos nosotros le _____ mucho amor.

6. ¿Le _____ tú algo (*something*) bueno también?

06-13 Un buen restaurante italiano. Paulina loves a particular Italian restaurant where the service is simple and the food is tasty. Complete each of her descriptions with the indirect object pronoun that corresponds to the indirect object in italics, followed by the correct form of the verb in parentheses (either **decir** or **dar**). Follow the model closely.

Modelo: La mesera *le da* (dar) un café *a mi esposo.*

1. La mesera _____ (dar) el menú *a nosotros.*

2. Yo _____ (decir) *a la mesera* que soy vegetariana.

3. La mesera _____ (decir) *a mí* cuáles son los mejores platos (*best dishes*) vegetarianos.

4. Mi esposo y yo _____ (decir) *a la mesera* que preferimos vino tinto, unas ensaladas (*salads*) verdes y la pasta con salsa de tomate.

5. La mesera y los cocineros (*cooks*) _____ (dar) *a nosotros* muy buen servicio y comida muy rica.

6. Nosotros _____ (dar) las gracias *a todos* por una buena experiencia.

06-16 La comida de la abuela. Your grandmother enjoys preparing food for loved ones. You explain to a friend what she typically makes. Combine the elements given to form complete sentences in Spanish. Be sure to include an indirect object pronoun before each verb, conjugated to agree with **mi abuela**. Follow the model closely.

Modelo: preparar / flan de vainilla / a mi abuelo
          Le prepara flan de vainilla a mi abuelo.

1. preparar / sopa de pescado / a mi padre

   _____ .

2. hacer / camarones al ajo / a mis tíos

   _____ .

3. dar / una torta de zanahoria / a mí

   _____ .

4. hacer / galletas de chocolate / a todos nosotros

   _____ .

5. preparar / pan de banana / a ti / ¿verdad?

   _____ .

2. *Gustar* and similar verbs (Textbook p. 193)

06-17 ¿Qué comida les gusta? You are helping your friend Clara plan a small backyard party for her graduation. Complete her statements about food preferences in her family with the correct form of the verb **gustar**.

Modelo: A mi madre le *gustan* las frutas de verano.

1. A todos nosotros nos _____ las galletas de chocolate.

2. A mí me _____ el pastel de manzana también.

3. A mi hermana le _____ mucho las papas fritas (*French fries*).

4. A mis padres les _____ el jamón con queso, pero a mí no.

5. A mí me _____ las hamburguesas, pero a mis padres no.

6. A mi hermana y a mí nos _____ mucho cocinar (*to cook*).

7. A todos nosotros nos _____ comer en el patio.

8. A ti te _____ planear (*to plan*) fiestas, ¿verdad? ¡Gracias!

06-18 Compañeros nuevos. Raúl and Julián are new housemates who live near their university campus. Complete their conversation about cooking and eating preferences with the appropriate form of each verb in parentheses.

RAÚL: ¿Te (1) _____ (interesar) las clases de cocina (*cooking*)?

JULIÁN: No, no me (2) _____ (interesar). Me (3) _____ (parecer)

          aburridas, pero sí me (4) _____ (fascinar) ir a restaurantes.

RAÚL: ¿Qué restaurantes te (5) _____ (gustar)?

JULIÁN: Me (6) _____ (encantar) el restaurante japonés nuevo Sushiya. A mi familia y a mí

          nos (7) _____ (fascinar) ir a restaurantes exóticos en general.

RAÚL: A mí también me (8) _____ (encantar) los restaurantes exóticos, pero no me

          (9) _____ (gustar) la comida picante.

JULIÁN: Tranquilo, conozco un restaurante que te va a (10) _____ (fascinar).

06-20 Un buen restaurante chino. Miguel and his wife eat out at Chinese restaurants often. Complete each of Miguel's descriptions with the correct indirect object pronoun, followed by the correct form of the verb in parentheses. Follow the model closely.

Modelo: A mi esposa *le gusta* (gustar) la comida vegetariana.

1. A mi esposa y a mí _____ (encantar) los restaurantes chinos.

2. A mí _____ (parecer) muy buenos y baratos.

3. A mi esposa _____ (molestar) los precios altos.

4. A nosotros dos _____ (aburrir) los platos sin mucho sabor (*flavor*).

5. A muchos clientes _____ (apetecer) la especialidad de la casa.

6. A nosotros _____ (interesar) saber los ingredientes.

7. A mí _____ (quedar) diez dólares para la propina.

8. ¿ _____ (fascinar) a ti cenar en restaurantes chinos?

Nombre: _____ Fecha: _____

06-21 Los gustos de los amigos. Antonio lives in a large rental house with his friends, who have very different tastes in foods and beverages. Based on each drawing and following the model, indicate what each friend likes using the verb **gustar**.

Modelo: *A Antonio le gustan las hamburguesas.*

1. _____

2. _____

3. _____

4. _____

5. _____

6. _____

06-22 Tus gustos. You have a new friend who is studying to be a chef. He/She wants to cook a meal for you and asks about your food and beverage preferences. Write complete sentences to express three foods and beverages that you like and three that you dislike. Be sure to follow the models and watch for agreement with the verb **gustar**.

Modelos: **Me gusta(n)**
Me gusta el café.
No me gusta(n)
No me gustan los tomates.

Me gusta(n)

1. _____

2. _____

3. _____

No me gusta(n)

4. _____

5. _____

6. _____

06-23 Más sobre tus gustos. Your new friend and future chef e-mails you with questions about your eating habits and preferences. Answer the questions in complete sentences in Spanish, and be sure to watch for verb agreement.

1. ¿Te gusta comer en restaurantes?

    _____ .

2. ¿Te interesan las comidas exóticas?

    _____ .

3. ¿Te gusta la comida picante?

    _____ .

4. ¿Qué ingredientes te molestan?

    _____ .

5. ¿Te fascina probar (*to try*) diferentes tipos de cerveza o de vino?

    _____ .

¿Cuánto saben? (Textbook p. 195)

06-25 ¿Saben *decir y dar*? What do students and instructors in a Spanish classroom say and give? One student, Alex, explains. Complete each of his statements with the correct form of the verb in parentheses (either **decir** or **dar**).

Modelo: La profesora nos *da* (dar) mucha tarea.

1. Yo le _____ (decir) "buenos días" a la profesora todos los días.

2. Mis compañeros de clase también le _____ (decir) "buenos días".

3. Todos nosotros _____ (decir) muchas palabras y frases en español durante la clase.

4. Dos estudiantes, Ana y Pablo, siempre le _____ (dar) buenas respuestas a la profesora.

5. Nosotros le _____ (dar) las gracias a la profesora por su buena instrucción.

6. ¿Les _____ (dar) tú las gracias a tus profesores?

06-26 ¿Saben usar los pronombres de objeto indirecto? The Sánchez family loves to celebrate birthdays with good food and gifts, as Enrique Sánchez explains. Select the indirect object pronoun that correctly corresponds to each indirect object.

1. Mis padres _____ dan a mí un reloj nuevo.
   a. me   b. nos   c. te

2. Mi madre _____ prepara nuestros postres favoritos a mis hermanos y a mí.
   a. me   b. les   c. nos

3. Yo _____ doy un libro de historia a mi padre.
   a. le   b. les   c. te

4. A mis hermanos _____ compro entradas para un concierto.
   a. le   b. les   c. nos

5. ¿Qué _____ doy a ti para tu cumpleaños?
   a. me   b. le   c. te

06-27 ¿Saben usar los verbos como *gustar*? Esteban and his friends love to eat. Complete each of Esteban's descriptions with the indirect object pronoun that corresponds to the indirect object given, followed by the correct form of the verb in parentheses. Follow the model closely.

Modelo: A mi amigo Rodrigo *le gustan* (gustar) mucho las hamburguesas.

1. A mis amigos y a mí _____ (encantar) comer.

2. A nosotros _____ (fascinar) las frutas tropicales.

3. A mí _____ (interesar) las clases de cocina (*cooking classes*).

4. A mi amiga Laura _____ (aburrir) preparar la comida.

5. A Laura y a Rodrigo _____ (apetecer) comer comida rápida todos los días.

6. Y a ti, ¿qué _____ (parecer) la comida rápida?

Perfiles (Textbook p. 196)

Mi experiencia: Tren de la ruta del vino

06-30 **Según Felipe, su guía en el tren.** Reread this section of your textbook and give the best answer to complete each statement. Not all words in the word bank will be used.

almuerzo	degustación	moderno	valle
coche comedor	histórico	pescado	viñas

1. La excursión de la ruta del vino ocurre a bordo de un tren _____ , construido en Chile en 1913.

2. El recorrido del tren pasa por las _____ del Valle de Colchagua.

3. Durante el recorrido, hay una _____ de vinos con comida y con música de fondo de artistas chilenos famosos, como Alberto Plaza y Myriam Hernández.

4. La comida incluye _____ fresco, quesos y panes artesanales y frutos secos.

5. Después del recorrido en tren, hay un _____ en la viña Paraíso del Valle, en Santa Cruz.

6. Después del almuerzo, hay una visita al viñedo del _____ de Cachapoal y otra degustación de vinos.

Mi música: "Ahora" (Alberto Plaza, Chile)

06-31 **Asociar datos.** Read about this artist in your textbook and follow the directions to listen to the song on the Internet. Then match each item with the best description.

1. Alberto Plaza _____

2. tres carreras universitarias que Plaza nunca terminó (*never finished*) _____

3. el número de conciertos dados (*given*) por Plaza _____

4. el número de discos vendidos (*sold*) _____

5. el tema de la canción "Ahora" _____

6. la música de la canción "Ahora" _____

a. más de un millón

b. la relación con una exnovia

c. ingeniería, economía y publicidad

d. un cantautor contemporáneo chileno

e. lenta y melancólica

f. más de mil

Segunda parte

¡Así lo decimos! Vocabulario (Textbook pp. 198–199)

En la cocina

06-32 ¡Así es la vida! Reread the brief passage in your textbook and select all items that are true for each statement.

1. La mamá de Enrique _____ .
   a. le mandó un mensaje de texto
   b. lo llamó por teléfono
   c. les preparó guacamole con nachos a Enrique y a sus amigos

2. Enrique _____ .
   a. llamó a su mamá por teléfono
   b. invitó a su mamá a casa
   c. invitó a algunos amigos a casa

3. Enrique _____ .
   a. les preparó guacamole con nachos a sus amigos
   b. usó una receta de su mamá
   c. encontró una receta en la Internet

4. La receta requiere (*requires*) _____ .
   a. cuarenta minutos
   b. veinte minutos o menos
   c. siete ingredientes

5. Para la receta, Enrique necesitó _____ .
   a. un tazón
   b. aguacate, limón, ajo, cilantro y sal
   c. la ayuda de su mamá

06-33 Emparejar. Enrique wants to learn more about cooking. Match each kitchen activity with the most logically associated food, utensil, and/or appliance.

1. tostar _____   a. el pastel con un cuchillo

2. mezclar _____   b. el pollo en el horno (*oven*)

3. cortar _____   c. las sobras (*leftovers*) en el refrigerador

4. pelar _____   d. sal al agua en la cazuela

5. freír _____   e. el pan en la tostadora

6. calentar _____   f. la cebolla para hacer salsa picante

7. hornear _____   g. los ingredientes en un tazón

8. guardar _____   h. el agua en la estufa

9. picar _____   i. la banana antes de comerla

10. echarle _____   j. los huevos en una sartén

06-34 **Completar.** How well do you know your way around the kitchen? Enrique's mother explains some basics. Complete each statement with a word from the word bank.

asado	cocinar	microondas	receta	tenedor
cafetera	cuchara	pizca	taza	vaso

1. A mí me encanta _____ para mi familia.

2. Una _____ es la lista de ingredientes y las instrucciones para preparar un plato (*dish*).

3. ¡El pollo _____ es muy sabroso!

4. Siempre le echo una _____ de sal al arroz.

5. Usamos una _____ para preparar el café.

6. Usamos un _____ para calentar comida en poco tiempo.

7. Usamos una _____ para comer sopa.

8. Para cortar la carne, necesito un _____ y un cuchillo.

9. Necesito tomar al menos una _____ de café todas las mañanas.

10. Cuando tengo sed, bebo un _____ de agua fría.

06-37 Tus actividades en la cocina. Write five complete sentences describing your activities in the kitchen to prepare food and beverages. Be sure to include the utensils and appliances shown in the drawing, and follow the model closely.

Modelo: *Caliento la sopa en el microondas.*

1. _____ .

2. _____ .

3. _____ .

4. _____ .

5. _____ .

¡Así lo hacemos! Estructuras

3. The preterit of regular verbs (Textbook p. 202)

06-39 ¿Presente, pretérito o cualquiera de los dos? Your friend frequently e-mails you about random events in her life. Indicate whether each sentence clearly takes place in the present, in the past (preterit), or could be either of the two (**cualquiera de los dos**), based on the verb conjugation.

1. Almorcé en casa de una amiga.   a. presente   b. pretérito   c. cualquiera de los dos

2. Vivimos cerca.   a. presente   b. pretérito   c. cualquiera de los dos

3. Almorzamos juntas (*together*).   a. presente   b. pretérito   c. cualquiera de los dos

4. Llegué a la una de la tarde.   a. presente   b. pretérito   c. cualquiera de los dos

5. Le cocino arroz con pollo a ella.   a. presente   b. pretérito   c. cualquiera de los dos

6. Me cocinó bistec a la parrilla.   a. presente   b. pretérito   c. cualquiera de los dos

7. Bebimos vino tinto.   a. presente   b. pretérito   c. cualquiera de los dos

8. Bebemos mucho café.   a. presente   b. pretérito   c. cualquiera de los dos

9. Tomamos flan de postre.   a. presente   b. pretérito   c. cualquiera de los dos

10. Me gustó la comida.   a. presente   b. pretérito   c. cualquiera de los dos

06-40 ¿Qué pasó en la clase de cocina? Find out what Rosa and her friends did before and during a cooking class. Complete each sentence with the correct preterit form of the verb in parentheses.

Modelo: Nosotros *pagamos* (pagar) por la clase.

1. Yo _____ (comprar) los ingredientes antes.

2. Todos nosotros los _____ (preparar) durante la clase.

3. Carlos y Alfredo _____ (preparar) los camarones para la parrilla.

4. José _____ (calentar) el agua para el arroz.

5. Silvia _____ (añadir, *to add*) una pizca de sal y pimienta negra a todo.

6. José y Silvia _____ (aprender) a picar cebollas y tomates.

7. Todos nosotros _____ (beber) vino durante el proceso.

8. ¿Cómo _____ (ayudar) tú?

06-41 **Juntas en un almuerzo.** A few days after their cooking class, Rosa and Silvia met for lunch. Complete Rosa's description of the experience with the correct preterit form of each verb in parentheses.

Ayer yo (1) _____ (almorzar) en un buen restaurante. (2) _____ (Llamar) a mi

amiga Silvia y la (3) _____ (invitar) a almorzar conmigo. Silvia y yo (4) _____ (llegar)

al restaurante a la una. Nosotras (5) _____ (pedir) la especialidad de la casa, bistec con

papas fritas. El cocinero (*cook*) (6) _____ (preparar) muy bien mi bistec y yo le

(7) _____ (añadir, *to add*) una pizca de sal. Yo (8) _____ (beber) un refresco

con la comida y Silvia (9) _____ (tomar) una taza de café con leche. Nosotras le

(10) _____ (dejar) una buena propina a la mesera.

06-42 **¿Qué pasó ayer?** What did you and others do yesterday? Combine elements from the three lists to write five complete sentences with verbs in the preterit.

yo	desayunar	huevos fritos y jamón
tú	almorzar	un sándwich de queso
usted	comer	arroz con camarones al ajo
mi amigo	beber	cerveza oscura
mis amigos y yo	salir	a/en un club
ustedes	recibir	a/en un restaurante
mis padres		la cuenta en el restaurante

Modelo: *Yo salí a un restaurante.*

1. _____ .

2. _____ .

3. _____ .

4. _____ .

5. _____ .

4. Verbs with irregular forms in the preterit (I) (Textbook p. 206)

06-45 Las acciones de Juan. Juan invited Julia over to his apartment for dinner. Complete each description of his actions with the correct preterit form of the verb in parentheses.

Modelo: Juan *prefirió* (preferir) prepararle a Julia una cena en casa.

1. Juan no _____ (dormir) bien la noche anterior.

2. Él _____ (sentirse) nervioso todo el día.

3. Primero, él _____ (leer) las instrucciones en la receta.

4. Después Juan _____ (seguir) las instrucciones.

5. Al final él le _____ (pedir) ayuda a su madre por teléfono.

6. Él no _____ (servir) la cena hasta las once de la noche.

06-46 Una mala experiencia. Last Friday David and three friends had dinner at a new restaurant. Complete David's description of what happened with the correct preterit form of each verb in parentheses.

El viernes pasado mis amigos y yo cenamos en un restaurante chileno nuevo. A mí me gustan los restaurantes

mexicanos, pero el viernes pasado mis amigos (1) _____ (preferir) ir al chileno. En el restaurante,

Anita y Lupe nos (2) _____ (leer) el menú. Ellas (3) _____ (pedir) pescado

y Carlos (4) _____ (pedir) un bistec. Yo (5) _____ (preferir) los camarones.

El mesero no nos (6) _____ (servir) bien y Carlos y yo (7) _____ (pedir)

hablar con el encargado (*person in charge*). El encargado no nos (8) _____ (creer). ¡Fue (*it was*)

un desastre! Por la noche Carlos no (9) _____ (dormir) bien y Anita y Lupe no

(10) _____ (sentirse) bien tampoco (*either*).

06-48 Tu última visita a un restaurante. In complete sentences, answer the following questions related to your most recent experience dining out with a friend.

1. ¿Qué prefirieron ustedes, un restaurante formal o informal?

    _____ .

2. ¿Qué pediste para beber? ¿Qué pidió tu amigo/a?

    _____ .

3. ¿Qué pediste para comer? ¿Qué pidió tu amigo/a?

    _____ .

4. ¿Les sirvió bien a ustedes el/la mesero/a?

    _____ .

5. ¿Te sentiste contento/a con la experiencia? ¿Se sintió contento/a tu amigo/a?

    _____ .

¿Cuánto saben? (Textbook p. 208)

06-49 ¿Saben usar el vocabulario en contexto? Match each sentence with the corresponding drawing to explain what each person did yesterday.

1. Mario _____

4. Dolores _____

2. Lola _____

5. Estela _____

3. Alfredo _____

6. Pilar _____

a. preparó el café en la estufa.

b. frió el bistec en la sartén.

c. cocinó el pollo en el horno.

d. guardó la leche en el refrigerador.

e. cortó la zanahoria con un cuchillo.

f. peló las papas con un cuchillo.

06-51 ¿Saben usar el pretérito de los verbos regulares? Raúl and his family had a barbecue at their house last weekend. Complete Raúl's description with the correct preterit form of each verb in parentheses.

Modelo: Nosotros *decidimos* (decidir) hacer una barbacoa (*barbecue*) en casa.

1. Yo _____ (buscar) buenas recetas por la Internet.

2. Mi esposa _____ (comprar) los ingredientes.

3. Yo _____ (empezar) a preparar la parrilla en el patio.

4. Mi hija Susi le _____ (echar) ajo, sal y pimienta a la carne.

5. Susi y mi esposa _____ (cortar) las verduras.

6. Nosotros _____ (cocinar) juntos la comida.

7. Nosotros _____ (aprender) a mezclar unas buenas margaritas.

8. ¿_____ (recibir) tú nuestra invitación a comer en casa?

06-52 ¿Saben usar el pretérito de los verbos irregulares? Complete each statement by selecting the correct irregular preterit form.

1. Rogelio y Amanda _____ un anuncio (*ad*) en la radio sobre un restaurante nuevo.
   a. oyen   b. oyeron   c. oyó

2. Amanda _____ ir al restaurante esa noche.
   a. pidió   b. pide   c. pidieron

3. En el restaurante, los dos _____ con interés el menú.
   a. leen   b. leyó   c. leyeron

4. Amanda bebió vino, pero Rogelio _____ tomar cerveza con la cena.
   a. prefiere   b. prefirió   c. prefirieron

5. Rogelio _____ muy mal después.
   a. se sintieron   b. se sintió   c. se siente

Nuestro mundo

Panoramas: Chile: un país de contrastes (Textbook p. 210)

06-58 **¡A informarse!** Based on information from **Nuestro mundo**, decide if each statement is **cierto** or **falso**.

1. A los chilenos no les gustan los mariscos.   Cierto   Falso

2. Chile exporta productos agrícolas a EE. UU. y a Canadá.   Cierto   Falso

3. El vino chileno es uno de los mejores del mundo.   Cierto   Falso

4. En Chile hay mucho turismo en los parques nacionales.   Cierto   Falso

5. Torres del Paine es un parque nacional en el norte del país.   Cierto   Falso

6. Hay más de 20 millones de habitantes en Chile.   Cierto   Falso

06-59 **La geografía de Chile.** For each statement, select the best response based on the map.

1. Chile está en _____ .
   a. Norteamérica   b. Sudamérica   c. Centroamérica

2. La capital de Chile es _____ .
   a. Valparaíso   b. Santiago   c. Concepción

3. Las costas de Chile están en _____ .
   a. el Océano Pacífico   b. el Mar Caribe   c. el Océano Atlántico

4. Punta Arenas está en _____ del país.
   a. el norte   b. el centro   c. el sur

5. Chile tiene mucha frontera (*border*) con _____ .
   a. Paraguay   b. Perú   c. Argentina

Páginas: ¿Eres un gastrosexual? ¿Conoces a uno? (Textbook p. 212)

06-60 ¿Cierto o falso? Based on information from the **Páginas** section of your textbook, decide if each statement is **cierto** or **falso**.

1. Típicamente el término "gastrosexual" se refiere a una mujer.   Cierto   Falso

2. A una persona gastrosexual le encanta todo aspecto de la comida: Cierto   Falso
   su preparación, su consumo, su apariencia física y su mezcla de sabores.

3. Hoy en día los hombres pasan una hora al día en la cocina.   Cierto   Falso

4. Típicamente los gastrosexuales son de una edad entre   Cierto   Falso
   los veinticinco y los cuarenta y cuatro años.

5. Al gastrosexual le fascina la cocina internacional.   Cierto   Falso

6. Hoy en día el 50% de las mujeres trabajan fuera de casa.   Cierto   Falso

7. Típicamente los hombres prefieren cocinar más que limpiar el baño.   Cierto   Falso

8. Para el gastrosexual, cocinar es una forma de atraer (*attract*) a otra persona.   Cierto   Falso

Taller (Textbook p. 214)

06-61 Los anuncios. Read the three restaurant ads below and answer the questions. It is not necessary to write complete sentences.

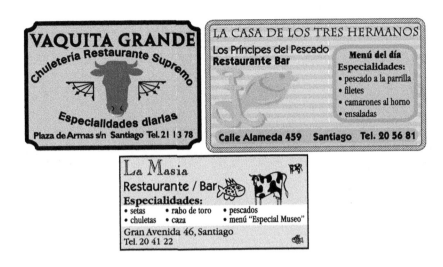

1. ¿En qué ciudad y país están estos tres restaurantes?

   _____

2. ¿Qué restaurantes tienen el pescado como especialidad?

   _____

3. ¿Qué restaurantes tienen la carne como especialidad?

   _____

4. ¿Cuáles son las especialidades de "La Casa de los Tres Hermanos"?

   _____

5. ¿Cuál es el número de teléfono de "Vaquita Grande"?

   _____

06-62 Tu anuncio para un restaurante. Now create your own ad for a restaurant you know or for an imaginary restaurant that you would consider ideal. Try to include as much vocabulary from the chapter as possible.

_____

_____

_____

_____

_____

¡A divertirnos!

Primera parte

¡Así lo decimos! Vocabulario (Textbook pp. 218–219)

El tiempo libre

07-01 **¡Así es la vida!** Reread the brief dialogs in your textbook and select all items that are true for each statement.

1. Luisa, Manuel, Pedro, Teresa, Felipe y Verónica están _____ .
   a. hablando   b. en un café   c. donde hace calor

2. Luisa fue a la playa _____ .
   a. con algunos amigos   b. con su novio   c. linda de Luquillo

3. Manuel dio _____ .
   a. un paseo con su madre   b. un paseo con su novia   c. una fiesta en casa

4. Pedro vio una película _____ .
   a. de Benicio del Toro   b. fabulosa   c. con Teresa

5. Felipe estuvo _____ .
   a. en una discoteca   b. en casa   c. enfermo

07-02 **Voy a la playa.** You are packing your car for a day at the beach. Complete each sentence with the most appropriate word or expression from the word bank.

toalla	bolsa	hielo	lentes de natación
heladera	sombrilla	traje de baño	lentes de sol

1. Hace mucho sol; necesito una _____ .

2. Para proteger (*to protect*) los ojos del sol, necesito unos _____ .

3. Quiero nadar en el mar; necesito un _____ .

4. Para nadar, también necesito llevar (*to wear*) unos _____ sobre los ojos.

5. Para secarme después de nadar, necesito una _____ .

6. Voy a poner algunas toallas en una _____ .

7. Voy a poner refrescos en la _____ .

8. Los refrescos van a estar fríos porque hay _____ en la heladera.

07-03 Los pasatiempos. Luisa and her friends are planning various weekend activities. Match each activity depicted with the correct expression in Spanish.

1. _____

4. _____

2. _____

5. _____

3. _____

6. _____

a. ver una película

b. leer una novela

c. pasarlo bien en la playa

d. nadar en el mar

e. dar un paseo

f. ir a una discoteca

07-04 ¿Qué tiempo hace? Luisa explains some facts about the weather to her little sister. Select all items that logically complete each statement.

1. En Nueva York normalmente _____ en diciembre.
   a. hace mucho frío
   b. nieva
   c. hace calor

2. En Chicago normalmente _____ en octubre.
   a. hace mucho calor
   b. hace fresco
   c. hace viento

3. Cuando _____ , voy a la playa a nadar.
   a. hay mucha humedad
   b. hay mucha contaminación
   c. hace sol

4. Cuando llueve, _____ .
   a. hay chubascos
   b. está nublado
   c. hace mucho sol

5. Cuando nieva, _____ .
   a. hace mucho calor
   b. hace frío
   c. llueve

07-05 Las reacciones de Gloria. Gabriel shares some ideas and Gloria reacts to them. Select the most logical reaction to each idea.

1. ¿Qué tal si vamos a un partido esta tarde?
   a. ¡Estupendo!
   b. No te preocupes.

2. ¿Qué pasa si no llegamos a tiempo?
   a. No te preocupes.
   b. ¡Magnífico!

3. No quedan entradas para el concierto.
   a. ¡Fantástico!
   b. ¡Qué mala suerte!

4. ¿Qué prefieres hacer ahora, dar un paseo o volar un papalote?
   a. ¡Fabuloso!
   b. Me da igual.

5. Me apetece hacer un pícnic mañana.
   a. ¡Estupendo!
   b. ¡Oye! Tengo una idea.

07-08 El tiempo y tus pasatiempos. A friend moves to your area and wants to know more about the local weather and your preferred activities. Answer his/her questions in complete sentences in Spanish.

1. ¿Qué tiempo más te gusta?

   _____ .

2. ¿Llueve o nieva mucho en esta ciudad?

   _____ .

3. ¿Qué haces en tu tiempo libre cuando llueve o nieva?

   _____ .

4. ¿Qué haces en tu tiempo libre cuando hace mucho viento?

   _____ .

5. ¿Qué haces en tu tiempo libre cuando hace calor?

   _____ .

¡Así lo hacemos! Estructuras

1. Irregular verbs in the preterit (II) (Textbook p. 222)

07-09 **Unos días en la vida de Enrique.** Enrique likes to keep a brief journal about everyday events in his life. Complete each paragraph with the correct preterit forms of the verb indicated. Be sure to make each verb agree with its subject.

A. ir   La semana pasada yo (1) _____ a un concierto. Mi novia Clara no (2) _____ ,

pero mis amigos (3) _____ . Después, nosotros (4) _____ a un restaurante a cenar.

B. estar   El viernes pasado yo (5) _____ con mi novia Clara en un buen restaurante. Nosotros

(6) _____ allí por dos horas celebrando su cumpleaños. La comida (7) _____ muy

buena, ¡y los mariscos (8) _____ especialmente ricos!

C. dar   En el restaurante yo le (9) _____ a Clara un regalo (*gift*) especial. Después Clara me

(10) _____ un gran beso (*kiss*). El gerente (*manager*) y el mesero nos (11) _____

una pequeña torta de chocolate gratis (*free of charge*). Nosotros le (12) _____ al mesero una

propina muy buena.

D. tener   Anteayer mis hermanas y yo (13) _____ que ir a una fiesta en casa de mi primo Claudio.

Yo (14) _____ que comprar unos refrescos y mis hermanas (15) _____ que preparar unos

bocadillos. Parece que mi primo Claudio no (16) _____ que comprar demasiado (*too much*)

para su fiesta.

E. ver   En la fiesta mis hermanas y yo (17) _____ a muchos de nuestros primos. Yo también

(18) _____ a mi exnovia, quien es buena amiga de mi primo. La fiesta fue aburrida y varios primos

(19) _____ una película en la televisión. Mi primo Claudio (20) _____ la

película también.

07-10 **Las preguntas de mamá.** Mariano's mother asks him a lot of questions about his social life. Complete each sentence with the correct preterit form of the verb in parentheses, using the subject **tú** in each question and **yo** in each answer.

1. ¿A quién _____ (ver) tú anoche?

   Yo _____ (ver) a unos amigos.

2. ¿Adónde _____ (ir) tú con ellos?

   Yo _____ (ir) a un concierto de rock.

3. ¿ _____ (tener) que pagar (tú) mucho?

   No, yo no _____ (tener) que pagar mucho.

4. ¿ _____ (estar) tú en una fiesta después?

Sí, yo _____ (estar) en una fiesta después.

5. ¿ _____ (ser) tú simpático con todos?

Sí, por supuesto, yo _____ (ser) simpático con todos.

6. ¿Con quién _____ (dar) tú un paseo durante la fiesta?

Yo _____ (dar) un paseo con mi amiga Marta. Pero, oye, mamá, son muchas preguntas, ¿no crees?

07-11 **En el teatro.** Last week you saw a play at the theater. Your curious friend Sonia has sent you an e-mail with questions about it. Answer her questions in complete sentences in Spanish, based on the information from the ticket stub.

TEATRO HISPANIOLA

"DIATRIBA DE AMOR CONTRA UN HOMBRE SENTADO"
TEATRO LIBRE DEL CARIBE

JUEVES, 27 DE OCTUBRE, 2011

HORA: 21:00
PRECIO: 600 PESOS
BUTACA

FILA: 3   **ASIENTO: 10**

TEATRO HISPANIOLA
C/ DE ALBATROS 42
CABARETE, REPÚBLICA DOMINICANA
(809) 571-0290
201303549 REF: 1222546051

CAJA DE CABARETE   CAJA DE CABARETE   CAJA DE CABARETE   CAJA DE

1. ¿Qué obra de teatro (*play*) viste?

_____.

2. ¿Qué día fuiste?

_____.

3. ¿A qué hora fue la obra de teatro?

_____.

4. ¿Cuánto tuviste que pagar por la entrada?

_____.

5. ¿En qué fila (*row*) estuviste?

_____.

2. Indefinite and negative expressions (Textbook p. 225)

07-14 **Planes para el día.** Pedro and Ángela are discussing their plans for the day. Complete their dialog with appropriate affirmative and negative expressions from the word bank. Use each expression only once.

nada	ninguno	ni... ni	algún	algo
siempre	nadie	alguien	nunca	ninguna

1. ¿Quieres tomar refrescos o agua mineral en la playa?

   No quiero tomar _____ refrescos _____ agua mineral.

2. ¿Tienes _____ sándwich en la heladera?

   No, no tengo _____ .

3. ¿Deseas llevar _____ para comer a la playa?

   No, gracias. No deseo llevar _____ .

4. ¿Hay _____ tomando el sol en la playa?

   No, no hay _____ tomando el sol.

5. ¿Vamos al cine después de la playa?

   No, ¿por qué no vamos a la discoteca? _____ vamos al cine por la noche.

6. Bueno, tienes razón. Vamos a ver muchas películas pero _____ vamos a _____ discoteca.

07-15 Ana y Paco riñen (argue). Ana has a number of complaints about their relationship that Paco denies. Play the role of Paco by changing each of Ana's statements from the negative to the affirmative. Be sure to follow the model closely and write complete sentences.

Modelo: ANA: Tú nunca quieres ir a conciertos conmigo.
            PACO: *Yo siempre quiero ir a conciertos contigo.*

ANA: Nosotros nunca vamos a la playa.

PACO: (1) _____ .

ANA: Tú nunca me das ningún regalo (*gift*).

PACO: (2) _____ .

ANA: Nosotros nunca vamos ni a la discoteca ni al cine.

PACO: (3) _____ .

ANA: Tú tampoco me invitas a dar paseos.

PACO: (4) _____ .

ANA: Nosotros nunca vemos a ningún amigo.

PACO: (5) _____ .

ANA: Tú no quieres a nadie.

PACO: (6) _____ . Te quiero a ti.

07-18 Tus pasatiempos. A classmate wants to know about your leisure activities. Answer each question truthfully in a complete sentence. Pay attention to indefinite and negative expressions and make any necessary changes to them in your answers.

1. ¿Lees siempre el periódico por la mañana?

    _____ .

2. ¿Leíste alguna novela el mes pasado?

    _____ .

3. ¿Viste alguna película hispana o en casa o en el cine?

    _____ .

4. ¿Vas a alguna discoteca los sábados por la noche?

    _____ .

5. ¿Vas a algunos conciertos en el verano?

    _____ .

¿Cuánto saben? (Textbook p. 227)

07-19 ¿Saben usar el pretérito de los verbos irregulares (II)? Complete each sentence with the correct preterit form of the most appropriate verb from the word bank. Use each verb only once.

dar	ver	ser
estar	tener	ir

1. Ayer nosotros _____ que leer una novela para la clase de inglés.

2. Yo _____ un paseo por la playa con Susana.

3. ¿ _____ tú la última película de Tom Hanks?

4. Pedro y sus amigos _____ al partido de ayer.

5. Celia Cruz _____ una famosa cantante cubana.

6. Yo _____ enfermo ayer.

07-20 ¿Saben usar las expresiones indefinidas y negativas? Complete each sentence by choosing the most appropriate indefinite or negative expression.

1. No me gusta _____ película de terror.
   - a. algo
   - b. ningunas
   - c. ninguna
   - d. ningún

2. _____ voy a la playa cuando llueve.
   - a. Nunca
   - b. Nada
   - c. Alguien
   - d. Algo

3. Me gusta hacer pícnics y _____ me gusta ir a conciertos.
   - a. tampoco
   - b. ni... ni
   - c. algún
   - d. también

4. No estuvo _____ en mi casa el viernes pasado.
   - a. alguien
   - b. algo
   - c. nadie
   - d. siempre

5. ¿Tienes _____ toalla grande para la playa?
   - a. algún
   - b. alguna
   - c. alguno
   - d. ningún

Perfiles (Textbook p. 228)

Mi experiencia: Una quinceañera

07-24 Según Graciela Sandoval. Reread this section of your textbook and give the best answer to complete each statement. Not all expressions in the word bank will be used.

acompañada	elegante	música	transición
dinero	misa	ramo de flores	vestido de princesa

1. En la cultura hispana, la fiesta de quinceañera marca la _____ de niña a mujer en la vida (*life*) de una señorita que cumple (*is turning*) los quince años.

2. La quinceañera es una celebración tradicional y _____ para la señorita, su familia y sus amigos.

3. Normalmente hay una _____ en la iglesia antes de una fiesta con comida, música y baile.

4. En la misa, la señorita va _____ de quince jóvenes más, incluyendo a su pareja y a siete damas de honor con sus acompañantes.

5. Después de la misa, Graciela le dejó a la Virgen María su _____ ; puede ser una forma de darle las gracias.

6. En la fiesta de quinceañera de Graciela, bailaron con _____ de todo tipo, incluso lo último del famoso cantante puertorriqueño Ricky Martin.

Mi música: "Pégate" (Ricky Martin, Puerto Rico)

07-25 Asociar datos. Read about this artist in your textbook and follow the directions to listen to the song on the Internet. Then match each item with the best description.

1. Ricky Martin _____   a. deseos para un mundo mejor

2. Menudo _____   b. edad cuando Martin empezó como solista

3. los dieciocho años _____ c. alegre y rápido

4. *Vuelve* _____   d. cantante y actor puertorriqueño

5. el tema de "Pégate" _____ e. álbum que le ganó su primer Grammy

6. el ritmo de "Pégate" _____ f. grupo juvenil que le trajo fama a Martin

Segunda parte

¡Así lo decimos! Vocabulario (Textbook pp. 230–231)

Los deportes y las actividades deportivas

07-26 **¡Así es la vida!** Reread the brief dialogs in your textbook and indicate whether each statement is **cierto, falso,** or **No se sabe** (*unknown*).

1. Solamente Samuel trajo su raqueta de tenis.	Cierto	Falso	No se sabe.
2. La otra raqueta está en el carro de Nico.	Cierto	Falso	No se sabe.
3. Ninguno de los hombres juega al fútbol.	Cierto	Falso	No se sabe.
4. Alguien tuvo problemas con un árbitro.	Cierto	Falso	No se sabe.
5. Las dos mujeres practican la natación.	Cierto	Falso	No se sabe.
6. Nadie sabe dónde están los lentes de natación de Valeria.	Cierto	Falso	No se sabe.

07-27 **Los términos deportivos.** A young friend wants to understand more about competitive sports. Explain some basic sports terms by completing each statement with the most appropriate word from the word bank. Use each word only once.

árbitro/a	entrenador/a	aficionados
equipo	temporada	campeón/a

1. Un/a _____ enseña y ayuda a sus atletas.

2. Un/a _____ tiene que saber bien las reglas (*rules*) de su deporte, ver bien y tomar buenas decisiones rápidas.

3. Un grupo de atletas forma un _____ .

4. Los _____ se ponen contentos cuando gana su equipo.

5. Un/a _____ es la persona o el equipo que más gana en su deporte.

6. La _____ de un deporte son los meses cuando hay competiciones oficiales.

07-28 Las actividades deportivas. Match each verb with the most logically associated sport.

1. correr _____   a. la natación

2. patinar _____   b. el esquí acuático

3. nadar _____   c. el hockey

4. surfear _____   d. el ciclismo

5. esquiar en el agua _____   e. el atletismo

6. montar en bicicleta _____ f. el surfing

07-29 Un crucigrama. A young friend wants to know the names of some famous athletes. Complete the crossword puzzle with the name of the sport performed by the following sports stars.

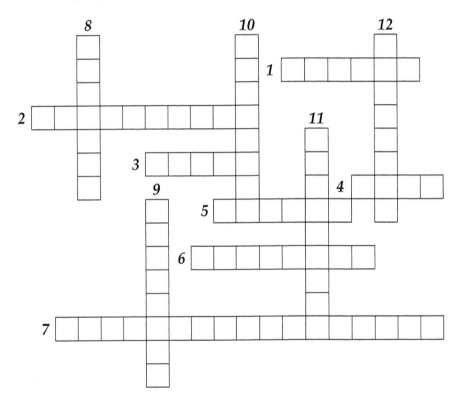

Across

1. Diego Maradona y Mia Hamm

2. Michael Jordan y LeBron James

3. Serena y Venus Williams

4. Tiger Woods

5. Wayne Gretzky

6. Michael Phelps

7. Mary Lou Retton y Nastia Liukin

Down

8. Babe Ruth, Derek Jeter y Sammy Sosa

9. Kristi Yamaguchi, Michelle Kwan y Scott Hamilton

10. Lance Armstrong

11. Jesse Owens, Carl Lewis y Usain Bolt

12. Karch Kiraly, Logan Tom y Holly McPeak

07-32 **¿Te gusta ver y/o hacer los deportes?** Describe your likes and/or dislikes with regard to watching and/or doing the following sports. Answer truthfully in complete sentences. Begin each sentence with **Me gusta** or **No me gusta** and give a reason why.

Modelo: el esquí
Me gusta ver el esquí porque es un deporte rápido y difícil.

1. el fútbol americano

   _____.

2. el hockey

   _____.

3. el ciclismo

   _____.

4. el alpinismo

   _____.

5. el jogging

   _____.

6. el surfing

   _____.

¡Así lo hacemos! Estructuras

3. Irregular verbs in the preterit (III) (Textbook p. 234)

07-35 Estudio de una campeona. A news reporter is fascinated by the winning streak of a local track star and decides to document some of her preparations before a big race. Complete his sentences with the correct preterit forms of the verbs from the word bank. Use each verb only once.

poder	hacer	ponerse	decir	saber	venir

1. Primero, la campeona _____ los nombres de sus competidores.

2. Ella _____ ejercicio ligero (*light*) los días antes de la competición.

3. La mañana de la competición, ella _____ temprano a la pista (*track*) para prepararse.

4. Ella _____ lentes de sol para ver bien durante su carrera (*race*).

5. Ella _____ "buena suerte" a todos.

6. ¡La campeona _____ ganar por mucho!

07-36 El partido de ayer. Yesterday Gerardo and his friends spent the day at a baseball game at Fenway Park. Complete his description with the correct preterit form of each verb in parentheses.

Ayer (1) _____ (haber) un partido de béisbol en Fenway Park. Yo

(2) _____ (poder) ver mi equipo favorito, los Red Sox de Boston, y

(3) _____ (ponerse) muy contento de verlos. Mis amigos (4) _____ (venir)

desde otra ciudad para ir al estadio conmigo y ellos (5) _____ (traer) sus entradas.

Durante el partido nosotros (6) _____ (saber) que había cuarenta mil personas en el estadio;

otro aficionado nos lo (7) _____ (decir). ¡Los Red Sox ganaron el partido!

¿(8) _____ (poder) (tú) ver el partido también?

07-37 Una carta. Alberto wrote the following letter to his grandfather about a trip to the Dominican Republic. Complete it by providing the correct preterit form of each verb in parentheses.

20 de enero

Querido Abuelo,

El mes pasado yo (1) _____ (hacer) un viaje (*trip*) a casa de un amigo en República

Dominicana. Allí mi amigo Manuel y yo (2) _____ (poder) visitar muchos lugares de interés.

Nosotros (3) _____ (ir) a la capital, donde (4) _____ (ver) los monumentos

históricos. Luego, Manuel y yo (5) _____ (hacer) una excursión al interior de la isla. Nosotros

(6) _____ (estar) en la playa de Sosúa y también en la ciudad de Santiago de los Caballeros. Por la

noche fuimos a ver un partido de béisbol, donde (7) _____ (querer) conocer a Sammy Sosa, pero

nosotros no (8) _____ (tener) suerte. Después de estar una semana en Santo Domingo, yo

(9) _____ (venir) para Estados Unidos y (10) _____ (traer) regalos (*gifts*)

para todos. ¡Nos vemos muy pronto, Abuelo!

Un fuerte abrazo,

Alberto

4. Double object pronouns (Textbook p. 237)

07-39 Un día de pícnic. Read what Mariana does before and during a picnic with her children. Replace the objects in each sentence with direct and indirect object pronouns. Be sure to follow the model closely.

Modelo: Les sirvo la comida a mis hijos.
       Se la sirvo.

1. Les pido a mis amigos su heladera.

    _____ pido.

2. Me hago una ensalada.

    _____ hago.

3. Le pongo sal a la ensalada.

    _____ pongo.

4. Les preparo unos bocadillos a mis hijos.

    _____ preparo.

5. Le compro un refresco a mi hija mayor.

    _____ compro.

6. ¡Nos compro helados a todos nosotros!

    _____ compro.

07-40 Las entradas. A surprise gift that Paco bought for Pablo caused some drama. Retell the sequence of events by rewriting each of the following sentences using indirect and direct object pronouns to avoid repetition. (However, be sure to write the name of each subject to avoid confusion.)

Modelo: Pablo no les compra regalos (*gifts*) a sus amigos.
            Pablo no se los compra.

1. Paco le compró unas entradas a Pablo.

   _____.

2. Paco le dijo a Pablo la sorpresa (*surprise*).

   _____.

3. Pablo no quiso aceptar las entradas.

   _____.

4. Pablo le pagó las entradas a Paco.

   _____.

5. Pablo nos dio las entradas a nosotros.

   _____.

6. Pablo nos trajo las entradas a la casa.

   _____.

07-41 Las preguntas de la entrenadora. A softball team has an important game today. The coach asks her assistant about various preparations for it. Answer each question affirmatively using double object pronouns. Use informal second person pronouns and verbs for "you." Be sure to follow the model closely.

Modelo: ¿Nos trajiste más toallas?
            Sí, *nos las traje.*

1. ¿Nos pusiste los bates y los guantes en el carro?

   Sí, _____ en el carro.

2. ¿Les compraste barras de proteína a los jugadores?

   Sí, _____ .

3. ¿Les trajiste muchos refrescos también?

   Sí, _____ también.

4. ¿Me pusiste hielo en la heladera?

   Sí, _____ en la heladera.

5. ¿Te dije que tenemos otro partido mañana?

   Sí, _____ .

¿Cuánto saben? (Textbook p. 240)

07-43 **¿Saben usar el pretérito de los verbos irregulares (III)?** Complete each sentence with the correct irregular preterit form of the most appropriate verb from the word bank. Use each verb only once.

hacer	poner	venir	querer	saber	poder

1. Ayer Jorge _____ que su padre fue atleta en la universidad.

2. Teresa, ¿dónde _____ (tú) mis lentes de natación? Quiero ir a nadar y no los encuentro.

3. Unos amigos _____ alpinisimo en las montañas de Colorado el fin de semana pasado, pero

   yo no _____ ir con ellos.

4. Anoche Fernando y Raúl _____ a mi casa a ver una película en la televisión.

5. Nosotros _____ comprar entradas para el partido de fútbol americano, pero no quedó
   ninguna.

07-44 **¿Saben usar los pronombres de objeto indirecto y directo juntos?** Complete each sentence with appropriate double object pronouns, according to the context given.

Modelo: Una amiga me prestó (*lent*) esa novela y después *te la* presté a ti.

1. Anita compró unos esquís y _____ dio a su hijo.

2. Yo leí el periódico y después _____ di a ti.

3. Raúl le tiró (*threw*) la pelota a Pepe, y Pepe _____ tiró a Adrián.

4. Mi madre hizo un pastel de manzana y _____ trajo a mi esposa y a mí.

5. Mi hermano compró una bicicleta nueva y _____ prestó a mí por algunos días.

Nuestro mundo

Panoramas: Las islas hispánicas del Caribe (Textbook p. 242)

07-52 ¡A informarse! Based on information from **Panoramas**, decide if each statement is **cierto** or **falso**.

1. Las bellas playas del Caribe atraen a muchos turistas.   Cierto   Falso

2. No hubo invasiones por piratas en el Caribe durante los siglos pasados.   Cierto   Falso

3. El Morro es una fortaleza en Santiago de Cuba.   Cierto   Falso

4. Un pasatiempo popular en el Morro es volar un papalote.   Cierto   Falso

5. El Viejo San Juan es un barrio colonial que data del año 1521.   Cierto   Falso

6. Cayo Hueso (*Key West*) se encuentra muy lejos de Cuba.   Cierto   Falso

7. Hay más beisbolistas cubanos que dominicanos en las Grandes Ligas.   Cierto   Falso

8. De los tres países hispanos caribeños, Puerto Rico tiene más éxito con los deportes olímpicos. Cierto   Falso

9. Cuba tiene un gobierno comunista.   Cierto   Falso

10. Puerto Rico es un estado libre asociado a EE. UU.   Cierto   Falso

07-53 La geografía de las islas hispánicas del Caribe. Complete each sentence with the best response, based on the map.

1. La isla más grande de las Antillas es _____ .
   a. Cuba   b. República Dominicana   c. Puerto Rico

2. Haití y _____ forman parte de la misma isla.
   a. Cuba   b. República Dominicana   c. Puerto Rico

3. De los tres países hispanos caribeños, _____ es el más pequeño.
   a. Cuba   b. República Dominicana   c. Puerto Rico

4. La capital de _____ es San Juan.
   a. Cuba   b. República Dominicana   c. Puerto Rico

5. La capital de _____ es La Habana.
   a. Cuba   b. República Dominicana   c. Puerto Rico

6. La capital de _____ es Santo Domingo.
   a. Cuba   b. República Dominicana   c. Puerto Rico

Páginas: "Entrevista con Ricky Martin, Embajador de Buena Voluntad de la UNICEF", *Estrella* (Textbook p. 244)

07-54 **¿Cierto o falso?** Based on information from the **Páginas** section of the text, decide if each statement is **cierto** or **falso**.

1. La misión de Ricky Martin es mejorar las vidas de las personas ancianas.   Cierto   Falso

2. Los embajadores de UNICEF tienen en común el querer mejorar las vidas de los niños en todo el mundo.   Cierto   Falso

3. Según Ricky Martin, tenemos la obligación de ayudar a los niños porque son los que menos pueden defenderse.   Cierto   Falso

4. El tráfico de niños por motivos sexuales no es un tema que le preocupa a Ricky Martin.   Cierto   Falso

5. La educación y la salud de los niños son áreas que la Fundación Ricky Martin intenta mejorar.   Cierto   Falso

6. Ricky Martin no tiene hijos.   Cierto   Falso

Taller (Textbook p. 246)

07-55 **Los deportes en mi vida.** Write a brief paragraph in Spanish about the role of sports in your life. What sports do you practice regularly? Occasionally? When and with whom? Which ones do you enjoy watching? When and with whom? Provide details and offer reasons for any opinions you may include.

Modelo: *Los deportes son una parte importante de mi vida porque soy una persona activa y social. Un deporte que practico casi todos los días es el jogging. Me encanta correr con una amiga y estar al aire libre cuando hace fresco...*

_____

_____

_____

_____

_____

_____

_____

_____

_____

_____

_____

8

¿En qué puedo servirle?

Primera parte

¡Así lo decimos! Vocabulario (Textbook p. 250–251)

Las compras y la ropa

08-01 **¡Así es la vida!** Reread the brief dialogs in your textbook and indicate whether each statement is **cierto**, **falso**, or **No se sabe** (*unknown*).

1. "El Progreso II" es un mercado al aire libre en Quito.   Cierto   Falso   No se sabe.

2. Graciela desea probarse unos zapatos.   Cierto   Falso   No se sabe.

3. Graciela calza el número treinta y seis.   Cierto   Falso   No se sabe.

4. Los trajes tienen un descuento del cincuenta por ciento.   Cierto   Falso   No se sabe.

5. Luis se prueba un traje de lana negra.   Cierto   Falso   No se sabe.

6. El traje le queda bien a Luis.   Cierto   Falso   No se sabe.

08-02 La ropa. Match each article of clothing with the expression for it in Spanish.

1. _____

2. _____

3. _____

4. _____

5. _____

6. _____

7. _____

8. _____

a. las corbatas

b. el suéter de rayas

c. las chanclas

d. la gorra

e. el vestido de seda

f. el bolso de cuero

g. las botas

h. los vaqueros

08-03 En una tienda de ropa. Your cousin Clara loves to talk about clothes and shopping. Complete each of her statements with the most logical word from the word bank.

abrigo	ganga	probador	tarjeta de crédito
caja	manga corta	rebaja	tela

1. Cuando hace mucho calor, compro blusas de _____ .

2. Cuando hace mucho frío, necesito un buen _____ .

3. El algodón es una buena _____ para todas las estaciones del año.

4. Cuando voy a una tienda de ropa, me la pruebo en el _____ .

5. Cuando la ropa está barata es porque está en _____ .

6. Las faldas en esa tienda están muy baratas; ¡son una _____ !

7. Voy a la _____ para pagar por la ropa que quiero comprar.

8. Prefiero pagar con _____ .

08-04 Expresiones para comprar. You are at a shopping center in Peru, and the sales clerks ask various questions to help you. Select the most appropriate response for each question.

1. ¿En qué puedo servirle? _____   a. Uso la talla 40.

2. ¿Qué tal le queda el suéter de lana? _____   b. Quiero una corbata azul para mi padre, por favor.

3. ¿Qué talla usa usted? _____   c. Con tarjeta de débito, por favor.

4. ¿Qué número calza? _____   d. Calzo el número 37.

5. ¿Cómo desea pagar? _____   e. Me queda muy bien, gracias.

08-05 Diálogos entre dependientes y clientes. While shopping at a department store in Peru, you overhear bits of dialog between various sales clerks and customers. Complete the dialogs with appropriate words and expressions from the word bank.

calzo	número	probarme	tacón alto
estrechos	probador	servirle	talla

A. DEPENDIENTA: Buenos días, señora. ¿En qué puedo (1) _____ ?

    CLIENTE: Quiero (2) _____ este vestido, por favor.

DEPENDIENTA: Muy bien, aquí está el (3) _____ .

B.   CLIENTE: Esta camisa no me queda bien. ¿Me puede traer otra talla, por favor?

DEPENDIENTE: Sí, señor, por supuesto. ¿Qué (4) _____ necesita?

    CLIENTE: La mediana.

C.   CLIENTE: Me gustaría probarme estos zapatos de (5) _____ , por favor.

DEPENDIENTA: ¿Qué (6) _____ calza, señorita?

    CLIENTE: Yo (7) _____ el número 39.

DEPENDIENTA: Enseguida se los traigo.

D. DEPENDIENTE: ¿Qué tal le quedan esos pantalones, señor?

    CLIENTE: Me quedan (8) _____ . ¿Los tienen en una talla más grande?

DEPENDIENTE: Creo que sí. ¿Qué talla le traigo?

08-08 ¿Qué ropa prefieres llevar? What do you prefer to wear on the following occasions? Begin each answer with a verb phrase like **llevo, me gusta llevar,** or **prefiero llevar.** Be sure to include information about colors, fabrics, patterns, and sleeve lengths when describing your clothing choices.

Modelo: Para ir a clase en otoño, *prefiero llevar unos vaqueros azules y una camiseta de algodón.*
            También llevo mis zapatos de tenis blancos.

1. Para ir a un partido de fútbol americano en otoño, _____

   _____ .

2. Cuando hace mucho frío en invierno, _____

   _____ .

3. Cuando hace mucho calor en verano, _____

   _____ .

4. Para ir a una celebración formal, _____

   _____ .

5. Para hacer ejercicio en el gimnasio, _____

   _____ .

¡Así lo hacemos! Estructuras

1. The imperfect of regular and irregular verbs (Textbook p. 254)

08-09 Los recuerdos de mi abuela. Your grandmother often tells stories of how things were in her day. Describe various customs of the past by changing each verb from the present to the imperfect.

Modelo: Ahora bailamos rock.
            Antes *bailábamos* vals.

1. Ahora trabajamos cincuenta horas a la semana.

   Antes _____ cuarenta horas a la semana.

2. Ahora comemos en restaurantes.

   Antes _____ en casa.

3. Ahora compramos en centros comerciales.

   Antes _____ en tiendas pequeñas.

4. Ahora pagamos con tarjeta de crédito.

   Antes _____ en efectivo.

5. Ahora las mujeres llevan pantalones.

   Antes las mujeres _____ faldas.

08-10 Las compras durante mi niñez (*childhood*). Marta describes her family's typical shopping excursions during her childhood. Complete each of her descriptions with the correct imperfect form of the verb in parentheses.

1. Cuando mi familia y yo íbamos de compras, _____ (preferir) comprar en los grandes almacenes.

2. Muchas veces _____ (haber) una liquidación.

3. Mi madre _____ (encontrar) muchas gangas.

4. Mi padre nunca _____ (saber) cuál era su talla.

5. Los dependientes siempre nos _____ (ayudar) con paciencia.

6. Mientras tanto mis hermanos _____ (jugar) en los probadores.

7. Nosotros normalmente _____ (pagar) en efectivo.

8. Mis padres siempre _____ (guardar) los recibos de las compras después.

08-11 Los recuerdos de Martín. Martín often writes about the past in his journal. Complete each of his paragraphs about work and play with the correct imperfect forms of each verb indicated. Remember that **ser**, **ver**, and **ir** are all irregular in the imperfect.

A. ser   Cuando yo (1) _____ dependiente en una tienda de ropa deportiva,

(2) _____ muy amable con los clientes. Mis compañeros también (3) _____

muy amables. Nosotros (4) _____ un buen equipo.

B. ver   En la tienda de ropa deportiva, mis compañeros y yo (5) _____ a todo tipo de clientes.

Mientras un cliente (6) _____ la ropa en rebaja, otro cliente (7) _____ lo último

(*the latest*) en el equipo deportivo. Todos los clientes (8) _____ el valor (*value*) de nuestros productos

claramente (*clearly*).

C. ir   Cuando mis amigos y yo (9) _____ de vacaciones en la playa para descansar del trabajo,

yo siempre (10) _____ al mar a nadar. Cuando hacía mucho calor, algunos amigos

(11) _____ al cine a ver una película en el aire acondicionado. Por la noche todos nosotros

(12) _____ juntos a cenar en algún restaurante.

08-12 El trabajo de la dependienta. Complete a sales clerk's reflections on her job with the correct imperfect form of each verb in parentheses.

Cuando yo (1) _____ (trabajar) de dependienta, todos nosotros (2) _____ (tener)

que llegar a la tienda temprano. Nuestra jefa siempre (3) _____ (abrir) las puertas de la tienda a las

nueve de la mañana en punto. Los clientes (4) _____ (ser) amables generalmente, pero a veces,

ellos (5) _____ (ponerse) molestos si no (6) _____ (ver) gangas. A nosotros nos

(7) _____ (gustar) mucho trabajar en la tienda porque (8) _____ (divertirse, *to*

have fun) todos los días.

08-13 ¿Qué hacían todos cuando llamé ayer por la tarde? Yesterday you were given a big job promotion! You excitedly called family and friends on their cell phones to tell them the good news. Based on each drawing, indicate what they were doing when you called. Complete each sentence with the most appropriate word or expression from the work bank, and conjugate the verb in the imperfect. Be sure to follow the model.

almorzar	dar un paseo	leer un libro
comprar un vestido	escribir una carta (*letter*)	ver la televisión

Modelo: Cuando llamé ayer por la tarde, mi tío Jacinto *escuchaba música*.

1. Cuando llamé ayer por la tarde, mi madre (Rosa)

    _____ .

2. Cuando llamé ayer por la tarde, mi hermano Héctor

    _____ .

3. Cuando llamé ayer por la tarde, mi hermana Lucy y

    su novio Memo _____ .

4. Cuando llamé ayer por la tarde, mi abuela y mi primo

    Arturo _____ .

5. Cuando llamé ayer por la tarde, mi amiga

    Raquel _____ .

6. Cuando llamé ayer por la tarde, mi amiga

    Paula _____ .

08-15 Cuestionario sobre tu niñez. What were you like when you were a child? What activities did you like to do? Answer each question truthfully in a complete sentence in Spanish.

1. ¿Cómo eras de pequeño/a?

   _____ .

2. ¿Dónde vivías?

   _____ .

3. ¿Qué hacías en la escuela?

   _____ .

4. ¿Veías mucho a tus tíos y a tus primos?

   _____ .

5. ¿Adónde ibas con tus amigos?

   _____ .

2. Ordinal numbers (Textbook p. 258)

08-16 Los números en un almacén. Claudia is out shopping at her favorite department store with her friend Alicia. Claudia explains various aspects of the store and the bargains she is finding. Complete each of her statements with an ordinal number, following the cue provided. Be sure to watch for shortened forms before masculine singular nouns and for agreement in gender and number.

Modelo: Los trajes formales están en el (2) *segundo* piso.

1. Esta semana es la (1) _____ liquidación del año en mi almacén favorito.

2. ¡Hoy es la (3) _____ vez que vengo al almacén esta semana!

3. Necesito comprarle algo a mi novio. La sección de ropa para hombres está en el

   (3) _____ piso.

4. Busco una chaqueta nueva. La sección de ropa para mujeres está en el (2) _____ piso.

5. ¿Qué te parecen estos zapatos marrones de cuero? ¡Es el (4) _____ par de zapatos que compro hoy! ¡Qué ganga!

6. ¿Te gusta este bolso? Está muy de moda. Es solamente el (1) _____ que compro hoy.

7. Voy a entrar ahora en el (1) _____ probador a la izquierda.

8. Quiero comprar una minifalda y es la (7) _____ que me pruebo hoy.

9. ¿Dices que vas a estar en el (6) _____ probador a la derecha?

10. Pero, mujer, es la (10) _____ vez que te digo que el color amarillo no te va bien. Debes probarte algo rojo.

08-17 ¿En qué planta está? In Chapter 5 **Variaciones**, you learned that **piso** means "apartment" in Spain. The following guide from Spain shows the term **planta** used instead of **piso** to express the floor of a building. On which floor of this popular Spanish department store will you find each of the following items? Complete each statement with the correct ordinal number, based on the guide.

Servicios:
Aparcamiento.

Servicios:
Aparcamiento. Carta de compra. Taller de Montaje de accesorios de automóvil. Oficina postal.

Departamentos:
Librería. Papelería. Juegos. Fumador. Mercería. Supermercado de Alimentación. Limpieza.

Servicios:
Estanco. Patrones de moda.

Departamentos:
Complementos de Moda. Bolsos. Marroquinería. Medias. Pañuelos. Sombreros. Bisutería. Relojería. Joyería. Perfumería y Cosmética. Turismo.

Servicios:
Reparación de relojes y joyas. Quiosco de prensa. Óptica 2.000. Información. Servicio de intérpretes. Objetos perdidos. Empaquetado de regalos.

Departamentos:
Hogar Menaje. Artesanía. Cerámica. Cristalería. Cubertería. Accesorios automóvil. Bricolaje. Loza. Orfebrería. Porcelanas, (Lladró, Capodimonte). Platería. Regalos. Vajillas. Saneamiento. Electrodomésticos.

Servicios:
Listas de boda. Reparación de calzado. Plastificación de carnés. Duplicado de llaves. Grabación de objetos.

Departamentos:
Niños/as. (4 a 10 años). Confección. Boutiques. Complementos. Juguetería. **Chicos/as.** (11 a 14 años) Confección. Boutiques. **Bebés.** Confección. Carrocería. Canastillas. Regalos bebé. Zapatería de bebé. **Zapatería.** Señoras, caballeros y niños. **Futura Mamá.**

Servicios:
Estudio fotográfico y realización de retratos.

Departamentos:
Confección de Caballeros. Confección ante y piel. Boutiques. Ropa interior. Sastrería a medida. Artículos de viajes. Complementos de Moda. Zapatería. Tallas especiales.

Servicios:
Servicio al Cliente. Venta a plazos. Solicitudes de tarjetas. Devolución de I.V.A. Peluquería de caballeros. Agencia de viajes y Centro de Seguros.

Departamentos:
Señoras. Confección. Punto. Peletería. Boutiques Internacionales. Lencería y Corsetería. Tallas Especiales. Complementos de Moda. Zapatería. Pronovias.

Servicios:
Peluquería de señoras. Conservación de pieles. Cambio de moneda extranjera.

Departamentos:
Juventud. Confección. Territorio Vaquero. Punto. Boutiques. Complementos de moda. Marcas Internacionales. **Deportes.** Prendas deportivas. Zapatería deportiva. Armería. Complementos.

Departamentos:
Muebles y Decoración. Dormitorios. Salones. Lámparas. Cuadros. **Hogar textil.** Mantelerías. Toallas. Visillos. Tejidos. Muebles de cocina.

Servicios:
Creamos Hogar. Post-Venta. Enmarque de cuadros. Realización de retratos.

Departamentos:
Oportunidades y Promociones.

Servicios:
Cafetería. Autoservicio "La Rotonda". **Restaurante** "Las Trébedes".

ANEXOS

Preciados, 1. Tienda de la Electrónica: Imagen y Sonido. Hi-Fi. Radio. Televisión. Ordenadores. Fotografía.   **Servicios:** Revelado rápido.
Preciados, 2 y 4. Discotienda: Compact Disc. Casetes. Discos. Películas de vídeo.   **Servicios:** Venta de localidades.

Modelo: Busco una blusa para mi hermana. Voy a la *cuarta* planta.

1. Deseo una corbata para mi papá. Voy a la _____ planta.

2. Necesito unos zapatos para mi hijo de seis años. Voy a la _____ planta.

3. Me gusta leer y quiero comprar un libro. Voy al _____ sótano (*basement floor*).

4. Mi madre quiere comprar toallas. Ella va a la _____ planta.

5. Tengo hambre. Voy a la cafetería en la _____ planta.

6. Me gustaría comprar una falda. Voy a la _____ planta.

¿Cuánto saben? (Textbook p. 259)

08-19 **¿Saben usar el imperfecto?** Adrián wants to tell you about past shopping excursions with friends. Complete each of his statements with the correct imperfect form of the verb in parentheses.

1. Cuando mis amigos y yo _____ (ir) de compras, siempre lo

   _____ (pasar) muy bien.

2. Mientras Mario y yo _____ (buscar) ropa deportiva, Julio

   _____ (querer) ver el equipo deportivo.

3. Julio _____ (mirar) los modelos más recientes de bicicletas.

4. Julio y Mario siempre _____ (pagar) por sus compras con tarjeta de crédito, pero yo

   _____ (preferir) pagar en efectivo para gastar menos.

5. Y tú, ¿con quién _____ (ir) de compras y qué _____ (desear)
   comprar?

08-20 **¿Saben los números ordinales?** You need to shop for a new pair of pants. Match each step of the process to its logical order.

1. primero _____   a. Me pruebo los pantalones.

2. segundo _____   b. Salgo del almacén.

3. tercero _____   c. Busco la sección de ropa.

4. cuarto _____   d. Pago con tarjeta de crédito.

5. quinto _____   e. Entro en un gran almacén.

Perfiles (Textbook p. 260)

Mi experiencia: De compras en Perú

08-24 Según María Antonia. Reread this section of your textbook and give the best answer to complete each statement. Not all expressions in the word bank will be used.

almacenes	centros comerciales al aire libre	encuentro social	música
artesanía	compras	mercados al aire libre	tiendas pequeñas

1. A María Antonia, una chica canadiense de Toronto, le impresiona la forma de hacer las

   _____ en Perú.

2. En las ciudades grandes, hay _____ con un horario de once a ocho de la tarde, que a María Antonia le parecen pocas horas.

3. También hay _____ que están cerradas de dos a cuatro de la tarde, las horas del almuerzo.

4. Por otra parte, son populares los _____ , donde venden de todo de manera muy informal.

5. Los _____ combinan las compras con un ambiente agradable, con música e incluso con un escenario donde tienen conciertos.

6. Se escucha, por ejemplo, la _____ de Yawar, un conjunto peruano popular, en este tipo de centro comercial.

Mi música: "Compañera" (Yawar, Perú)

08-25 Asociar datos. Read about this group in your textbook and follow the directions to listen to the song on the Internet. Then match each item with the best description.

1. Yawar _____

2. la música de Yawar _____

3. el tema de "Compañera" _____

4. el ritmo de "Compañera" _____

5. la quena _____

6. la zampoña _____

a. lento y melancólico

b. la separación temporal (*temporary*) de una pareja

c. flauta andina (de un solo tubo)

d. grupo musical peruano

e. mezcla ritmos andinos y contemporáneos

f. instrumento compuesto de (*made up of*) varias flautas de diferentes larguras (*lengths*)

Segunda parte

¡Así lo decimos! Vocabulario (Textbook p. 262–263)

Tiendas y productos personales

08-26 **¡Así es la vida!** Reread the dialog in your textbook in its entirety. Then indicate whether each statement is **cierto**, **falso**, or **No se sabe** (*unknown*).

1. Esta mañana Lucía llamó a Victoria dos veces.	Cierto	Falso	No se sabe.
2. Victoria contestó el teléfono la segunda vez que llamó Lucía.	Cierto	Falso	No se sabe.
3. Victoria no contestó antes porque su celular no tenía buena recepción en el centro comercial donde estaba.	Cierto	Falso	No se sabe.
4. Victoria fue primero a una joyería.	Cierto	Falso	No se sabe.
5. Victoria encontró una cadena de plata por cien dólares.	Cierto	Falso	No se sabe.
6. Después Victoria compró desodorante en la farmacia.	Cierto	Falso	No se sabe.
7. Victoria fue a una perfumería a comprar colonia.	Cierto	Falso	No se sabe.
8. Lucía está ahora mismo enfrente de una heladería.	Cierto	Falso	No se sabe.

08-27 **Los productos personales.** Match each personal item with the expression for it in Spanish.

1. _____

2. _____

3. _____

4. _____

5. _____

6. _____

a. el desodorante

b. la pasta de dientes

c. los aretes de diamantes

d. el collar de perlas

e. el cepillo de dientes

f. el reloj de pulsera

08-28 **Las tiendas y los productos personales.** Find these 10 words related to the names of stores and personal items in the following word search. Be sure to look for words horizontally, vertically, and diagonally, both forward and backward.

| cadena | florería | joyería | perfumería | talco |
| farmacia | heladería | papelería | pulsera | zapatería |

B	S	A	R	Í	F	H	A	R	E	S	L	U	P	U
J	X	M	P	G	L	A	T	L	E	P	N	I	S	F
U	O	F	A	A	O	I	R	D	O	J	E	T	A	B
L	E	Y	P	G	R	L	O	M	T	A	R	I	S	A
L	T	U	E	E	E	O	R	A	A	O	U	L	V	Í
O	F	L	L	R	U	B	N	I	C	M	A	T	R
A	U	B	E	Z	Í	P	Y	Í	R	U	I	S	L	E
Í	L	P	R	R	A	A	T	T	U	C	A	A	O	M
R	M	O	Í	G	A	F	O	M	A	R	C	I	L	U
E	D	R	A	P	T	U	L	Í	S	U	B	I	F	F
D	C	U	L	R	O	B	R	C	S	U	Q	T	O	R
A	A	B	R	U	S	E	I	N	C	L	U	A	S	E
L	O	V	O	P	T	A	T	N	I	F	E	C	H	P
E	M	A	C	A	D	E	N	A	Y	A	J	E	I	C
H	B	L	P	N	J	A	T	Í	G	U	B	R	A	Z
M	A	A	U	L	B	L	O	P	U	R	N	O	L	U
O	Z	T	L	Í	P	E	T	G	I	T	A	L	C	O

08-31 Unos regalos. You enjoy buying birthday presents for others. Complete the sentences with information about what you bought for each of the following people over the past year, and where you purchased it. Answer truthfully or use your imagination. Be sure to follow the model closely and include an indirect object pronoun in each sentence.

Modelo: A mi mamá *le compré su perfume favorito en una perfumería.*

1. A mi mamá _____ .

2. A mi papá _____ .

3. A mis hermanos/as _____ .

4. A mi novio/a (o esposo/a) _____ .

5. A mi mejor amigo/a _____ .

¡Así lo hacemos! Estructuras

3. Preterit versus imperfect (Textbook p. 266)

08-34 ¿Una vez o habitualmente? Juan Carlos has good childhood memories about his local swim team. Indicate whether each event he describes took place one time (**una vez**) or habitually (**habitualmente**) in the past.

1. De pequeño me encantaba nadar.   una vez   habitualmente

2. Iba a la piscina municipal cerca de nuestra casa.   una vez   habitualmente

3. Mis padres me compraron unos lentes de natación.   una vez   habitualmente

4. Decidí competir con el equipo de natación.   una vez   habitualmente

5. El entrenador del equipo era muy bueno.   una vez   habitualmente

6. Fui campeón en la temporada de 1990.   una vez   habitualmente

7. ¡Me emocioné mucho cuando gané!   una vez   habitualmente

8. Me divertía mucho en esa piscina municipal.   una vez   habitualmente

08-35 En el mercado al aire libre. Maribel and her parents used to go to their town's open-air market on Saturdays. Complete each of her descriptions with the most appropriate verb form, either in the preterit or the imperfect, according to the context.

1. Los sábados mis padres y yo siempre [a. fuimos / b. íbamos] al mercado al aire libre a comprar.

2. Mientras mis padres [a. buscaron / b. buscaban] gangas, a mí me fascinaba mirar a todas las personas diferentes.

3. Una vez mi madre [a. encontró / b. encontraba] una pulsera de oro a muy buen precio y me la compró.

4. El mismo día mi padre [a. vio / b. veía] una billetera de cuero que le gustaba y decidió comprarla.

5. Normalmente no [a. gastamos / b. gastábamos] tanto dinero en el mercado, ¡pero ese sábado gastamos mucho!

6. El sábado después, [a. hicimos / b. hacíamos] un pícnic en el parque para ahorrar (to save) un poco de dinero, aunque volvimos a la costumbre (custom) de ir al mercado la semana siguiente.

08-36 Ese día fue diferente. Special events typically change normal routines. Here your mother reflects back on her wedding day and how it was different from other days in the past. Complete each statement with appropriate forms of the verb given, using the preterit or the imperfect based on context.

1. Mi hermano David siempre _____ chanclas y camisetas de algodón, pero ese día

   _____ zapatos de cuero y un traje oscuro. (llevar)

2. Yo casi nunca _____ joyas, pero ese día _____ los aretes de diamantes de mi abuela. (ponerse)

3. Generalmente, a mí no me _____ bien los colores claros, pero ese día me _____ de maravilla el vestido blanco. (quedar)

4. Ese día todos mis parientes me _____ regalos preciosos, aunque típicamente nosotros no

   _____ regalos porque la familia era tan grande. (dar)

5. Ese día mis padres _____ mucho dinero, aunque normalmente no _____ tanto. (gastar)

6. Los días con mi familia siempre _____ especiales, pero para mí ese día _____ el más especial de todos. (ser)

08-37 Los veranos en Guayaquil. Complete Alejandro's description of summers with his cousin in Guayaquil. Use the correct preterit or imperfect form of each verb in parentheses, according to the context.

Todos los veranos yo (1) _____ (ir) a casa de mis tíos en Guayaquil. Mi primo Jaime y yo

(2) _____ (hacer) muchas actividades juntos. Durante el día (3) _____ (ir) de

compras a la ciudad. Generalmente, yo no (4) _____ (comprar) nada, pero un día en el centro

comercial, mi primo (5) _____ (ver) una chaqueta que a mí me gustó mucho. Nosotros

(6) _____ (entrar) en la tienda. La dependienta nos (7) _____ (decir) que la

chaqueta (8) _____ (costar) cincuenta dólares. Yo (9) _____ (probarse) la chaqueta

y enseguida (10) _____ (pagar) con tarjeta de crédito.

08-39 **El sábado de Lucía.** Lucía spent last Saturday afternoon on a shopping spree. Based on the drawing, answer the following questions in complete sentences.

1. ¿Qué hacía Lucía en su dormitorio mientras miraba sus compras?

   _____.

2. ¿Qué llevaba Lucía?

   _____.

3. ¿En qué almacén fue Lucía de compras?

   _____.

4. ¿Qué compró en el almacén?

   _____.

5. ¿Cómo se sentía su esposo cuando entró en el cuarto?

   _____.

08-40 El sábado de Marta y Luis. Marta and Luis had a productive Saturday. Based on the drawings, narrate what they did together. Use appropriate preterit and imperfect verb forms, according to the context. Be sure to follow the model as a guide.

Modelo: *Por la mañana, Marta y Luis limpiaron la casa. Mientras Marta pasaba la aspiradora, Luis...*

_____

_____

_____

_____

_____

_____

_____

_____

_____

_____

4. Impersonal constructions with *se* (Textbook p. 271)

08-41 ¿Qué se hace en...? Match each place or event with the most logical verb phrase expressed with impersonal constructions with **se**.

1. En la caja _____ .

2. En el probador _____ .

3. En una liquidación _____ .

4. En la zapatería _____ .

5. En la joyería _____ .

6. En la farmacia _____ .

a. se buscan gangas

b. se gasta mucho dinero en joyas

c. se paga con tarjeta de crédito

d. se prueba la ropa

e. se compran artículos personales de todo tipo

f. se venden zapatos

08-42 En mi pueblo. Cristina loves the small town where she lives. Complete each of her sentences explaining why by conjugating the given verb in the present using impersonal constructions with **se**.

Modelo: *Se va* (ir) a conciertos en el parque.

1. _____ (vivir) sin mucho estrés (*stress*).

2. _____ (llegar) a lugares en bicicleta.

3. _____ (comprar) a precios razonables (*reasonable*).

4. _____ (conocer) a buenas personas.

5. _____ (comer) en restaurantes económicos.

08-43 ¡La liquidación! A friend wants to tell you about an upcoming clearance sale at a local department store. Using impersonal constructions with **se** in the present, complete each sentence with the appropriate form of the verb in parentheses.

(1) _____ (decir) que el gran almacén va a tener una liquidación el próximo sábado empezando a las

diez de la mañana. (2) _____ (vender) todo en rebaja y (3) _____ (regatear) con

los dependientes para conseguir (*to get*) descuentos adicionales. Normalmente (4) _____ (comprar)

mucho y (5) _____ (pagar) con tarjeta de crédito. Después no (6) _____ (poder)

devolver nada, porque no (7) _____ (permitir) devoluciones (*returns*). Las puertas

(8) _____ (cerrar) a las nueve de la noche.

08-44 Las compras donde vives. In complete sentences, answer the following questions about shopping in your town or city using impersonal constructions with **se** in the present.

1. ¿En qué lugar de compras se encuentran las mejores rebajas de tu pueblo o de tu ciudad?

   _____.

2. ¿Qué se vende en ese lugar de compras?

   _____.

3. En tu opinión, ¿dónde se compra la mejor ropa?

   _____.

4. ¿Dónde se compran los mejores zapatos?

   _____.

5. ¿Hay tiendas donde no se aceptan tarjetas de crédito? ¿Qué tiendas son?

   _____.

¿Cuánto saben? (Textbook p. 274)

08-45 ¿Saben diferenciar el pretérito del imperfecto? Complete Jacobo's paragraph about a bicycle he really wanted by selecting the most appropriate form of each verb, either in the preterit or the imperfect, according to the context.

Cuando yo (1) (fui / era) más joven, (2) (fui / iba) de compras con mis padres de vez en cuando. Un día nosotros

(3) (fuimos / íbamos) al centro comercial y yo (4) (vi / veía) una bicicleta especial, el último modelo de una marca (*brand*)

italiana. La bicicleta (5) (fue / era) rápida, azul y algo cara. Yo la (6) (quise / quería) mucho, pero en aquellos tiempos

mis padres no (7) (tuvieron / tenían) el dinero para comprármela. Unos años después, yo (8) (conseguí / conseguía)

(*I got*) un trabajo y (9) (empecé / empezaba) a ahorrar (*to save*) dinero. Finalmente (10) (compré / compraba) la

bicicleta y ahora la monto felizmente casi todos los días.

08-46 ¿Saben diferenciar y conjugar en el pretérito o el imperfecto? Complete Marlena's paragraph about her visit to a jewelry store with the most appropriate form of each verb, either in the preterit or the imperfect, according to the context.

(1) _____ (ser) las siete y media de la noche cuando yo (2) _____ (llegar) a la

joyería. (3) _____ (haber) muchas personas comprando anillos, aretes, collares y pulseras de muchos

estilos. ¡Yo no (4) _____ (entender) por qué las personas (5) _____ (comprar)

tanto! Cuando yo (6) _____ (salir) de la joyería, (7) _____ (ver) que todo

(8) _____ (tener) un increíble descuento del 75%. ¡Yo (9) _____ (volver) a entrar

en la joyería y también (10) _____ (comprar) mucho!

08-47 ¿Saben usar el *se* impersonal? A friend is showing you around town and shares tidbits about the local shopping scene. Using impersonal constructions with **se** in the present, complete each sentence with the appropriate form of the verb in parentheses.

1. _____ (decir) que hay buenas gangas en esa tienda de ropa.

2. En una tienda de ropa formal generalmente no _____ (permitir) comer.

3. En ese restaurante del centro comercial _____ (comer) muy bien.

4. En aquella joyería _____ (poder) regatear para conseguir (*to get*) mejores precios.

5. En ese almacén _____ (encontrar) buenos calcetines de lana.

6. En esa zapatería _____ (vender) botas de cuero muy caras.

7. En esa heladería _____ (servir) muy buen helado.

8. En ese mercado al aire libre _____ (hablar) español.

Nuestro mundo

Panoramas: El reino inca: Perú y Ecuador (Textbook p. 276)

08-55 ¡A informarse! Based on information from **Panoramas**, decide if each statement is **cierto** or **falso**.

1. En las Islas Galápagos no existe vida animal.   Cierto   Falso

2. El Centro de Investigación Charles Darwin está en las Islas Galápagos.   Cierto   Falso

3. Charles Darwin era ecuatoriano.   Cierto   Falso

4. El galápago, el booby con patas azules y la iguana marina son especies   Cierto   Falso
   protegidas (*protected*).

5. Según la leyenda, Inti Tayta creó la civilización inca.   Cierto   Falso

6. Las tradiciones incas no existen en la actualidad (*at the present time*).   Cierto   Falso

7. La mejor época del año para hacer el Camino Inca es en diciembre.   Cierto   Falso

8. El Camino Inca está a 2.380 metros de altura.   Cierto   Falso

9. No hay volcanes en Ecuador.   Cierto   Falso

10. Se habla español y quechua en Perú y Ecuador.   Cierto   Falso

08-56 La geografía de Perú y Ecuador. Complete each sentence with the best response, based on the map.

1. La capital de Perú es _____ .
   a. Machu Picchu   b. Cuzco   c. Lima

2. La capital de Ecuador es _____ .
   a. Quito   b. Guayaquil   c. Ibarra

3. Ecuador está al _____ de Perú.
   a. sur   b. norte   c. este (*east*)

4. Las Islas Galápagos son parte de _____ .
   a. Ecuador   b. Perú   c. Chile

5. El Lago Titicaca está en _____ .
   a. Ecuador   b. Perú   c. Chile

Páginas: "Los rivales y el juez" (Ciro Alegría, Perú) (Textbook p. 278)

08-57 ¿Cierto o falso? Based on information from the **Páginas** section of the text, decide if each statement is **cierto** or **falso**.

1. Las obras (*works*) de Ciro Alegría no tienen relación con el folklore indígena.   Cierto   Falso

2. En la fábula "Los rivales y el juez", los rivales son un perro y un gato (*cat*).   Cierto   Falso

3. Los rivales discuten (*argue*) sobre cuál de ellos tiene la mejor voz (*voice*).   Cierto   Falso

4. El juez decide que el perro tiene mejor voz.   Cierto   Falso

5. El juez no toma ninguna decisión sobre las voces de los rivales.   Cierto   Falso

6. Finalmente el juez come a los dos rivales.   Cierto   Falso

Taller (Textbook p. 280)

08-58 Una ocasión de compras. Write a paragraph describing a significant shopping experience from your past. Include information about where, with whom, and why you went shopping, what you bought, and how much and how you paid. Be sure to use correct verb forms in the preterit and/or the imperfect, according to context.

Modelo: *El año pasado fui de compras con mi hermana para comprarle algo especial a nuestra mamá para su cumpleaños. Fuimos a…*

_____

_____

_____

_____

_____

_____

_____

_____

_____

_____

Vamos de viaje

Primera parte

¡Así lo decimos! Vocabulario (Textbook pp. 284–285)

En el aeropuerto

09-01 **¡Así es la vida!** First reread the brief dialogs in your textbook in its entirety. Then select all items that are true for each statement.

1. Marisela, Mauricio y Daniel _____ .
   a. son estudiantes
   b. viven en Colombia
   c. van a Colombia

2. Los tres compañeros están _____ .
   a. en una agencia de viajes
   b. en el aeropuerto
   c. haciendo cola

3. Van a _____ .
   a. pasar por el control de seguridad
   b. viajar por avión
   c. estar en la playa

4. Tienen un paquete de viaje que incluye _____ .
   a. el pasaje de ida y vuelta
   b. el hotel en Cartagena
   c. una excursión a San Andrés

5. El paquete cuesta _____ por persona.
   a. 2.000 bolívares
   b. 1.200 bolívares
   c. 2.200 bolívares

09-02 **Fuera de lugar.** For each set of words or expressions about travel, choose the one that is out of place based on its meaning.

1. a. despegar
   b. aterrizar
   c. la aduana
   d. viajar por avión

2. a. el agente de viajes
   b. la puerta de embarque
   c. abordar
   d. la tarjeta de embarque

3. a. hacer las maletas
   b. la salida
   c. facturar el equipaje
   d. el reclamo de equipaje

4. a. el piloto
   b. el asistente de vuelo
   c. el viajero
   d. el folleto

5. a. la tarjeta de embarque
   b. el pasaporte
   c. el boleto
   d. la demora

6. a. el asiento de ventanilla
   b. la clase turista
   c. hacer un crucero
   d. el asiento de pasillo

09-03 Un poco de lógica. Roberto is an experienced traveler who wants to explain some air travel procedures to an interested friend. For each group of phrases, number them 1 to 3 in logical order.

1. Espero con ganas mi viaje. _____

   Hago una reserva. _____

   Compro el boleto. _____

2. Hacemos las maletas. _____

   Facturamos el equipaje. _____

   Reclamamos el equipaje. _____

3. Abordas el avión. _____

   Vas a la sala de espera. _____

   Pasas por el control de seguridad. _____

4. Se cierra la puerta de embarque. _____

   El avión aterriza. _____

   El avión despega. _____

5. Vamos al reclamo de equipaje. _____

   Nos bajamos del avión. _____

   Pasamos por la aduana. _____

09-04 De viaje. Roberto wants to share some additional tidbits about travel. Select the word or expression that best completes each sentence.

1. Un pasaje de ida que consiste en dos vuelos tiene _____ .
   a. una cola   b. una escala   c. una sala de espera

2. _____ sirven bebidas y ayudan a los pasajeros durante el vuelo.
   a. Los agentes de viaje   b. Los pilotos   c. Los asistentes de vuelo

3. Prefiero viajar rápida y económicamente. Siempre compro boletos de _____ .
   a. la clase turista   b. la primera clase   c. la llegada

4. Hay demora en el vuelo a Bogotá. Vamos a sentarnos en _____ .
   a. la aduana   b. la sala de espera   c. el control de seguridad

5. Me gusta viajar por el mar. Voy a viajar _____ .
   a. por autobús   b. por barco   c. por tren

6. No quiero llevar maletas por el aeropuerto. Voy a _____ .
   a. bajarme del avión   b. sentarme en el asiento de pasillo   c. facturar el equipaje

09-07 **Anuncio de una agencia de viajes.** You would like to travel to a Spanish-speaking country and you see the following ad in a major newspaper. Based on the information given, answer the questions with complete sentences in Spanish.

1. ¿Cómo se llama la agencia de viajes?

   _____.

2. ¿Dónde está la agencia?

   _____.

3. ¿Qué anuncia la agencia?

   _____.

4. ¿Cuál es el viaje más barato?

   _____.

5. ¿Cuáles son los viajes más caros?

   _____.

6. ¿Cuál de los viajes prefieres y por qué?

   _____.

09-08 Preguntas sobre tus preferencias. You and a friend are planning a trip to the Colombian island of San Andrés. Your friend e-mails you some questions about your travel preferences. Answer with complete sentences in Spanish.

1. ¿Hacemos las reservas en una agencia de viajes o por la Internet? ¿Por qué?

   _____.

2. ¿Compramos pasajes en primera clase o en la clase turista? ¿Por qué?

   _____.

3. ¿Prefieres un asiento de ventanilla o de pasillo?

   _____.

4. ¿Qué equipaje vas a facturar y qué vas a llevar en el avión?

   _____.

5. ¿Tienes pasaporte o necesitas pedir uno?

   _____.

¡Así lo hacemos! Estructuras

1. *Por* or *para* (Textbook p. 289)

09-09 Emparejar. Julio and his wife Ana travel frequently and often say the following things to each other. Match each question or statement with the best response. Be sure to use each response only once.

1. ¿Cuándo sale el vuelo? _____

2. El vuelo llegó dos horas tarde pero ahora está aquí. _____

3. ¿Dónde está el reclamo de equipaje? _____

4. ¿Quieres el asiento de ventanilla? _____

5. Traes tu pasaporte, ¿no? _____

6. ¿Traes suficiente dinero en efectivo? _____

a. ¡Por fin!

b. Por supuesto.

c. Por ahora, pero mañana vamos a necesitar más.

d. Por la tarde.

e. Por aquí.

f. Sí, por favor, mi amor.

09-10 Un viaje a Caracas. Alberto is describing the beginning of a family trip to Caracas. Complete each sentence with **por** or **para**, according to the context.

1. El mes pasado fuimos a la agencia de viajes _____ los pasajes.

2. Compramos los boletos _____ mil dólares en total.

3. Tomamos unos folletos _____ leer en casa.

4. Llegamos al aeropuerto ayer _____ la tarde.

5. Caminamos _____ el aeropuerto buscando la puerta de embarque.

6. Estuvimos en la sala de espera _____ una hora.

7. El avión salió _____ Caracas a tiempo.

8. Fue un vuelo agradable _____ todos nosotros.

09-11 La piloto. Carolina is a young professional in the airline industry. Complete each sentence about her with **por** or **para**, according to the context.

1. Carolina estudió _____ ser piloto.

2. Estudió _____ cuatro años en la universidad.

3. _____ el final de su cuarto año, tenía dos ofertas (*offers*) de trabajo (*job*).

4. _____ ser tan joven, ahora recibe un buen salario (*salary*).

5. Vuela a Caracas cinco veces _____ semana.

6. Le encanta viajar _____ el mundo (*world*).

7. _____ Carolina, volar es emocionante y divertido.

8. _____ ahora, está muy contenta con la vida (*life*) que tiene.

09-12 En la Isla Margarita. Teresa e-mailed a friend to share her plans for an upcoming Caribbean vacation. Complete each sentence with **por** or **para**, according to the context.

El próximo sábado mi esposo y yo vamos a salir (1) _____ Venezuela. Vamos a la Isla Margarita

(2) _____ descansar (*to rest*) un poco. Vamos a estar en la isla (3) _____ dos

semanas. Ayer fuimos (4) _____ los boletos de avión. El agente de viajes planeó muchas actividades

(5) _____ nosotros. (6) _____ las mañanas, vamos a montar en bicicleta, jugar a

voleibol y nadar. (7) _____ las tardes, vamos a visitar las ciudades de Porlamar y Pampatar

(8) _____ ir de compras en sus centros comerciales. (9) _____ las noches, vamos a

cenar en buenos restaurantes y dar paseos (10) _____ la playa. ¡Tenemos muchas ganas de conocer la

Isla Margarita!

09-13 Viajes Venezolanos. Antonio lives in Caracas and sees the following ad in the newspaper. Based on the information given, answer the following questions with complete sentences in Spanish. Pay special attention to the uses of **por** and **para**.

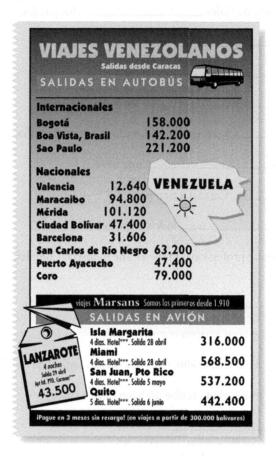

1. ¿Es por autobús o por avión el viaje desde Caracas a Bogotá?

   _____.

2. ¿Cuánto se paga por un viaje a Maracaibo?

   _____.

3. ¿Es por autobús o por avión el viaje desde Caracas a Miami?

   _____.

4. ¿Para cuándo es la salida del viaje a San Juan, Puerto Rico?

   _____.

5. ¿Por cuántos días es el viaje a Quito?

   _____.

09-14 **Cuestionario.** A local travel agency is carrying out a survey. Answer their questions with complete sentences in Spanish. Pay special attention to the uses of **por** and **para**.

1. Dentro de EE. UU. o Canadá, ¿prefieres viajar por avión, por tren, por autobús o por carro? ¿Por qué?

   _____.

2. En un país extranjero (*foreign*), ¿cómo prefieres viajar? ¿Por qué?

   _____.

3. Cuando viajas por avión, ¿prefieres salir por la mañana o por la tarde? ¿Por qué?

   _____.

4. ¿Compras tus boletos por la Internet, por teléfono o por una agencia de viajes? ¿Por qué?

   _____.

5. Por lo general, ¿para qué viajas?

   _____.

2. Adverbs ending in -*mente* (Textbook p. 293)

09-15 **¿De qué manera?** Luisa loves to tell her mother about her friends. Select the adverb in parentheses that logically fits each of her descriptions.

1. Ana María es de Colombia. Habla español (fácilmente / difícilmente).

2. Raúl piensa que Bogotá es la capital de Venezuela. Piensa (correctamente / erróneamente).

3. Susana y Pablo están muy contentos como esposos. Están (felizmente / infelizmente) casados.

4. Andrés y Paula tienen cuidado cuando van de compras y buscan gangas. Gastan su dinero (frívolamente / prudentemente).

5. Liliana es asistente de vuelos. Viaja por avión (frecuentemente / infrecuentemente).

6. Miguel es un buen agente de viajes y por eso tiene muchos clientes. Trabaja (eficientemente / ineficientemente).

09-17 **¿Cómo se viaja?** Rogelio travels frequently and likes to observe how things are done. Complete each sentence with an adverb ending in **-mente**, based on the adjective given in parentheses.

Modelo: Me gusta hacer una reserva *inmediatamente* (inmediato).

1. Viajo por avión _____ (regular).

2. Siempre hago la maleta _____ (cuidadoso, *careful*).

3. Cuando viajo, me visto _____ (cómodo, *comfortable*).

4. En el aeropuerto, los pasajeros hacen cola _____ (paciente).

5. Durante el vuelo, el piloto habla _____ (tranquilo, *calm*).

6. El avión despega _____ (rápido).

7. Los asistentes de vuelo pasan _____ por el avión (lento, *slow*).

8. Casi siempre llegamos _____ (puntual, *punctual*).

09-18 **¿Quién hace qué y cómo?** Combine elements from the three lists to form complete, logical sentences about how people perform different actions. Be sure to use each element only once, conjugate each verb accurately, and correctly transform each adjective into an adverb ending in **-mente**. Follow the model closely.

Yo	comer helado	ocasional
Mi mejor amigo/a	*gastar dinero*	(in)completo
Mi novio/a (o esposo/a)	ir de compras	(in)frecuente
Mi novio/a (o esposo/a) y yo	ver películas	(ir)*responsable*
Mis padres	verse	(im)paciente
Mis padres y yo	visitar museos	nervioso
Tú	viajar a otros países	contento
¿...?	¿...?	¿...?

Modelo: *Mis padres gastan dinero responsablemente.*

1. _____ .

2. _____ .

3. _____ .

4. _____ .

5. _____ .

09-19 **¿Cómo lo hago yo?** Your Spanish instructor wants to know more about you. Complete each sentence truthfully in Spanish with an adverb ending in **-mente**. Provide a different adverb for each response.

1. Hago ejercicio _____ .

2. Estudio _____ .

3. Hablo español _____ .

4. Viajo por avión _____ .

5. Viajo por EE. UU. y Canadá _____ .

6. Como pizza _____ .

7. Bebo vino _____ .

8. Salgo con amigos _____ .

¿Cuánto saben? (Textbook p. 295)

09-20 **¿Saben usar *por* y *para*?** María José is going on a trip to Colombia and tells a co-worker about it. Complete each sentence with **por** or **para**, according to the context.

Hoy (1) _____ la mañana fui a una agencia de viajes (2) _____ pedir más

información sobre mi viaje a Colombia. Voy a irme de vacaciones (3) _____ una semana y salgo

(4) _____ Cartagena de Indias el sábado que viene. ¡(5) _____ fin voy a conocer

esta preciosa ciudad colonial! Tengo que pagar (6) _____ el viaje (7) _____ el

lunes. (8) _____ supuesto, ¡voy a divertirme mucho!

09-21 **¿Saben formar los adverbios que terminan en *–mente*?** Andrea describes a cruise she took with her family. Complete each sentence with an adverb ending in **-mente**, based on the adjective given in parentheses.

Modelo: *Fácilmente* (Fácil) decidimos hacer un crucero.

1. Esperamos _____ (ansioso) el día de la salida del crucero.

2. Cuando llegó el día, abordamos el barco _____ (alegre).

3. El barco salió del puerto _____ (*port*) (eventual).

4. Toda la semana comimos _____ (excesivo).

5. Durante las comidas todos hablamos _____ (cordial).

6. Lo pasamos _____ (maravilloso) bien.

Perfiles (Textbook p. 296)

Mi experiencia: Auyentepuy: un viaje de aventura

09-25 Según Felipe. Reread this section of your textbook and give the best answer to complete each statement. Not all expressions in the word bank will be used.

Auyentepuy	campamentos	cuevas	Orinoco
bárbaro	continente	helicóptero	viajando

1. Felipe va a pasar este verano _____ por Latinoamérica en su furgoneta (*van*).

2. Primero Felipe hizo un trekking de diez días a _____ , una montaña en el Parque Nacional Canaima en Venezuela.

3. Durmió en diferentes _____ dentro del parque.

4. También hizo kayaking por el río _____ .

5. Vio las cascadas del Salto Ángel desde un _____ .

6. Felipe menciona la canción "Me enamora", del cantante colombiano Juanes, porque está enamorado de este

   _____ de las Américas.

Mi música: "Me enamora" (Juanes, Colombia)

09-26 Asociar datos. Read about this artist in your textbook and follow the directions to listen to the song on the Internet. Then match each item with the best description.

1. Juanes _____   a. alegre y constante

2. Colombia _____   b. el número de Grammy Latinos que tiene Juanes

3. los álbumes de Juanes _____   c. el país de origen de Juanes

4. diecisiete _____   d. tienen el mayor número de ventas (*sales*) del rock latino

5. el tema de "Me enamora" _____   e. figura importante como cantante de rock latino y activista social

6. el ritmo de "Me enamora" _____   f. los aspectos de una persona que hacen enamorar a otra persona

Segunda parte

¡Así lo decimos! Vocabulario (Textbook pp. 298–299)

Los viajes

09-27 ¡Así es la vida! Remember that Marisela, Mauricio, and Daniel, three university friends, got a great vacation deal on travel to Colombia. Now reread Marisela's e-mail messages to her friend Raquel in your textbook and indicate whether each statement is **cierto**, **falso**, or **No se sabe** (*unknown*).

1. Marisela y sus amigos fueron primero a Cartagena.   Cierto   Falso   No se sabe.

2. Llegaron a la Isla de San Andrés por la tarde.   Cierto   Falso   No se sabe.

3. El hotel de San Andrés era de lujo.   Cierto   Falso   No se sabe.

4. Marisela no tuvo tiempo para bucear en el mar Caribe.   Cierto   Falso   No se sabe.

5. Recorrieron la isla a caballo.   Cierto   Falso   No se sabe.

6. El hotel de Cartagena es colonial y tiene un jardín tropical.   Cierto   Falso   No se sabe.

7. Los dos hoteles tienen jacuzzi.   Cierto   Falso   No se sabe.

8. Los dos hoteles tienen buenas vistas.   Cierto   Falso   No se sabe.

09-28 ¡A completar! Raquel wants to tell Marisela about the trip she took with her husband to the Great Lakes region of the U.S. Complete each statement with the most appropriate word or expression from the word bank below.

cargador	estadía	gira	isla	tarjeta de memoria
centro histórico	flores	guía turística	recorrer	vista

1. Hicimos una _____ de dos semanas por los Grandes Lagos.

2. Compramos una _____ sobre la región.

3. Queríamos sacar muchas fotos durante el viaje. Por eso compramos otra _____ para la cámara digital.

4. Puse el _____ de pilas para la cámara en mi maleta.

5. Un lugar que visitamos fue Mackinac, una _____ en el norte de Michigan.

6. Nuestra _____ en el famoso Gran Hotel Victoriano fue por dos noches.

7. La _____ del lago Huron desde nuestra habitación fue impresionante.

8. En verano hay muchas _____ en los jardínes.

9. Es necesario _____ la Isla Mackinac en bicicleta, porque no se permiten carros.

10. En el _____ de la isla, se vende mucho helado y *fudge*.

09-29 **Definiciones.** You are about to travel abroad to a Spanish-speaking country, and a friend with a lot of travel experience reviews with you the meanings of some words and expressions. Match each one with the best definition.

1. el adaptador eléctrico _____

2. el plano de la ciudad _____

3. el cuarto doble _____

4. el hostal _____

5. el salto de agua _____

6. la tarjeta postal _____

7. comprar recuerdos _____

8. montar a caballo _____

9. quedarse _____

10. viajar al extranjero _____

a. un papel fuerte con alguna imagen donde se escribe a otra persona, normalmente durante un viaje

b. un hotel más barato e informal, muchas veces sin baño privado y/o con muchas camas por habitación

c. hace posible el uso de aparatos eléctricos en diferentes países

d. salir de viaje a otro país

e. un deporte o un modo de transporte por un animal

f. pasar tiempo en algún lugar; antónimo de *salir*

g. resulta cuando hay grandes diferencias de altitud en un río (*river*); sinónimo de *catarata*

h. una habitación de hotel para dos personas

i. pagar por objetos que representan un lugar o una experiencia

j. un mapa detallado (*detailed*) de las calles (*streets*) y los lugares de interés

09-30 **Un crucigrama.** A friend from Venezuela wants to quiz you on some Spanish travel vocabulary. Complete the following crossword puzzle with the correct information below.

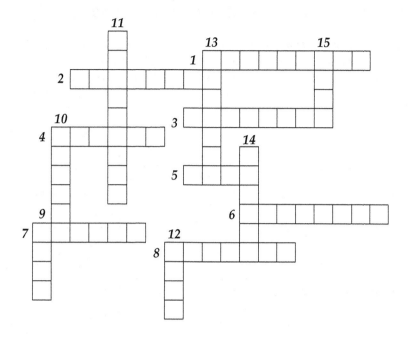

Across

1. Una _____ es un viaje breve para visitar un museo u otro lugar de interés cercano (*nearby*).

2. Cuando queremos esquiar en la nieve, vamos a las _____ .

3. Una _____ resulta cuando hay grandes diferencias de altitud en un río (*river*).

4. Nadar bajo el agua es _____ .

5. Hay un gran _____ en Venezuela que se llama Maracaibo.

6. Una _____ es un edificio grande e importante para una religión.

7. Una actividad que se hace en el mar, en un lago o en un río (*river*), por comercio (*commerce*) o por diversión, es _____ .

8. El/la _____ está a cargo de (*in charge of*) un hotel.

Down

9. Una _____ hace funcionar una cámara digital o de video.

10. En el _____ hay muchos árboles (*trees*).

11. Hoy Machu Picchu es un _____ de la cultura inca.

12. Un/a _____ es el/la líder (*leader*) de una excursión o una gira.

13. La _____ de la Libertad está en Nueva York.

14. Un _____ es una montaña que produce lava.

15. La _____ Margarita está en la costa venezolana.

¡Así lo hacemos! Estructuras

3. The Spanish subjunctive: An introduction (Textbook p. 302)

09-34 ¿Infinitivo, indicativo o subjuntivo? Maribel is expressing some facts and some desires. Indicate whether the underlined verb in each of her statements is an infinitive, the indicative mood, or the subjunctive mood, based on its form and context. Be sure to pay attention to the meaning of the *italicized* verb or verb phrase also, to determine whether it expresses a fact or a desire to influence others.

1. *Quiero* <u>nadar</u> en el mar.   infinitivo   indicativo   subjuntivo

2. *Quiero* que Marisela <u>nade</u> conmigo.   infinitivo   indicativo   subjuntivo

3. *Necesito* <u>ir</u> a comprar.   infinitivo   indicativo   subjuntivo

4. *Necesito* que <u>vayas</u> a comprar por mí.   infinitivo   indicativo   subjuntivo

5. Mi padre nos *dice* que <u>somos</u> buenos.   infinitivo   indicativo   subjuntivo

6. Mi padre nos *dice* que <u>seamos</u> buenos.   infinitivo   indicativo   subjuntivo

7. *Es necesario* <u>viajar</u> al extranjero.   infinitivo   indicativo   subjuntivo

8. *Es necesario* que los estudiantes de español <u>viajen</u> al extranjero.   infinitivo   indicativo   subjuntivo

09-36 ¿Qué piden los asistentes de vuelo? Flight attendants have various requests to ensure a good, safe flight. Complete each request with the present subjunctive form of the verb given.

Los asistentes de vuelo *piden* que los pasajeros...

1. no _____ (correr) por el pasillo del avión.

2. no _____ (traer) más de una maleta pequeña en el avión.

3. _____ (guardar) sus pertenencias (*belongings*) debajo del asiento.

4. no _____ (poner) objetos en el pasillo del avión.

5. no _____ (usar) los teléfonos celulares durante el vuelo.

6. no _____ (levantarse) mucho durante el vuelo.

7. les _____ (dar) dinero en efectivo si compran bebidas alcóholicas.

8. les _____ (hablar) respetuosamente.

09-37 Procedimientos para viajar (*travel procedures*). Complete each suggested travel procedure with the present subjunctive form of each verb in parentheses.

A. El agente de viajes *quiere* que tú...

1. _____ (reservar) un pasaje de ida y vuelta por su agencia.

2. _____ (pagar) con tarjeta de crédito enseguida.

3. _____ (volver) a la agencia para planear tus futuros viajes.

B. Los inspectores en el control de seguridad *quieren* que ustedes...

4. _____ (hacer) cola pacientemente.

5. _____ (mostrar) sus pasaportes y sus tarjetas de embarque.

6. _____ (abrir) las maletas si se pide.

C. El asistente de vuelo *quiere* que nosotros...

7. _____ (abordar) el avión a tiempo.

8. _____ (sentarse) en nuestros asientos inmediatamente.

9. _____ (quedarse) en los asientos durante el vuelo.

D. Nosotros *queremos* que el piloto...

10. _____ (saber) volar bien en todas las condiciones del tiempo.

11. _____ (tener) mucha experiencia volando.

12. _____ (aterrizar) cuidadosamente.

09-38 Diferencias de opinión. Jorge and his family are planning a trip to San Diego and have different suggestions about activities. Select the verb form, either the infinitive, present indicative, or present subjunctive, that correctly completes each sentence.

1. Yo *quiero* [a. visitar / b. visito / c. visite] el famoso zoo de San Diego.

2. Mi madre *prefiere* que todos nosotros [a. ir / b. vamos / c. vayamos] al museo de arte.

3. Mi padre *recomienda* que mi madre [a. ver / b. ve / c. vea] la exposición con mi hermana por la mañana.

4. Mi padre *prefiere* [a. hacer / b. hace / c. haga] actividades al aire libre.

5. Mi hermana *dice* que mi padre [a. ser / b. es / c. sea] inflexible.

6. Yo *digo* que cada persona [a. seleccionar / b. selecciona / c. seleccione] (*to select*) una actividad para hacer entre todos.

7. Ahora mi hermana *quiere* que todos [a. montar / b. montamos / c. montemos] en bicicleta por la costa.

8. Mi padre *desea* que todos [a. jugar / b. jugamos / c. juguemos] al golf con él. ¡Vamos a tener que descansar (*to rest*) mucho después de este viaje!

09-39 ¡Vamos a la playa! Enrique and his girlfriend María want to take a vacation. Complete each sentence with the correct verb form, either the infinitive, present indicative, or present subjunctive, according to the context.

1. *Necesitamos* _____ (encontrar) un lugar barato para ir de vacaciones.

2. María *sugiere* que nosotros _____ (ir) a un lugar cerca de la playa.

3. Yo le *sugiero* que ella _____ (buscar) más información en la Internet.

4. Ella me *pide* que yo la _____ (ayudar) a buscar un buen lugar también.

5. Yo le *digo* que _____ (haber) un hostal barato cerca de una playa bonita que conozco.

6. Ella me *dice* que yo _____ (llamar) enseguida para pedir una reserva.

7. Ahora solamente *necesitamos* _____ (hacer) la maleta.

8. *Dicen* que _____ (hacer) muy buen tiempo ahora en la playa, ¡y tenemos muchas ganas de ir!

09-40 ¡Tus vacaciones! Now express your desires for your own vacation. Complete each sentence with an appropriate verb form, either in the infinitive or the present subjunctive, according to each context.

Modelos: Quiero *viajar a Cancún con mi mejor amigo/a.*
           Quiero que *nosotros vayamos en marzo.*

1. Quiero _____ .

2. Quiero que _____ .

3. No quiero que _____ .

4. Necesito _____ .

5. Necesito que _____ .

6. Deseo mucho que _____ .

4. The subjunctive to express influence (Textbook p. 306)

09-41 **Los deseos del gerente.** Pedro is a good hotel manager with clear ideas about how things are to be done. Complete each sentence with the present subjunctive form of the verb in parentheses.

El gerente...

1. *insiste* en que todos sus empleados (*employees*) _____ (llegar) puntualmente al trabajo.

2. les *aconseja* a sus cocineros (*cooks*) que _____ (preparar) el bufé (*buffet*) del desayuno para las seis de la mañana.

3. les *pide* a sus empleados que _____ (limpiar) las habitaciones para las dos de la tarde.

4. no *permite* que nadie _____ (fumar) (*to smoke*) en el hotel.

5. *quiere* que sus clientes _____ (estar) contentos con su estadía.

6. *desea* que el hotel _____ (tener) éxito (*success*).

09-42 **En un hotel de lujo.** Personnel in a luxury hotel readily offer advice and recommendations about services and area activities. Complete each sentence with the correct verb form, either the infinitive, present indicative, or present subjunctive, according to the context.

El recepcionista nos *recomienda* que (1) _____ (dormir) mucho por la noche y que

(2) _____ (hacer) muchas actividades durante el día. También nos *sugiere* que

(3) _____ (sacar) muchas fotos durante las excursiones. Él nos *dice* que las

playas cerca del hotel (4) _____ (ser) magníficas y que *es preciso*

(5) _____ (montar) a caballo por ellas.

El guía del hotel nos *aconseja* que (6) _____ (ir) al centro histórico para ver la

catedral, los monumentos y los jardínes. También *dice* que (7) _____ (haber) un buen

mercado al aire libre donde venden de todo. Nos *recomienda* que (8) _____ (comprar)

recuerdos en el mercado porque tienen los mejores precios. Nosotros *necesitamos*

(9) _____ (regatear) en el mercado de todas maneras, ¡porque es así!

Es bueno que el hotel (10) _____ (dar) consejos (*advice*) a los viajeros. ¡Es un

servicio indispensable!

09-43 Recomendaciones. A friend of yours wants some advice about traveling and going on vacation. Give your recommendations by completing each sentence with an appropriate verb form, either in the infinitive or the present subjunctive, according to each context. Use a different verb in each sentence.

Modelos: Te recomiendo que *compres un boleto electrónico por la Internet.*
Es bueno *comprar una guía turística antes de salir de viaje.*

1. Te recomiendo que _____ .

2. Te sugiero que _____ .

3. También te aconsejo que _____ .

4. Es bueno _____ .

5. Es preciso _____ .

6. Es importante que _____ .

¿Cuánto saben? (Textbook p. 310)

09-45 ¿Saben formar el presente del subjuntivo? Travelers prefer optimal flight, hotel, and weather conditions. Complete each preference with the present subjunctive form of the verb given.

Los viajeros *prefieren* que...

1. los vuelos _____ (ser) baratos.

2. no _____ (haber) demoras.

3. los pilotos _____ (saber) volar bien.

4. los aeropuertos _____ (tener) buenos restaurantes y tiendas.

5. los restaurantes _____ (servir) buena comida.

6. los hoteles _____ (incluir) el desayuno.

7. la habitación del hotel _____ (estar) limpia (*clean*).

8. _____ (hacer) buen tiempo todos los días.

09-46 ¿Saben usar el presente del subjuntivo para expresar influencia? Pablo and his friends want to go on vacation, as he describes in the following blog entry. Select the verb form, either the infinitive, present indicative, or present subjunctive, that correctly completes each sentence.

¡Me encanta ir de vacaciones! En mis próximas vacaciones, *quiero* que mis mejores amigos (1) [a. ir / b. van / c. vayan]

conmigo. El hotel *necesita* (2) [a. ser / b. es / c. sea] de lujo. También *necesito* que el hotel (3) [a. estar / b. está / c. esté]

cerca de la playa. Mi amigo Rafael *recomienda* que (4) [a. buscar / b. buscamos / c. busquemos] información por la

Internet. Rafael *dice* que (5) [a. haber / b. hay / c. haya] mucha información sobre hoteles y lugares de interés. Yo

también *quiero* (6) [a. preguntar / b. pregunto / c. pregunte] por paquetes y precios en una agencia de viajes. Mi amigo

Antonio *sugiere* que (7) [a. pasar / b. pasamos / c. pasemos] una semana en la Isla Margarita. Yo *digo* que (8) [a. viajar /

b. viajamos / c. viajemos] por barco a la Isla de San Andrés. En cualquier caso, todos *deseamos* (9) [a. divertirnos /

b. nos divertimos / c. nos divertamos] y (10) [a. hacer / b. hacemos / c. hagamos] muchas actividades.

Nuestro mundo

Panoramas: Los países caribeños de Sudamérica: Venezuela y Colombia (Textbook p. 312)

09-53 ¡A informarse! Based on information from **Panoramas**, decide if each statement is **cierto** or **falso**.

1.	Venezuela tiene mucho petróleo y por eso, hay pocas personas pobres en el país.	Cierto	Falso
2.	Muchos turistas visitan Venezuela por su belleza natural y por los deportes extremos que hace posibles.	Cierto	Falso
3.	Gabriel García Márquez es un pintor colombiano famoso.	Cierto	Falso
4.	Gabriel García Márquez ganó el Premio Nobel de Literatura por *Cien años de soledad*.	Cierto	Falso
5.	Cartagena de Indias es una ciudad colombiana con un puerto importante.	Cierto	Falso
6.	Cartagena de Indias nunca fue una ciudad rica.	Cierto	Falso
7.	Colombia es un país rico en oro y en piedras preciosas.	Cierto	Falso
8.	Los conquistadores españoles no querían las riquezas de los indígenas.	Cierto	Falso
9.	Colombia y Venezuela tienen climas similares.	Cierto	Falso
10.	Colombia gana más dinero en turismo que Venezuela.	Cierto	Falso

Nombre: _____   Fecha: _____

09-54 **La geografía de Colombia y de Venezuela.** Complete each sentence with the best response, based on the map.

1. La capital de Colombia es _____ .
   a. Cartagena de Indias
   b. Bogotá
   c. Caracas

2. La capital de Venezuela es _____ .
   a. Caracas
   b. Maracaibo
   c. Bogotá

3. _____ tiene costas en el Océano Pacífico y en el Mar Caribe.
   a. Ecuador
   b. Venezuela
   c. Colombia

4. El lago Maracaibo está en _____ .
   a. Venezuela
   b. Colombia
   c. Venezuela y Colombia

5. Las islas holandesas de Aruba, Bonaire y Curazao están al _____ de Venezuela.
   a. sur
   b. norte
   c. este (*east*)

6. El río Orinoco pasa por _____ .
   a. Trinidad y Tobago
   b. Venezuela
   c. Colombia

Páginas: Fiestas colombianas (Textbook p. 314)

09-55 **¿Cierto o falso?** Based on information from the **Páginas** section of the text, decide if each statement is **cierto** or **falso.**

1. Hay una síntesis de tradiciones indígenas y cristianas en las celebraciones de Corpus Cristi.   Cierto   Falso

2. Carnaval empezó durante la época colonial como festival de la clase alta.   Cierto   Falso

3. La palabra *carnaval* tiene relación con la palabra "carne".   Cierto   Falso

4. La ciudad de Barranquilla tiene las fiestas de Carnaval más coloridas de Colombia.   Cierto   Falso

5. Popayán y Mompox tienen las celebraciones de Semana Santa más famosas de Colombia.   Cierto   Falso

6. Hay pocas iglesias en las ciudades coloniales de Popayán y Mompox.   Cierto   Falso

7. En Colombia el Día de la Independencia se celebra el cuatro de julio.   Cierto   Falso

8. Simón Bolívar fue un líder importante para la independencia de Colombia de España, la cual se consiguió en 1810.   Cierto   Falso

Taller (Textbook p. 316)

09-56 **Un viaje que quiero hacer.** Write a paragraph describing a trip you want to take. Include information about where, with whom, and why you want to go, and what activities you prefer to do. Describe also what you want the travel and hotel to be like, and what you need or want others to do on the trip. Be sure to include expressions like **querer (que)**, **preferir (que)**, **necesitar (que)**, **desear (que)**, **insistir en (que)**, and/or **decir (que)**, followed by an infinitive, the present indicative, or the present subjunctive, according to the context.

Modelo: *Quiero viajar a la Isla de San Andrés con mi esposo. Dicen que es una isla preciosa donde se puede bucear, montar a caballo y hacer otras actividades deportivas que nos gustan. Queremos que el vuelo no tenga muchas escalas. También preferimos que nuestro hotel esté cerca de la playa…*

_____

_____

_____

_____

_____

_____

_____

_____

_____

_____

_____

10

¡Tu salud es lo primero!

Primera parte

¡Así lo decimos! Vocabulario (Textbook pp. 320–321)

Las partes del cuerpo humano

10-01 ¡Así es la vida! Reread the brief dialogs in your textbook and indicate whether each statement is **cierto, falso,** or **No se sabe** (*unknown*).

1.	Hoy hay muchas personas en la sala de espera del consultorio del médico.	Cierto	Falso	No se sabe.
2.	Anabel, la mujer con las muletas (*crutches*), se torció el pie.	Cierto	Falso	No se sabe.
3.	Anabel va a necesitar operarse (*undergo an operation*).	Cierto	Falso	No se sabe.
4.	Alfredo tiene náuseas y no se siente bien.	Cierto	Falso	No se sabe.
5.	Don Luis, el señor mayor, tiene dolor de espalda.	Cierto	Falso	No se sabe.
6.	Don Luis se lastimó limpiando el garaje de su casa.	Cierto	Falso	No se sabe.
7.	El hijo de Paloma tiene la temperatura normal.	Cierto	Falso	No se sabe.
8.	El niño tiene una enfermedad seria.	Cierto	Falso	No se sabe.
9.	Eugenio, el señor con la máscara (*mask*), tose mucho y se siente muy mal.	Cierto	Falso	No se sabe.
10.	A Marisa le interesa mucho conversar con Eugenio.	Cierto	Falso	No se sabe.

10-02 Las partes del cuerpo humano. Match each human body part with the expression for it in Spanish.

1. _____

    a. la boca

2. _____

    b. la pierna

3. _____

    c. la cabeza

4. _____

    d. el oído

5. _____

    e. el pie

6. _____

    f. la rodilla

7. _____

    g. la oreja

8. _____

    h. la garganta

10-03 **Los problemas de salud y los remedios médicos.** Find these 10 words related to body parts, health problems, and medical treatments in the following word search. Be sure to look for words horizontally, vertically, and diagonally, both forward and backward.

calmante	mejorarse	pecho	receta	síntoma
lastimarse	muela	pulmón	resfriado	urgencias

```
P  R  E  T  U  C  M  I  R  S  E  W  T  I  L
R  Ó  M  A  N  C  A  R  C  B  Í  N  S  E  U
T  X  M  Y  T  L  A  L  L  S  U  B  R  R  F
U  E  F  F  U  E  L  N  M  I  M  A  G  U  B
L  E  M  Ó  A  R  C  G  L  A  R  E  I  L  E
L  M  E  Z  E  E  C  E  L  A  N  R  Í  M  S
O  P  J  U  R  R  Ó  C  R  H  T  I  M  R
I  N  O  E  Z  A  C  A  I  S  A  D  E  L  A
Ó  D  R  O  C  Í  T  A  O  R  D  A  A  O  M
D  O  A  R  G  A  S  O  M  I  A  R  S  L  I
Í  E  R  Q  U  I  R  A  N  Ó  M  L  U  P  T
E  N  S  L  L  O  L  A  D  A  O  F  R  O  S
I  J  E  L  J  E  Í  S  N  O  T  S  O  S  A
T  R  O  O  U  T  U  T  Í  S  N  E  C  H  L
E  M  A  M  S  M  O  N  D  E  Í  C  E  I  C
H  R  E  S  F  R  I  A  D  O  S  D  Ó  N  T
C  H  Ó  C  P  H  R  Í  R  R  B  A  R  C  L
V  I  V  L  R  P  E  T  O  H  C  E  P  L  O
```

10-04 ¡Fuera de lugar! Select the word that does not belong in each group.

1. a. la oreja   b. la cabeza   c. el oído   d. la espalda

2. a. el brazo   b. la boca   c. la muela   d. los dientes

3. a. la rodilla   b. la pierna   c. la garganta   d. el pie

4. a. el brazo   b. la lengua   c. la mano   d. los dedos

5. a. el corazón   b. los pulmones   c. el estómago   d. los dedos del pie

6. a. la aspirina   b. el jarabe   c. la radiografía   d. la pastilla

7. a. la fiebre   b. la tos   c. las náuseas   d. el hueso

8. a. el paciente   b. la receta   c. el examen físico   d. el diagnóstico

10-05 ¿Qué me recomienda usted? You are a doctor and recommend various courses of action to your patients. Match each health problem to the most appropriate advice or remedy.

Los problemas de los pacientes:

Los consejos del médico:
Le *aconsejo* a usted que…

1. Toso tanto que no puedo dormir. _____

a. vaya al hospital para una radiografía.

2. Creo que me rompí el brazo. _____

b. guarde cama por dos días.

3. Comí demasiado y me duele el estómago. _____

c. se tome un antiácido.

4. Me duele mucho la cabeza. _____

d. se tome dos aspirinas.

5. Creo que tengo un resfriado. _____

e. se tome un antibiótico por siete días.

6. Me duele mucho la garganta y tengo fiebre. _____

f. se tome un jarabe para la tos.

10-06 En el consultorio del médico. A friend of yours works in a doctor's office and loves to chat about what is happening there. Complete each sentence with the most appropriate word or expression from the word bank.

antibiótico	diagnóstico	hacer una cita	tomar la presión
dejar de fumar	dolor de cabeza	infección	tomarse la temperatura

1. Si alguien tiene un _____ , debe tomarse dos aspirinas.

2. Si alguien siente fiebre, debe _____ antes de llamar al médico.

3. Para tener un examen físico completo, es necesario _____ con el médico antes.

4. Una parte rutinaria (*routine*) del examen físico es _____ .

5. Después de examinar al paciente, el médico le da el _____ del problema.

6. A veces cuando el paciente está enfermo, el médico le receta un _____ .

7. A veces una _____ del oído puede resultar de nadar mucho en el mar o en la piscina.

8. Hay que _____ para no causar daño (*damage*) a los pulmones.

10-09 Preguntas médicas. You are initiating care at your university health center and are asked a few questions. Answer each question with a complete sentence in Spanish.

1. ¿Sigues los consejos del médico normalmente? ¿Por qué?

   _____ .

2. ¿A qué eres alérgico/a? ¿Qué tienes que hacer o no hacer como consecuencia?

   _____ .

3. ¿Te rompiste un hueso alguna vez? ¿Qué hueso y cuándo fue?

   _____ .

4. ¿Te duele alguna parte del cuerpo frecuentemente? ¿Qué parte y por qué?

   _____ .

5. ¿Haces una cita para un examen físico regularmente?

   _____ .

6. ¿Te dan miedo las inyecciones?

   _____ .

¡Así lo hacemos! Estructuras

1. Formal commands (Textbook p. 324)

10-10 **La médica y la enfermera (*nurse*).** A doctor gives instructions to a nurse about the medical treatments she wants different patients to receive. Match each drawing to the most appropriate treatment, based on the condition of the patient(s).

1. _____

2. _____

3. _____

4. _____

5. _____

a. Llévelos al técnico de radiografías.

b. Tráigale hielo para el pie.

c. Déle dos aspirinas.

d. Tómele la temperatura.

e. Recomiéndeles un buen antiácido.

Nombre: _____ Fecha: _____

10-12 Sugerencias. Sr. Muñoz is not in good health, and his doctor offers various suggestions to help improve it. Complete each suggestion with the *singular* formal command of the verb.

Modelo: *Trabaje* (trabajar) usted menos horas en la oficina.

1. _____ (dormir) usted al menos ocho horas cada noche.

2. No _____ (acostarse) usted tarde.

3. _____ (comer) más verduras y frutas frescas.

4. _____ (beber) ocho vasos de agua al día.

5. No _____ (tomar) mucho alcohol.

6. _____ (dejar) de fumar.

7. _____ (hacer) ejercicio regularmente.

8. _____ (pedir) un examen físico completo una vez al año.

10-13 El profesor de medicina. Professor Vargas teaches at a university hospital. Complete each of his recommendations to students with the *plural* formal command of the verb.

Modelo: *Lleguen* (llegar) ustedes temprano al consultorio todos los días.

1. _____ (tratar) ustedes bien a los pacientes.

2. _____ (hablar) ustedes mucho con los pacientes para entender bien sus problemas de salud.

3. _____ (estudiar) todos los síntomas de los pacientes.

4. _____ (consultar) con otro médico sobre los diagnósticos.

5. No _____ (recetar) antibióticos frecuentemente.

6. _____ (visitar) a los pacientes en el hospital dos veces al día.

7. _____ (leer) la investigación reciente sobre los avances en la medicina.

8. _____ (poner) siempre atención a todo.

10-14 El médico en prácticas. You are an intern at a hospital and need to ask two different medical professors for advice. One responds negatively to your questions, and the other responds affirmatively. Complete each of their responses with the *singular* formal command of the verb. When possible, be sure to use object pronouns to avoid repetition and follow the model closely.

Modelo: ¿Le tomo la presión al paciente?
Profesor 1: No, no *se la tome* usted.
Profesora 2: Sí, *tómesela* usted.

1. ¿Preparo el horario de trabajo?

   Profesor 1: No, no _____ usted.

   Profesora 2: Sí, _____ usted.

2. ¿Leo la radiografía?

   Profesor 1: No, no _____ usted.

   Profesora 2: Sí, _____ usted.

3. ¿Le pido los datos al paciente?

   Profesor 1: No, no _____ usted.

   Profesora 2: Sí, _____ usted.

4. ¿Les pongo más inyecciones a los pacientes?

   Profesor 1: No, no _____ usted.

   Profesora 2: Sí, _____ usted.

5. ¿Le repito el examen médico a la Señora López?

   Profesor 1: No, no _____ usted.

   Profesora 2: Sí, _____ usted.

6. ¿Le doy dos pastillas al niño?

   Profesor 1: No, no _____ usted.

   Profesora 2: Sí, _____ usted.

Nombre: _____   Fecha: _____

10-15 **Los consejos de los padres.** Teenage twins tell their parents about plans for some upcoming activities. Play the role of the parents by giving advice to the twins using *plural* formal commands in the negative or the affirmative. Give a different command for each activity.

Modelo: Vamos a nadar en el río (*river*).
           ¡Tengan mucho cuidado!

1. Vamos a comprar en el centro comercial.

   _____ .

2. Vamos a ver una película en el cine con nuestros amigos.

   _____ .

3. Vamos a una fiesta en casa de Antonio.

   _____ .

4. Vamos a jugar al voleibol en la playa.

   _____ .

5. Vamos a estudiar en la biblioteca.

   _____ .

2. The subjunctive to express feelings and emotions (Textbook p. 327)

10-16 **Los sentimientos de los padres.** Parents inevitably experience strong emotions when it comes to their children, including happiness, fear, and regret. Complete each sentence with the present subjunctive form of the verb.

Modelo: Los padres *lamentan* que sus hijos no los *visiten* (visitar) más frecuentemente.

A. Los padres *se alegran de* que sus hijos...

1. _____ (tener) buena salud.

2. no _____ (ser) alérgicos ni a comidas ni a medicinas.

3. _____ (seguir) los consejos del médico.

B. Los padres *temen* que sus hijos...

4. _____ (romperse) un hueso.

5. _____ (lastimarse) en un accidente.

6. _____ (enfermarse) seriamente.

C. Los padres *lamentan* que sus hijos...

7. no _____ (cuidarse) mejor.

8. no _____ (estar) contentos siempre.

9. no _____ (vivir) más cerca.

10-17 Buenos deseos para un viaje. María Ángeles and her friends are going on a trip to Bolivia. She doesn't have much travel experience and is a little nervous. In an e-mail to her sister, she expresses her good wishes for the trip. Complete each one with the present subjunctive form of the verb.

1. ¡*Ojalá* que no _____ (haber) problemas con los vuelos!

2. ¡*Ojalá* que nosotros _____ (conocer) a personas simpáticas!

3. ¡*Ojalá* que nosotros _____ (ver) muchos lugares interesantes!

4. ¡*Ojalá* que nos _____ (gustar) la comida!

5. ¡*Ojalá* que nosotros no _____ (ponerse) enfermos durante el viaje!

6. ¡*Ojalá* que nosotros _____ (divertirse) mucho!

10-18 Tres amigas como equipo. Pedro has three friends who are training for a triathlon. He is very proud of them and writes about it in his blog. Complete each sentence with the correct form of the verb, either in the infinitive, the present indicative, or the present subjunctive, according to the context.

Mariana, Rosa y Paula llevan meses preparándose para un triatlón (*triathlon*). *Están contentas* de

(1) _____ (poder) participar en el evento como equipo para contribuir fondos (*funds*) a la

lucha (*fight*) contra la leucemia (*leukemia*). *Es bueno* que cada una de ellas (2) _____ (tener)

algún talento en uno de los tres deportes del triatlón. Mariana *espera* (3) _____ (nadar)

bien para su equipo. Rosa va a montar en bicicleta, aunque *tiene miedo de* que esa mañana

(4) _____ (llover) y que (5) _____ (ser) más complicado montar.

Mariana y Rosa *se alegran de* que Paula (6) _____ (querer) correr para el equipo, porque es

rápida. Paula *lamenta* que le (7) _____ (doler) las rodillas últimamente (*lately*) y que su

carrera (*race*) no (8) _____ (poder) ser su mejor. En fin, *es fantástico* que estas tres amigas

(9) _____ (participar) juntas (*together*) en el triatlón. Todos *dicen* que

(10) _____ (ir) a ser un gran evento con muchas personas y mucha energía.

10-20 La salud de tu familia. What are your feelings regarding your own family's health? Write five complete sentences in Spanish, using a different expression for each main clause. Some possible expressions are provided for you. Remember that if the subject of the dependent clause is different from the subject of the main clause, you need to conjugate the dependent verb in the present subjunctive.

Me alegro de que…	*Tengo miedo de* que…	*Me molesta* que…	*Espero* que…	*Lamento* que…
Me enoja que…	*Es fantástico* que…	*Es una lástima* que…	*Es malo* que…	

Modelo: *Tengo miedo de que mi hermano se lastime haciendo alpinismo.*

1. _____ .

2. _____ .

3. _____ .

4. _____ .

5. _____ .

10-21 ¿Qué esperas? What do you hope will happen or not happen this year? Write five different complete sentences in Spanish, beginning each one with **¡Ojalá (que)…!**. Remember to conjugate each dependent verb in the present subjunctive.

Modelo: *¡Ojalá que la salud de mi hermano se mejore!*

1. _____ .

2. _____ .

3. _____ .

4. _____ .

5. _____ .

¿Cuánto saben? (Textbook p. 329)

10-22 ¿Saben usar los mandatos formales? Mariana wrote some simple guidelines for friends and family about how to live a good life. Complete each one with the *plural* formal command of the verb. Remember that object pronouns are placed before a negative command and attach to the end of an affirmative one, creating the need for a written accent mark.

Modelo: No *se vayan* (irse) de casa sin despedirse de los demás (*others*).

1. _____ (lavarse) bien las manos antes de comer.

2. No _____ (olvidarse) de tomar mucha agua diariamente.

3. _____ (ponerse) loción para protegerse (*protect yourselves*) del sol.

4. _____ (levantarse) a la misma hora todos los días.

5. No _____ (acostarse) muy tarde.

6. No _____ (enojarse) con el mundo (*world*).

7. _____ (divertirse) frecuentemente para controlar el estrés (*stress*).

8. _____ (alegrarse) siempre de tener buena salud y amor.

10-23 ¿Saben usar el presente de subjuntivo para expresar sentimientos y emociones? Patricio found out that his grandfather is ill and sent a brief e-mail to his aunt who is caring for him. Complete each sentence with the correct form of the verb, either in the infinitive or the present subjunctive, according to the context.

Querida Tía,

Lamento mucho que el abuelo (1) _____ (estar) enfermo. *Espero* que

(2) _____ (guardar) cama y que (3) _____ (tomar) la medicina que

le recetó el médico. Como el abuelo no tiene buena opinión de los médicos, *tengo miedo de* que él no

(4) _____ (seguir) bien los consejos. *Ojalá* que (5) _____ (mejorarse)

pronto. *Espero* (6) _____ (poder) visitarlo muy pronto.

Abrazos, Patricio

Perfiles (Textbook p. 330)

Mi experiencia: La medicina tradicional en Bolivia

10-27 **Según Rosario Domínguez.** Reread this section of your textbook and give the best answer to complete each statement. Not all expressions in the word bank will be used.

aprender	calmante	moderna	té de coca
benéfico	internado	Octavia	tradicional

1. Rosario, una estudiante universitaria de antropología biológica en Toronto, hace un

   _____ en Bolivia con la Organización Panamericana de la Salud (OPS).

2. En Bolivia, Rosario quiere ayudar a las personas y _____ más sobre la medicina tradicional.

3. Los habitantes del pueblo boliviano donde trabaja Rosario practican y creen mucho en la medicina

   _____ .

4. Rosario probó con éxito (*success*) un _____ para su dolor de cabeza.

5. Rosario y sus colegas van a organizar un concierto _____ para recaudar fondos para la comunidad.

6. Va a tocar _____ , una banda boliviana de música rock que es la más popular del país en este momento.

Mi música: "Viaje" (Octavia, Bolivia)

10-28 **Asociar datos.** Read about this group in your textbook and follow the directions to listen to the song on the Internet. Then match each item with the best description.

1. Octavia _____

2. la música de Octavia _____

3. el instrumento de Omar _____

4. el instrumento de Jimbo _____

5. el tema de "Viaje" _____

6. el ritmo de "Viaje" _____

a. la zampoña, compuesta de (*made up of*) varias flautas de diferentes larguras (*lengths*)

b. el valor del hogar (*home*) y de uno mismo (*oneself*)

c. expresa el orgullo (*pride*) cultural boliviano

d. grupo musical boliviano

e. vivo y alegre

f. la voz, como cantante principal del grupo

Nombre: _____   Fecha: _____

Segunda parte

¡Así lo decimos! Vocabulario (Textbook pp. 332–333)

Los alimentos

10-29 ¡Así es la vida! Reread the brief dialog in your textbook and indicate whether each statement is **cierto**, **falso**, or **No se sabe** (*unknown*).

1. Los estudiantes en la clase tienen que saber la anatomía humana.   Cierto   Falso   No se sabe.

2. La profesora les hace una pregunta sobre la dieta.   Cierto   Falso   No se sabe.

3. Nadie menciona la importancia de las proteínas en la dieta.   Cierto   Falso   No se sabe.

4. Ronaldo hace una distinción entre los carbohidratos buenos y los malos.   Cierto   Falso   No se sabe.

5. La profesora prefiere la tercera respuesta.   Cierto   Falso   No se sabe.

6. Los estudiantes en la clase quieren ser médicos.   Cierto   Falso   No se sabe.

10-30 Los alimentos. We all need to understand nutrition in order to make sound choices. Match each category to the foods or beverages that typify it.

1. las proteínas _____

2. los carbohidratos complejos _____

3. el calcio y los productos lácteos (*dairy*) _____

4. la fibra _____

5. las grasas mono y poliinsaturadas _____

6. los carbohidratos sencillos _____

7. las grasas saturadas _____

8. las bebidas alcohólicas _____

a. la cerveza y el vino

b. el aceite de oliva y el aguacate (*avocado*)

c. la leche y el yogur

d. el pollo y el pescado

e. la mantequilla y el tocino (*bacon*)

f. los cereales y el pan integral (*whole grain*)

g. el jugo de naranja y las galletas

h. la pasta y las papas al horno

10-31 El bienestar. Miguel Ángel is interested in health and wellness and likes to quiz others on important concepts. Select all items that accurately complete each statement.

1. Si alguien desea adelgazar, necesita eliminar _____ de su dieta.
   a. las frutas
   b. las grasas saturadas
   c. la fibra

2. Para bajar de peso y ponerse en forma, hay que _____ .
   a. engordar
   b. hacer ejercicio
   c. seguir una dieta razonable (*reasonable*)

3. Para mantenerse en forma, es bueno _____ .
   a. guardar la línea
   b. hacer ejercicios aeróbicos
   c. comer comida chatarra

4. Para subir de peso de manera saludable (*healthy*), se necesita _____ .
   a. levantar pesas
   b. adelgazar
   c. comer proteínas sin grasas

5. Una dieta con un exceso de _____ puede causar problemas para el corazón.
   a. antioxidantes
   b. colesterol
   c. grasas transformadas

6. Las frutas y las verduras de colores vivos y con mucha vitamina A y C son alimentos ricos en antioxidantes. Algunos ejemplos incluyen _____ .
   a. los tomates
   b. las zanahorias
   c. las fresas

7. Una persona que padece de diabetes debe evitar _____ .
   a. las bebidas alcohólicas
   b. los dulces
   c. el sobrepeso

8. Para cuidarse bien, es necesario _____ .
   a. minimizar el estrés
   b. fumar cigarrillos
   c. comer una dieta sana (*wholesome*)

10-32 Los alimentos del menú. You and a friend are having lunch at the restaurant **El boliviano**. Your friend needs to start following a stricter diet and asks you to help identify foods in the following categories. Based on the restaurant menu, identify two to three items per category.

El boliviano
Menú del día

carnes
bistec
jamón
pollo (asado/a la parrilla)

pescados y mariscos
camarones
filete de pescado
langosta

Otros
arroz
ensalada
frijoles
pan tostado

postres
flan
galletas
helado
tarta de limón
torta de chocolate

bebidas
café con leche
café solo
cerveza
leche
limonada
té
vino (tinto/blanco)

verduras
lechuga
maíz
papas (patatas [*Sp.*])
papas fritas
tomate
zanahorias

frutas
banana
manzana
naranja
toronja
uvas

1. Alimentos ricos en proteínas: _____

2. Alimentos ricos en carbohidratos complejos: _____

3. Alimentos ricos en fibra: _____

4. Alimentos ricos en calcio: _____

5. Alimentos ricos en antioxidantes: _____

6. Dulces: _____

10-35 Preguntas sobre el bienestar. You are interested in exercise sessions with a personal trainer and are asked a few questions. Answer each question truthfully with a complete sentence in Spanish.

1. ¿Te mantienes en forma generalmente? ¿Qué tipo de ejercicio haces?

   _____ .

2. ¿Qué tipo de alimentos comes? ¿Por qué?

   _____ .

3. ¿Qué tipo de alimentos no comes? ¿Por qué?

   _____ .

4. ¿Quieres mantener tu peso actual (*present*), o prefieres adelgazar o engordar? ¿Por qué?

   _____ .

5. ¿Qué más haces o no haces para cuidarte?

   _____ .

¡Así lo hacemos! Estructuras

3. The subjunctive to express doubt and denial (Textbook p. 337)

10-38 Preocupaciones (*worries*). Margarita worries a lot about health problems, and her doctor frequently reassures her that she and others do not have what she fears. Complete each statement by the doctor with the present subjunctive form of the verb.

Modelo: *No es verdad* que usted *tenga* (tener) el colesterol alto.

1. *No pienso* que usted y su esposo _____ (padecer) de diabetes.

2. *No creo* que usted _____ (necesitar) antibióticos.

3. *Niego* que usted _____ (respirar) mal.

4. *No es cierto* que su hijo _____ (ser) alérgico a estos alimentos.

5. *Es dudoso* que su hijo _____ (romperse) un hueso montando en bicicleta.

6. *Dudo* que el examen físico _____ (ir) a ser largo o difícil.

10-39 Quizás... Marcos and his wife Liliana would like to improve their health but find it difficult to fully commit to the process. Complete each of their statements with the *nosotros* form of the verb in the present subjunctive.

Modelo: *Quizás* nosotros *hagamos* (hacer) más ejercicio este mes.

1. *Quizás* nosotros _____ (ir) al gimnasio todas las mañanas.

2. *Quizás* nosotros _____ (levantar) pesas en el gimnasio.

3. *Quizás* nosotros _____ (ponerse) en forma.

4. *Tal vez* nosotros _____ (dejar) de fumar.

5. *Tal vez* nosotros no _____ (comer) tanta grasa.

6. *Tal vez* nosotros _____ (adelgazar).

10-40 Ideas erróneas. Guillermo makes many unfounded statements about nutrition and fitness. Set him straight by expressing denial or doubt about his ideas. Complete each sentence by turning Guillermo's main clause into a dependent clause with the verb in the present subjunctive. Follow the model closely.

Modelo: Hay mucho calcio en el pescado.
          No es cierto que *haya mucho calcio en el pescado.*

1. La carne tiene poca grasa.

   No es cierto que _____ .

2. Los dulces adelgazan.

   No es verdad que _____ .

3. El sobrepeso es bueno para la salud.

   Es dudoso que _____ para la salud.

4. Los ejercicios aeróbicos engordan.

   No creo que _____ .

5. Todos se mantienen en forma.

   No pienso que _____ en forma.

10-41 Opiniones opuestas. María disagrees with everything that her husband Carlos says. Play the role of María and change Carlos's statements either from affirmative to negative or from negative to affirmative. Be sure to change each verb conjugation to the subjunctive or the indicative accordingly, and follow the model closely.

Modelo: Carlos: *Creo* que nosotros comemos muchos dulces.
María: *No creo que nosotros comamos muchos dulces.*

1. Carlos: *Pienso* que el estrés tiene solución.

   María: _____ .

2. Carlos: *No dudo* que adelgazar es difícil.

   María: _____ .

3. Carlos: *Creo* que mis padres están a dieta.

   María: _____ .

4. Carlos: *Dudo* que mi madre guarde cama.

   María: _____ .

5. Carlos: *No pienso* que el médico sepa mucho.

   María: _____ .

6. Carlos: *Es dudoso* que nosotros hagamos ejercicio.

   María: _____ .

10-42 La salud de mi familia. Teresa wrote a blog entry about the health and wellness of her family. Select the verb form, either the infinitive, the present indicative, or the present subjunctive, that correctly completes each sentence, according to the context.

Tengo muchas opiniones sobre el bienestar de mi familia. Por lo general, *creo* que todos nosotros (1) [a. cuidarse /

b. nos cuidamos / c. nos cuidemos] bastante bien. Mi esposo y yo *pensamos* que (2) [a. ser / b. es / c. sea] muy

importante mantenerse en forma. Hacemos mucho ejercicio y comemos una dieta sana (*wholesome*). Mis

hermanos también *están seguros de* (3) [a. querer / b. quieren / c. quieran] una vida (*life*) de buena salud. Hacen

citas regulares con el médico, aunque *no creo* que (4) [a. hacer / b. hacen / c. hagan] ejercicio tan regularmente

como deben. *Pienso* que mis padres (5) [a. tener / b. tienen / c. tengan] mucha influencia sobre la salud de la

familia. Con más de setenta años cada uno, *es increíble* que mi madre todavía (*still*) (6) [a. correr / b. corre /

c. corra] y que mi padre (7) [a. jugar / b. juega / c. juegue] al golf, casi todos los días. ¡*Es cierto* que los dos

(8) [a. ser / b. son / c. sean] una inspiración para muchos!

10-44 **Tus ideas.** A family member wants to know your thoughts about the health and well-being of others in the family. Share your ideas by completing each sentence with an appropriate verb form, either in the infinitive, the present indicative, or the present subjunctive, according to each context. Use a different verb in each sentence.

Modelos: Dudo *poder dejar de fumar.*
          Dudo que *mi madre padezca de diabetes.*

1. *Creo* que _____ .

2. *No creo* que _____ .

3. *Dudo* _____ .

4. *Dudo* que _____ .

5. *Es verdad* que _____ .

6. *No es cierto* que _____ .

¿Cuánto saben? (Textbook p. 342)

10-45 **¿Saben usar el presente de subjuntivo para expresar duda o negación?** Dr. Rodríguez is writing some medical notes to himself. Select the correct verb form, either the infinitive, the present indicative, or the present subjunctive, to complete each of his sentences.

1. *Estoy seguro de* que el Sr. Morales [a. cuidarse / b. se cuida / c. se cuide] bien.

2. *Es dudoso* que la Sra. Vargas [a. hacer / b. hace / c. haga] ejercicio regularmente.

3. *Pienso* que sus hijos [a. deber / b. deben / c. deban] seguir una dieta con menos azúcar.

4. *No estoy seguro de* [a. tener / b. tengo / c. tenga] suficientes datos sobre el paciente.

5. *Dudo* que nosotros [a. necesitar / b. necesitamos / c. necesitemos] operarle.

6. *No creo* que los Srs. Martínez [a. padecer / b. padecen / c. padezcan] del colesterol alto.

7. *Es cierto* que el número de personas con diabetes [a. subir / b. sube / c. suba].

8. *Es increíble* [a. poder / b. puede / c. pueda] ayudar a otras personas.

10-46 ¿Saben varios usos del presente de subjuntivo? Rafael is writing a letter to his mother about his upcoming plans for the summer. Complete each sentence of his letter below with the correct form of the verb, either in the infinitive, the present indicative, or the present subjunctive, according to the context.

¡Estoy muy contento de que las clases (1) _____ (terminar, *to end*) y que

(2) _____ (empezar) las vacaciones de verano! *Espero* (3) _____ (pasar)

mucho tiempo haciendo ejercicio para ponerme en mejor forma. Padezco de mucho estrés durante el año

académico y *necesito* (4) _____ (controlar) la presión y el peso. El médico *no cree* que yo

(5) _____ (tener) graves problemas de salud, pero *pienso* que (6) _____ (ser)

preciso cuidarse. Voy a hacer mucho deporte y comer bien. *Prefiero* (7) _____ (montar) en

bicicleta y *quiero* que mi amigo Rogelio (8) _____ (ir) conmigo. *Quizás* nosotros

(9) _____ (practicar) natación también. *¡Ojalá* que (yo) (10) _____ (estar)

en buena forma para el final del verano!

Nuestro mundo

Panoramas: Bolivia y Paraguay: riquezas por descubrir (Textbook p. 344)

10-54 ¡A informarse! Based on information from **Panoramas**, decide if each statement is **cierto** or **falso**.

1.	Bolivia es un país con montañas donde es fácil vivir.	Cierto	Falso
2.	El salar de Uyuni es un lago seco lleno de sal en Bolivia.	Cierto	Falso
3.	El salar de Uyuni tiene grandes reservas de litio que atraen industrias.	Cierto	Falso
4.	La Santísima Trinidad de Paraná es una misión moderna en Paraguay.	Cierto	Falso
5.	El embalse de Itaipú se encuentra en el río Paraná entre Paraguay y Brasil.	Cierto	Falso
6.	Toda la electricidad consumida en Paraguay viene del embalse de Itaipú.	Cierto	Falso
7.	José Luis Félix Chilavert González es un futbolista boliviano.	Cierto	Falso
8.	La población de Bolivia es más grande que la de Paraguay.	Cierto	Falso
9.	En Bolivia se hablan tres lenguas: el español, el quechua y el aimara.	Cierto	Falso
10.	En Paraguay se hablan tres lenguas: el español, el quechua y el guaraní.	Cierto	Falso

10-55 **La geografía de Bolivia y Paraguay.** Complete each sentence with the best response, based on the map.

1. Las dos ciudades de _____ se indican como capitales en el mapa de Bolivia.
   a. Sucre y La Paz
   b. Potosí y La Paz
   c. Sucre y Potosí

2. La capital oficial de Bolivia es Sucre, aunque _____ es la sede (*seat*) del gobierno.
   a. Santa Cruz
   b. La Paz
   c. Potosí

3. La capital de Paraguay es _____ .
   a. Ciudad del Este
   b. Asunción
   c. Filadelfia

4. _____ tiene costa en el océano Pacífico.
   a. Bolivia
   b. Paraguay
   c. Ni Bolivia ni Paraguay

5. Los Andes pasan por _____ .
   a. Bolivia
   b. Paraguay
   c. Bolivia y Paraguay

6. El lago Titicaca se encuentra entre los países de _____ .
   a. Bolivia y Paraguay
   b. Paraguay y Brasil
   c. Bolivia y Perú

7. El río Paraguay pasa por _____ .
   a. Paraguay
   b. Brasil y Paraguay
   c. Bolivia y Paraguay

8. El río Paraná forma la frontera (*border*) _____ de Paraguay.
   a. sureña
   b. norteña
   c. occidental

Páginas: "La azucena del bosque" (Mito guaraní) (Textbook p. 346)

10-56 ¿Cierto o falso? Based on information from the **Páginas** section of the text, decide if each statement is **cierto** or **falso**.

1. Los dioses Tupá e I-Yara cooperaron para crear a dos hombres, llamados Pitá y Morotí, y a dos mujeres. Cierto Falso

2. Las familias de Pitá y de Morotí comían los frutos de la selva para vivir. Cierto Falso

3. Un día las dos mujeres descubrieron (*discovered*) el delicioso sabor de la carne animal. Cierto Falso

4. Las familias crearon armas para cazar y comer más animales. Cierto Falso

5. Nunca salieron problemas entre las familias. Cierto Falso

6. Tupá no estaba contento con las familias y causó un gran terremoto (*earthquake*) para matarlos (*kill them*). Cierto Falso

7. I-Yara bajó a la Tierra para comunicarles un mensaje de paz y de amor. Cierto Falso

8. I-Yara habló en contra de la ingratitud y de la envidia. Cierto Falso

9. Pitá y Morotí se abrazaron (*hugged each other*) y se transformaron en una montaña. Cierto Falso

10. La unión corporal de Pitá y de Morotí simboliza la paz entre hermanos. Cierto Falso

Taller (Textbook p. 348)

10-57 Tus opiniones sobre la salud, la dieta y el ejercicio. Write a paragraph stating your opinions, beliefs, and feelings about health, diet, and exercise as they pertain to you or a loved one. Be sure to use correct verb forms in the infinitive, the present indicative, or the present subjunctive, according to the context.

Modelo: *Creo que es muy importante cuidarse. Lamento mucho que mi hermano Rafael no se cuide mejor. Rafael come alimentos con muchas grasas saturadas, como el bistec y las hamburguesas. Ahora él padece de...*

_____

_____

_____

_____

_____

_____

_____

_____

_____

_____

11

¿Para qué profesión te preparas?

Primera parte

¡Así lo decimos! Vocabulario (Textbook pp. 352–353)

Los oficios y las profesiones

11-01 ¡Así es la vida! Reread the brief dialogs in your textbook and indicate whether each statement is **cierto**, **falso**, or **No se sabe** (*unknown*).

1. Estas personas están en una oficina de empleo.   Cierto   Falso   No se sabe.

2. El recepcionista no acepta ningún currículum vítae en estos momentos.   Cierto   Falso   No se sabe.

3. La doctora Messi prefiere trabajar a tiempo parcial.   Cierto   Falso   No se sabe.

4. Angélica, la obrera de construcción, está preocupada por sus beneficios.   Cierto   Falso   No se sabe.

5. Sergio le sugiere que acepte cualquier (*any*) sueldo, incluso el sueldo mínimo.   Cierto   Falso   No se sabe.

6. Angélica consigue un buen puesto de trabajo.   Cierto   Falso   No se sabe.

11-02 **Los oficios y las profesiones.** Match each drawing with the occupation or profession that it depicts.

 1. _____

 5. _____

 2. _____

 6. _____

 3. _____

 7. _____

 4. _____

 8. _____

a. la bombera

b. la arquitecta

c. la enfermera

d. el plomero

e. la peluquera

f. el analista de sistemas

g. el cartero

h. la cocinera

11-03 Más oficios, profesiones y cargos. Find these ten words related to occupations, professions, and positions in the following word search. Be sure to look for words horizontally, vertically, and diagonally, both forward and backward.

contador	gerente	intérprete	periodista	veterinario
director	ingeniero	jefe	secretario	viajante

S	I	M	V	E	T	E	R	I	N	A	R	I	O	B
C	B	O	P	L	A	V	I	J	A	I	M	U	L	B
O	C	É	R	O	T	L	C	A	M	N	B	Y	P	U
N	E	B	L	E	T	N	E	R	E	G	M	U	R	D
T	F	D	O	V	S	I	M	T	L	E	P	T	O	M
A	G	I	M	T	I	D	R	A	R	N	B	E	O	L
D	I	R	F	E	N	A	F	É	J	I	C	R	T	A
O	M	E	D	L	T	C	J	R	L	E	V	U	R	I
R	P	C	O	Z	É	U	M	A	O	R	B	T	I	M
E	C	T	A	L	R	I	B	A	N	O	F	É	G	P
L	B	O	N	I	P	L	O	S	D	T	L	J	P	O
O	M	R	I	D	R	A	L	E	P	S	E	F	E	J
B	L	O	N	R	E	C	U	N	O	T	R	É	S	G
I	N	G	P	A	T	S	I	D	O	I	R	E	P	I
É	S	E	C	R	E	T	A	R	I	O	G	E	F	N
S	E	D	T	A	R	P	N	I	É	F	L	O	P	A

11-04 Conceptos relacionados. Match each occupation or profession with the most logically associated activity.

1. el/la arquitecto/a _____

2. el/la bombero/a _____

3. el/la carpintero/a _____

4. el/la cartero/a _____

5. el/la dentista _____

6. el/la enfermero/a _____

7. el/la mecánico/a _____

8. el/la psicólogo/a _____

9. el/la veterinario/a _____

10. el/la viajante _____

a. vender productos y trabajar a comisión

b. curar los animales

c. cuidar a las personas con problemas médicos

d. escuchar y ayudar con los problemas personales

e. reparar los dientes

f. reparar carros

g. repartir el correo

h. apagar incendios

i. diseñar edificios

j. construir (*to construct*) objetos y edificios

11-05 Expresiones de trabajo. Jorge is sharing his thoughts about the workplace with his little brother. Complete each sentence with the most appropriate word or expression from the word bank.

cualificaciones	empresa	formación	salario
desempleo	entrenamiento	meta	trabajar a tiempo completo

1. Mi _____ es conseguir un buen puesto de trabajo con beneficios.

2. Para conseguir un buen puesto hoy en día, es importante tener una _____ universitaria.

3. Normalmente los empleados nuevos pasan por un programa de _____ antes de empezar a trabajar.

4. Un horario de trabajo de cuarenta horas a la semana es _____ .

5. Normalmente un/a viajante no tiene un _____ fijo (*fixed*) cuando trabaja a comisión.

6. Un/a director/a consigue su puesto porque tiene buenas _____ .

7. El/la jefe/a ejecutivo/a de una gran _____ tiene muchas responsabilidades.

8. Cuando muchas personas están en paro, hay una tasa (*rate*) de _____ alta.

Nombre: _____   Fecha: _____

11-08 **Preguntas sobre tu carrera.** You are at your university's career counseling center and are asked to fill out a preliminary questionnaire. Answer each question with a complete sentence in Spanish.

1. ¿Para qué oficio o profesión te preparas?

   _____.

2. ¿Qué tipo de formación necesitas para ese oficio o esa profesión?

   _____.

3. ¿Qué actividades de trabajo son típicas para ese oficio o esa profesión?

   _____.

4. En tu opinión, ¿cuáles son las ventajas y desventajas de ese oficio o esa profesión?

   _____.

5. ¿Qué horario de trabajo prefieres tener? ¿Por qué?

   _____.

¡Así lo hacemos! Estructuras

1. *Tú* commands (Textbook p. 356)

11-09 **Los mandatos del/de la jefe/a.** What commands might each of these professionals receive from a boss? Match each drawing with the **tú** commands most likely directed at that individual.

1.   la mujer de negocios _____

4.   la periodista _____

2.   el contador _____

5.   el psicólogo _____

3.   el intérprete _____

6.   el obrero de construcción _____

a. Trabaja cuidadosamente. ¡No hagas errores matemáticos!

b. Bebe mucha agua porque hoy hace calor. Termina el trabajo a tiempo, ¡pero no te lastimes!

c. Concéntrate mucho. No añadas ni frases ni ideas nuevas al diálogo.

d. Vende mucho, pero sé diplomática con los clientes. ¡No llegues tarde a tus citas con ellos!

e. Ofrece consejos razonables. Ten compasión para tus clientes, ¡pero no seas su amigo!

f. Investiga bien y comunica claramente con el público. No le des información incorrecta.

11-10 **En esta empresa.** A friend of yours has just been hired at the company where you work. Use **tú** commands to give him advice, based on the verbs in parentheses.

Modelo: *Contesta* (contestar) los correos electrónicos enseguida.

1. _____ (escribir) formal y correctamente.

2. _____ (hablar) sinceramente.

3. _____ (llegar) a la oficina temprano.

4. _____ (hacer) todo el trabajo a tiempo.

5. _____ (seguir) el horario indicado en el calendario.

6. _____ (ser) simpático con el director.

7. _____ (recordar) los valores (*values*) y las prioridades de la empresa.

8. _____ (ir) a la oficina de la secretaria para hablar de un plan de retiro (*retirement*).

11-11 **Tu jefe.** You have a boss who likes to tell you what *not* to do. Complete his negative **tú** commands with the correct form of each verb in parentheses.

Modelo: No *trabajes* (trabajar) menos de cuarenta horas a la semana.

1. No _____ (leer) tu correo electrónico personal durante las horas de trabajo.

2. No _____ (hablar) por teléfono con tus amigos tampoco.

3. No _____ (comer) meriendas en la oficina.

4. No _____ (poner) los pies sobre la mesa cuando hay clientes en la oficina.

5. No _____ (venir) a la oficina en ropa vieja y sucia.

6. No _____ (empezar) tu trabajo tarde.

7. No _____ (salir) de la oficina temprano.

8. No _____ (pedir) un aumento (*raise*) de sueldo.

11-12 **Rosalía y su abuelo.** Rosalía is about to begin job hunting, and don Pepe, her grandfather, gives her some advice. Complete his affirmative and negative **tú** commands with the correct form of each verb in parentheses.

Modelo: *Presenta* (presentar) tus cualificaciones claramente y no *pongas* (poner) énfasis en tus defectos.

1. _____ (decir) la verdad sobre tu formación y tu experiencia y no

_____ (perder) el contacto ocular (*eye*).

2. _____ (pedir) un buen salario y no _____ (trabajar) a comisión.

3. _____ (hacer) preguntas sobre los beneficios del puesto y no

_____ (tener) miedo de pedir más información.

4. _____ (ser) amigable (*friendly*) y positiva y no _____ (decir) nada

negativo sobre nadie.

5. Y más que nada, _____ (tener) metas profesionales, pero no

_____ (vivir) exclusivamente para el trabajo.

11-13 Más de un supervisor. You are a new employee at an office supply store and you report to two different supervisors. One supervisor responds affirmatively to your questions, while the other responds negatively. Complete each of their responses with the correct **tú** command form of the verb. When possible, be sure to use object pronouns to avoid repetition and follow the model closely.

Modelo: ¿Preparo los horarios de trabajo?
               Supervisora 1:   Sí, *prepáralos.*
               Supervisor 2:   No, no *los prepares.*

1. ¿Limpio los pasillos?

    Supervisora 1:   Sí, _____ .

    Supervisor 2:   No, no _____ .

2. ¿Abro esas cajas (*boxes*) de papel?

    Supervisora 1:   Sí, _____ .

    Supervisor 2:   No, no _____ .

3. ¿Ayudo a los otros empleados con las fotocopias?

    Supervisora 1:   Sí, _____ con las fotocopias.

    Supervisor 2:   No, no _____ con las fotocopias.

4. ¿Les pido identificación a todos los clientes?

    Supervisora 1:   Sí, _____ .

    Supervisor 2:   No, no _____ .

5. ¿Le doy un descuento especial a esta señora?

    Supervisora 1:   Sí, _____ .

    Supervisor 2:   No, no _____ .

11-14 **Los consejos de los padres.** A young university student shares some of his career plans with his parents. Play the role of the parents by giving him advice using **tú** commands in the affirmative or the negative. Give a different command for each activity.

Modelo: Voy a trabajar en el centro de Manhattan.
             ¡Ten mucho cuidado!

1. Quiero ganar mucho dinero.

    _____ .

2. No necesito tener beneficios.

    _____ .

3. Quiero usar el español en mi trabajo.

    _____ .

4. Voy a buscar un puesto con muchas responsabilidades.

    _____ .

5. Voy a viajar a otros países como parte de mi trabajo.

    _____ .

2. The subjunctive and the indicative with adverbial conjunctions (Textbook p. 359)

11-16 **Un puesto de trabajo nuevo.** Adriana currently has a good job with a great boss. She recently received a new job offer, which she is considering. Complete each of her statements with the present subjunctive or the infinitive form of the verb, according to the context.

Modelo: No voy a considerar otra oferta *sin que* la empresa *permita* (permitir) un horario de trabajo flexible.

1. La nueva empresa ofrece buenos beneficios *para que* sus puestos _____ (ser) más atractivos.

2. No quiero aceptar un puesto nuevo *a menos que* me _____ (pagar) más dinero que mi puesto actual (*current*).

3. No quiero dejar mi puesto actual *sin* _____ (hablar) con mi jefa.

4. Voy a hablar con mi jefa *a fin de que* ella _____ (saber) de la nueva oferta (*offer*).

5. No pienso aceptar la nueva oferta *antes de que* ella _____ (tener) la oportunidad de responder.

6. Voy a esperar la respuesta de mi jefa *antes de* _____ (tomar) una decisión final.

11-17 Las metas de Gabriel. Gabriel is a passionate language learner and has many personal and professional goals. Complete each of his statements with the present indicative, the present subjunctive, or the infinitive form of the verb, according to the context.

Modelo: Quiero seguir aprendiendo *hasta que* yo *sepa* (saber) diez lenguas diferentes.

1. *Cuando* yo _____ (aprender) sobre otras lenguas y culturas, me siento muy feliz.

2. *En cuanto* yo _____ (llegar) a casa todos los días, veo películas de otros países.

3. Siempre escribo palabras nuevas *mientras que* _____ (escuchar) el diálogo de los actores.

4. Quiero ser intérprete *después de* _____ (terminar) mis estudios universitarios en español, francés y chino.

5. Voy a recibir entrenamiento en una escuela especial *hasta que* _____ (tener) las cualificaciones necesarias para conseguir un buen puesto de trabajo.

6. Quiero trabajar para una empresa internacional *tan pronto como* _____ (ser) posible.

7. Voy a viajar a muchos países diferentes *en cuanto* _____ (poder).

8. *Cuando* _____ (estar) al final de mi carrera, sé que voy a estar muy contento con mis decisiones profesionales.

11-18 Los ideales de Alicia. Alicia has strong ideals and is determined to find a good job. Complete each of her statements with the present indicative, the present subjunctive, or the infinitive form of the verb, according to the context.

Yo soy idealista y voy a ser contadora. *Cuando* (1) _____ (querer) algo, normalmente lo consigo.

Deseo encontrar un buen trabajo *tan pronto como* (2) _____ (poder). Primero, voy a contactar con

muchas empresas *para que* los gerentes me (3) _____ (conocer) en persona. Voy a llevar copias de mi

currículum vítae *a fin de que* me (4) _____ (recordar) luego. *Después de que* algunos gerentes me

(5) _____ (llamar), voy a recibir varias ofertas (*offers*) de trabajo. Voy a estar contenta *con tal que*

algún puesto (6) _____ (pagar) bien y (7) _____ (permitir) un horario de trabajo

flexible. También voy a necesitar buenos beneficios *para* (8) _____ (estar) satisfecha (*satisfied*).

11-20 Miguel en su trabajo. Using the adverbial conjunctions in parentheses, combine each pair of statements to discover what Miguel does at work and how he thinks about it. The verb in the dependent clause needs to be in the present indicative, the present subjunctive, or the infinitive form, based on the context. Follow the model closely.

Modelo: Miguel va a ir a casa. Sale del trabajo. (*después de (que)*)
           Miguel va a ir a casa *después de salir del trabajo.*

1. Normalmente, Miguel llega a la oficina. Son las ocho de la mañana. (*cuando*)

   Normalmente, Miguel llega a la oficina _____ .

2. Él siempre habla con su jefe. Llega a la oficina. (*tan pronto como*)

   Él siempre habla con su jefe _____ .

3. Busca un café. Se sienta en su escritorio. (*antes de (que)*)

   Busca un café _____ .

4. Hoy Miguel va a tener un día tranquilo. Pasa algo nuevo. (*a menos que*)

   Hoy Miguel va a tener un día tranquilo _____ .

5. Va a trabajar. Tiene 65 años. (*hasta que*)

   Va a trabajar _____ .

6. Miguel va a seguir contento en la empresa. Le suben el sueldo cada año. (*con tal de que*)

   Miguel va a seguir contento en la empresa _____ .

11-21 Tu futuro trabajo. Using all adverbial conjunctions from the word bank, write five different sentences in Spanish about the job you would like to have after graduation. Use the present indicative and/or the present subjunctive appropriately, based on the context.

a menos que	con tal de que	cuando	en cuanto	hasta que

Modelo: *En cuanto me gradúe, voy a buscar un trabajo en un país hispanohablante.*

1. _____

2. _____

3. _____

4. _____

5. _____

¿Cuánto saben? (Textbook p. 363)

11-22 ¿Saben bien los oficios y las profesiones? Match each description with the correct occupation or profession.

1. Habla dos o más idiomas. _____   a. el/la periodista

2. Escribe artículos. _____   b. el/la enfermero/a

3. Reparte el correo. _____   c. el/la cocinero/a

4. Cuida a los enfermos. _____   d. el/la bombero/a

5. Apaga incendios. _____   e. el/la intérprete

6. Trabaja en un restaurante. _____   f. el/la cartero/a

11-23 ¿Saben usar los mandatos de *tú*? You are a manager and have to direct your employees. Complete each affirmative or negative **tú** command with the correct form of the verb in parentheses.

1. Elena, no _____ (llegar) tarde al trabajo.

2. Ricardo, no _____ (hablar) por teléfono con tus amigos.

3. Rogelio, _____ (ser) más responsable.

4. Carlos, _____ (venir) a mi oficina ahora mismo.

5. María, no _____ (venderles) productos defectuosos (a los clientes).

6. Josefa, _____ (pedirles) más ayuda (a tus compañeros).

11-24 ¿Saben usar el subjuntivo con conjunciones adverbiales? Complete the following paragraph about Arturo and his job in the bank with the present indicative, the present subjunctive, or the infinitive form of each verb in parentheses, according to the context.

Cuando Arturo (1) _____ (tener) un proyecto importante en el banco, no tiene tiempo para

sus amigos. Sus responsabilidades en el banco son muy importantes y tiene que trabajar, *a menos que* el banco

(2) _____ (estar) cerrado (*closed*) o que su jefe le (3) _____ (dar) el

día libre. *En caso de que* Arturo (4) _____ (dejar) su trabajo actual, no va a estar en paro por

mucho tiempo. ¡Los gerentes lo van a llamar enseguida *después de* (5) _____ (leer) su

currículum vítae!

Perfiles (Textbook p. 364)

Mi experiencia: Los empleos y las recomendaciones

11-28 **Según Cristina.** Reread this section of your textbook and give the best answer to complete each statement. Not all expressions in the word bank will be used.

dentro de	editora	Fito Páez	internado
desempleo	empleo	fuera de	parcial

1. Cristina, una argentina que pronto termina sus estudios en las ciencias de la comunicación social, hizo un

   _____ en el *Clarín* este año.

2. Para los jóvenes argentinos, hay mucho _____ en la economía actual.

3. En el mundo hispano, es importante conocer a alguien _____ una organización para obtener un puesto.

4. Cristina va a contactar con la _____ de un periódico regional, a quien conoce por una conexión familiar.

5. Cristina piensa aceptar cualquier puesto de trabajo, sea de tiempo completo o de tiempo

   _____ , porque sabe que es crucial simplemente entrar en una organización.

6. Cuando Cristina está desanimada (*discouraged*) por la situación laboral, para sentirse mejor le gusta escuchar la

   música de _____ , un cantautor popular entre los jóvenes argentinos.

Mi música: "Yo vengo a ofrecer mi corazón" (Fito Páez, Argentina)

11-29 **Asociar datos.** Read about this artist in your textbook and follow the directions to listen to the song on the Internet. Then match each item with the best description.

1. Fito Páez _____

2. Ana Belén _____

3. Mercedes Sosa y Pablo Milanés _____

4. el tema de "Yo vengo a ofrecer mi corazón" _____

5. el ritmo de "Yo vengo a ofrecer mi corazón" _____

a. lento y sincero

b. la compasión y los deseos para un mundo mejor

c. cantautor argentino popular en el mundo latino

d. artista española que canta este dueto con Fito Páez

e. otros artistas famosos que cantan versiones de "Yo vengo a ofrecer mi corazón"

Segunda parte

¡Así lo decimos! Vocabulario (Textbook pp. 366–367)

La búsqueda de empleo

11-30 ¡Así es la vida! Reread the brief dialogs in your textbook and indicate whether each statement is **cierto**, **falso**, or **No se sabe** (*unknown*).

1. El Sr. Torres solicita un puesto de trabajo.	Cierto	Falso	No se sabe.
2. La Dra. Menéndez es una aspirante.	Cierto	Falso	No se sabe.
3. El Sr. Torres tiene una entrevista con la directora general.	Cierto	Falso	No se sabe.
4. La Dra. Menéndez habla con el Sr. Torres en su despacho.	Cierto	Falso	No se sabe.
5. Según Alicia, el Sr. Torres no tiene buenas cartas de recomendación.	Cierto	Falso	No se sabe.
6. La Dra. Menéndez ofrece un buen plan de retiro al Sr. Torres.	Cierto	Falso	No se sabe.

11-31 Conexiones lógicas. Paula likes to tell you her latest work gossip. As you listen, you inevitably make assumptions about possible outcomes. Match each statement with the outcome that most logically follows.

1. Rosario ascendió en la empresa. _____

2. Tú quieres un aumento de sueldo. _____

3. Arturo quiere solicitar la vacante en la empresa. _____

4. Los empleados recibieron una buena bonificación anual. _____

5. El director de personal tiene 65 años. _____

6. Roberto no es honesto en el trabajo. _____

a. Tiene que rellenar una solicitud de empleo.

b. Recibió un aumento de sueldo.

c. A la empresa le va muy bien.

d. Vas a hablar con tu jefa.

e. El gerente lo va a despedir.

f. Va a retirarse pronto.

11-32 Una carta de presentación. Rodrigo read about a job opening that greatly interests him. Complete his cover letter to the company's manager with words and expressions from the word bank.

capaz	Estimada	La saluda atentamente	recomendación
entrevista	formulario	presentación	vacante

(1) _____ señora:

Le escribo esta carta de (2) _____ para solicitar la

(3) _____ de contador. Tengo mucha experiencia y mis cualificaciones son numerosas, como

usted puede ver en mi currículum vítae. Soy una persona muy (4) _____ . Incluyo tres cartas de

(5) _____ y el (6) _____ que me envió su secretaria.

Espero poder tener una

(7) _____ con usted.

Esperando su respuesta a la presente.

(8) _____ ,

Rodrigo Rodríguez

11-33 Otra carta de presentación. Isabel read an interesting job ad that prompted her to send the following cover letter. First read over her cover letter in its entirety. Then answer the questions using complete sentences in Spanish.

20 de julio de 2011

Sra. Jimena Galtieri de Posada, Gerente
Centro de Cómputo, S.A.
Apartado Postal 2225
Montevideo, Uruguay

Estimada señora:

La presente es para solicitar el puesto de analista programadora que anunció su empresa en *La Nación*. Me gradué de la Universidad de la República de Uruguay con especialización en informática y contabilidad. También tengo tres años de experiencia práctica.

Soy bilingüe y me considero una persona entusiasta, responsable y trabajadora. Adjunto mi currículum vítae.

Atentamente,
Isabel Urquiza Duarte
Isabel Urquiza Duarte

Anexo

1. ¿Quién es la Sra. Jimena Galtieri de Posada?

_____

2. ¿Cómo se llama la empresa?

_____

3. ¿Cuál es la vacante en la empresa?

_____

4. Isabel menciona tres cualificaciones importantes en su carta de presentación. ¿Cuáles son?

_____

5. Isabel usa tres adjetivos positivos para describirse. ¿Cuáles son?

_____

¡Así lo hacemos! Estructuras

3. The subjunctive with indefinite people and things (Textbook p. 370)

11-38 Necesito ayudante (*assistant*). As small businesses expand, their owners often need to hire assistants to help out with odd jobs and lighten the load. Match each small business owner with the ad that he or she most logically placed in the local newspaper.

Necesito un/a ayudante (*assistant*) que...

1. el carpintero _____

2. el cocinero _____

3. el mecánico _____

4. la peluquera _____

5. la veterinaria _____

a. ...lave bien el pelo.

b. ...haga diseños sencillos de mesas y de sillas.

c. ...no tenga miedo de los animales.

d. ...sepa cambiarle el aceite a un carro.

e. ...corte rápidamente las frutas y las verduras.

11-39 Se busca. It is natural to want improved job conditions over time. Complete the following sentences with verb forms in the present subjunctive to reveal the plans of these three professionals.

A. El analista de sistemas busca *unas computadoras nuevas* que...

1. _____ (costar) menos de mil dólares.

2. _____ (ser) portátiles.

3. _____ (tener) los últimos avances tecnológicos.

B. La psicóloga busca *un despacho grande* que...

4. _____ (estar) más cerca de su casa.

5. _____ (acomodar) un sillón, un sofá y un escritorio.

6. _____ (verse) cómodo y tranquilo.

C. El hombre de negocios busca *un puesto internacional* que...

7. _____ (permitir) viajar a otros países.

8. _____ (poner) énfasis en las relaciones humanas.

9. _____ (incluir) una bonificación anual.

11-40 **Situaciones laborales.** You overhear various conversations while sitting in the waiting room of an employment office. Complete each statement with verb forms in the present indicative or the present subjunctive, according to the context.

1. Hay muchos puestos que _____ (ser) de tiempo parical en esa empresa, pero no hay

   puestos que _____ (ser) de tiempo completo en estos momentos.

2. Esa empresa necesita empleados que _____ (trabajar) por la noche. Tiene muchos

   empleados que _____ (trabajar) por la mañana.

3. Conozco a un gerente que _____ (contratar) a personas con un solo año de experiencia,

   pero no conozco ninguno que _____ (contratar) a personas sin experiencia alguna.

4. Trabajamos en una empresa que _____ (ofrecer) un seguro médico, pero queremos un

   seguro médico que _____ (cubrir) la prevención.

5. No conozco empleados que _____ (ascender) por trabajar poco. Conozco a empleados

   que _____ (ascender) por ser trabajadores y capaces.

11-42 **El trabajo de Paco.** Paco's current job situation is not optimal. Complete the paragraph about him with verb forms in the present indicative or the present subjunctive, according to the context.

Paco es viajante. Trabaja para una empresa que no (1) _____ (tener) mucho éxito (*success*)

últimamente y por eso está preocupado. Paco no es una persona que (2) _____ (dejar) las

cosas fácil y rápidamente en malos momentos, pero cree que necesita buscar una empresa que

(3) _____ (poder) asegurar una bonificación anual. Quiere un puesto nuevo que le

(4) _____ (hacer) posible el vender un volumen más alto de productos. También prefiere un

jefe que (5) _____ (ser) más dedicado y capaz del que tiene ahora. Ahora tiene un jefe que

nunca (6) _____ (ir) a la oficina porque prefiere jugar al golf.

11-43 Mi trabajo. What work conditions do you currently have and/or seek? Combine elements from the three lists to form five different, logical sentences in Spanish. Use correct verb forms in the present indicative or the present subjunctive, according to the context. Follow the models closely.

tener	una empresa	contratar a más empleados
conocer	un/a jefe/a	ascender a sus empleados
buscar	un puesto	tener buenos beneficios
necesitar	un contrato	atender bien a los clientes
querer	un salario	ser capaz / justo / honrado
¿...?	¿...?	¿...?

Modelos: *Tengo un jefe que es injusto y antipático.*
              Quiero un jefe que sea justo y simpático.

1. _____

2. _____

3. _____

4. _____

5. _____

¿Cuánto saben? (Textbook p. 374)

11-44 ¿Saben usar el subjuntivo con personas y cosas indefinidas? You and your friends are discussing various work conditions. Complete the sentences with correct verb forms in the present indicative or the present subjunctive, according to the context.

Modelo: No hay puesto que lo *ofrezca* (ofrecer) todo.

1. Tengo un puesto de trabajo que _____ (estar) en Nueva York.

2. Prefiero un puesto que _____ (estar) en Chicago.

3. Busco una guardería que _____ (funcionar) bien con mi horario de trabajo.

4. No conozco ningún seguro médico que _____ (ser) barato.

5. Conozco a una persona que _____ (tener) las cualificaciones que buscan.

6. Hay un jefe en esa empresa que _____ (despedir) a los empleados con frecuencia.

Nuestro mundo

Panoramas: El virreinato de la Plata: Argentina y Uruguay (Textbook p. 376)

11-51 ¡A informarse! Based on information from **Panoramas,** decide if each statement is **cierto** or **falso.**

1. La topografía y el clima de Argentina y de Uruguay no varían mucho.	Cierto	Falso
2. En El Califate en Argentina, hay glaciares hermosos.	Cierto	Falso
3. Leo Messi es un futbolista uruguayo famoso.	Cierto	Falso
4. El tango es un baile popular que se originó a fines del siglo XIX.	Cierto	Falso
5. El barrio histórico de Colonia del Sacramento en Uruguay data de 1880.	Cierto	Falso
6. Buenos Aires es una ciudad con mucha actividad cultural.	Cierto	Falso
7. Argentina es un país mucho más poblado que Uruguay.	Cierto	Falso
8. La situación laboral de la mujer es mejor en Uruguay que en Argentina.	Cierto	Falso

Nombre: _____ Fecha: _____

11-52 La geografía de Argentina y Uruguay. Complete each sentence with the best response, based on the map.

1. La capital de Argentina es _____ .
   a. Buenos Aires
   b. La Plata
   c. Córdoba

2. La capital de Uruguay es _____ .
   a. Salto
   b. Melo
   c. Montevideo

3. _____ tiene(n) costa en el océano Atlántico.
   a. Argentina
   b. Uruguay
   c. Argentina y Uruguay

4. Los Andes pasan por _____ .
   a. Argentina
   b. Uruguay
   c. Argentina y Uruguay

5. El río Uruguay forma la frontera (*border*) _____ de Uruguay.
   a. norteña
   b. occidental
   c. sureña

Páginas: "No hay que complicar la felicidad" (Marco Denevi, Argentina) (Textbook p. 378)

11-53 ¿Cierto o falso? Based on information from the **Páginas** section of the text, decide if each statement is **cierto** or **falso**.

1. Él y Ella son novios sentados en un restaurante.   Cierto   Falso

2. Los novios repiten mucho que se aman.   Cierto   Falso

3. Él se aburre con la situación; quiere que Ella le hable sobre la historia de amor de sus abuelos.   Cierto   Falso

4. Ella le dice que tiene otro novio.   Cierto   Falso

5. Él se pone furioso y se va a buscar al otro novio.   Cierto   Falso

6. Se oye el disparo (*shot*) de un revólver.   Cierto   Falso

7. Él vuelve al restaurante y se sienta en la mesa.   Cierto   Falso

8. Al final, Ella está contenta con la situación.   Cierto   Falso

Taller (Textbook p. 382)

11-54 Tu futura carrera profesional. Write a paragraph describing your expectations and desires for your future career in the workplace. Include information about desired job tasks, work schedule, salary, benefits, location, and other job characteristics that are important to you. Be sure to use correct verbs in the present indicative, the present subjunctive, and/or the infinitive form, according to context.

Modelo: *Voy a ser una mujer de negocios internacional. Quiero un puesto de trabajo que pague bien y que me permita viajar a otros países con frecuencia. En cuanto me gradúe de la universidad, voy a...*

_____

_____

_____

_____

_____

_____

_____

_____

_____

_____

_____

12

El futuro es tuyo

Primera parte

¡Así lo decimos! Vocabulario (Textbook pp. 386–387)
La computadora y otros aparatos electrónicos

12-01 ¡Así es la vida! Reread the brief passages in your textbook and indicate whether each statement is **cierto, falso,** or **No se sabe** (*unknown*).

1. El Dr. Díaz es profesor de biología.	Cierto	Falso	No se sabe.
2. El Dr. Díaz enseña cursos a distancia para los estudiantes de otra universidad.	Cierto	Falso	No se sabe.
3. Carmen Valdespino es estudiante de arte.	Cierto	Falso	No se sabe.
4. Carmen usa mucha tecnología en su carrera.	Cierto	Falso	No se sabe.
5. Recibe información por videoconferencia.	Cierto	Falso	No se sabe.
6. No tiene iPad pero quiere comprar uno pronto.	Cierto	Falso	No se sabe.
7. No conoce la biblioteca por dentro como edificio.	Cierto	Falso	No se sabe.
8. Sus profesores siempre requieren la asistencia a clase en persona.	Cierto	Falso	No se sabe.

12-02 Emparejar. Match each device with the verb that most closely describes its function.

1. la fotocopiadora _____

2. la impresora _____

3. la memoria USB _____

4. la pantalla _____

5. el reproductor de mp3 _____

6. el teclado _____

a. archivar

b. escribir o teclear (*to type*)

c. escuchar

d. fotocopiar

e. imprimir

f. ver y leer

12-03 ¡A completar! Mariano loves to talk about his computer and technology. Complete each of his statements with the most appropriate word or expression from the word bank.

apagar	cajero automático	enviar	página web
auriculares	encender	instalar	ratón inalámbrico

1. Cuando llego a la oficina por la mañana, tengo que _____ la computadora.

2. Prefiero usar un _____ con mi computadora porque me duele menos la muñeca (*wrist*).

3. Un colega me va a ayudar a _____ unos programas nuevos en mi computadora hoy.

4. Necesito _____ unos correos electrónicos importantes esta tarde.

5. Mi _____ favorita es http://www.prenhall.com/arriba.

6. Cuando salgo de la oficina por la tarde, debo _____ la computadora.

7. Uso unos buenos _____ para escuchar música en mi reproductor de mp3.

8. El banco está cerrado, pero puedo usar el _____ para sacar dinero.

12-06 Preguntas tecnológicas. Your university's technology center is carrying out a survey to better understand the computing practices and needs of students. Answer each question with a complete sentence in Spanish, based on your personal experiences.

1. ¿Prefieres una computadora de escritorio o una computadora portátil? ¿Por qué?

   _____ .

2. ¿Tienes tu propia impresora, o usas las impresoras de la universidad?

   _____ .

3. ¿Tienes tu propia página web? ¿Qué tipo de información incluyes en ella?

   _____ .

4. ¿Aproximadamente cuántos correos electrónicos recibes al día? ¿Cuántos envías al día?

   _____ .

5. ¿Qué prefieres usar para archivar y transferir tus documentos: un CD o la memoria USB? ¿Por qué?

   _____ .

Nombre: _____ Fecha: _____

¡Así lo hacemos! Estructuras

1. The past participle (Textbook p. 391)

12-07 Sí, está hecho. Sr. Ramírez is nervous about an important meeting this afternoon and checks with his assistant to make sure that all necessary tasks are done. Match each of his questions with the expression that correctly addresses it, based on the meaning and form of the past participle used.

1. ¿Imprimiste las hojas electrónicas? _____   a. Sí, está encendida.

2. ¿Imprimiste los otros documentos? _____   b. Sí, está encendido.

3. ¿Hiciste las fotocopias? _____   c. Sí, están hechas.

4. ¿Encendiste la computadora? _____   d. Sí, está hecho.

5. ¿Encendiste el lector de DVD? _____   e. Sí, están impresas.

6. ¿Pusiste el DVD en el lector? _____   f. Sí, están impresos.

7. ¿Hiciste el café? _____   g. Sí, están puestas.

8. ¿Pusiste las galletas en la mesa? _____   h. Sí, está puesto.

12-08 El estatus del trabajo. Jesús is about to go on a two-week vacation and gives a status report to his boss before leaving work. Complete each sentence with the past participle of the verb. Be sure that each past participle agrees in gender and number with the noun it modifies.

Modelo: La puerta de mi despacho está *cerrada* (cerrar).

1. La impresora está _____ (romper).

2. La memoria USB está _____ (perder).

3. Pero, el diseño de la página web está _____ (hacer).

4. Los anuncios importantes están _____ (escribir).

5. Los correos electrónicos están _____ (enviar).

6. Los documentos están _____ (archivar) en el disco duro.

7. La computadora está _____ (apagar).

8. El teclado está _____ (cubrir).

9. La grabadora de DVD está _____ (programar).

10. El cajero automático en la segunda planta está _____ (abrir).

12-09 ¡Hecho! You are an efficient, focused worker, so much so that when your boss asks you to do something, it is usually already done! Respond to each of your boss's statements using **estar** and a past participle as an adjective. Follow the model closely.

Modelo: Tienes que enviarle un correo electrónico al programador de computadoras.
          Ya está enviado.

1. Tienes que darle la memoria USB a la Srta. Muñoz.

   _____ .

2. Tienes que guardar los documentos en el disco duro.

   _____ .

3. Tienes que instalarle el nuevo programa de contabilidad al contador.

   _____ .

4. Tienes que pedirme un ratón nuevo para mi computadora.

   _____ .

5. Tienes que hacer unas búsquedas en la Internet para el Sr. Ortiz.

   _____ .

2. The present perfect indicative (Textbook p. 394)

12-11 ¿Qué hemos hecho hoy? Sergio is reflecting on activities that he and his friends have done today. Complete each sentence with the correct form of the verb in the present perfect indicative, using **haber** + a past participle. Remember that in this context, the form of the past participle is invariable.

Modelo: Susana y Marta *han instalado* (instalar) la grabadora de DVD.

1. Josefina y Margarita _____ (ir) a la tienda de computadoras.

2. Margarita _____ (comprar) un ratón inalámbrico nuevo.

3. Tú _____ (ver) un teléfono móvil nuevo que te encanta, ¿verdad?

4. Ustedes _____ (subir) unas fotos recientes a Facebook.

5. Nosotros _____ (grabar) unos programas de televisión interesantes.

6. Yo _____ (borrar) los programas de televisión anteriores.

12-13 ¿Qué han hecho ustedes hoy? Marco's mother always asks him and his brother a lot of questions about everyday things. Answer each question with an affirmative statement using the correct form of the verb in the present perfect indicative. Be sure to use direct object pronouns to avoid repetition, and follow the model closely.

Modelo: ¿Han apagado ustedes la computadora?
Sí, *la hemos apagado.*

1. ¿Han leído ustedes el periódico?

   Sí, _____ .

2. ¿Han oído las noticias (*news*)?

   Sí, _____ .

3. ¿Han grabado mi programa de televisión favorito?

   Sí, _____ .

4. ¿Han devuelto (*returned*) la película de anoche?

   Sí, _____ .

5. ¿Han hecho la tarea?

   Sí, _____ .

12-14 Ayer, esta mañana y ahora. Claudia speaks accurately about past events, according to how long ago they occurred. Rephrase her statements in the preterit (about yesterday) to statements in the present perfect indicative (about this morning), and then to statements using **acabar de** + infinitive (about just a moment ago). Be sure to follow the models closely.

Modelos: Yo envié una carta ayer.
Yo *he enviado* una carta esta mañana.
Yo *acabo de enviar* una carta ahora.

1. Yo escribí un blog ayer.

   Yo _____ un blog esta mañana.

   Yo _____ un blog ahora.

2. Tú viste mi presentación ayer, ¿no?

   Tú _____ mi presentación esta mañana, ¿no?

   Tú _____ mi presentación ahora, ¿no?

3. Nosotros dijimos la verdad ayer.

   Nosotros _____ la verdad esta mañana.

   Nosotros _____ la verdad ahora.

4. Las computadoras fallaron ayer.

   Las computadoras _____ esta mañana.

   Las computadoras _____ ahora.

5. El programador volvió a la oficina ayer.

   El programador _____ a la oficina esta mañana.

   El programador _____ a la oficina ahora.

12-15 Mis experiencias hasta ahora. You are filling out a personal profile for a web site that you share with friends. Answer each question truthfully with a complete sentence in Spanish.

1. ¿Has comprado algún aparato electrónico últimamente? ¿Cuál y para qué?

   _____ .

2. ¿Has visto una buena película recientemente? ¿Cuál y por qué es buena, en tu opinión?

   _____ .

3. ¿Has tenido éxito con algún pasatiempo? ¿Qué pasatiempo y por qué?

   _____ .

4. ¿Has tenido un trabajo especial o poco corriente (*unusual*)? ¿Qué tipo de trabajo y cuándo?

   _____ .

5. ¿Has conocido a alguien famoso/a alguna vez? ¿A quién y cómo?

   _____ .

6. ¿Has viajado a otro(s) país(es)? ¿A cuál(es) y cuándo?

   _____ .

¿Cuánto saben? (Textbook p. 397)

12-16 ¿Saben usar el participio pasado? Complete each sentence with the past participle of the verb. Be sure that as an adjective, each past participle agrees in gender and number with the noun it modifies.

Modelo: La tienda no ganaba suficiente dinero y ahora está *cerrada* (cerrar).

1. Dejaron caer (*they dropped*) la impresora y ahora está _____ (romper).

2. Son las nueve de la mañana y las tiendas de aparatos electrónicos están _____ (abrir).

3. El estudiante pasó horas delante de su computadora y ahora todo su trabajo está

   _____ (hacer).

4. Llevaron los platos al gran comedor y ahora las mesas están _____ (poner).

5. El niño se puso gorro y ahora tiene la cabeza _____ (cubrir).

6. Un carro atropelló (*ran over*) la ardilla (*squirrel*) y ahora está _____ (morir).

12-17 ¿Saben usar el presente perfecto? Complete each sentence with the correct form of the verb in the present perfect indicative, using **haber** + a past participle. Remember that in this context, the form of the past participle is invariable.

Modelo: Nosotros ya *hemos oído* (oír) esa historia triste.

1. Cristina ya _____ (terminar) las hojas electrónicas.

2. ¿_____ (tomar) ustedes alguna clase de informática?

3. ¿_____ (ver) tú el nuevo juego electrónico de fútbol?

4. Nosotros _____ (leer) unas novelas interesantes para esa clase.

5. Mi abuela _____ (traer) a la cena un pastel muy rico.

6. Yo _____ (ir) a ese restaurante muchas veces.

Perfiles (Textbook p. 398)

Mi experiencia: La tecnología y el futuro

12-21 Según Jugador y Baco. Reread this section of your textbook and give the best answer to complete each statement. Not all expressions in the word bank will be used.

Albita	cincuenta	diseño	programador
carrera	cuarenta	foro	título universitario

1. Jugador, un hombre de Argentina, hace una pregunta sobre videojuegos en un _____ en línea.

2. A Jugador le interesa tener una nueva _____ desarrollando (*developing*) videojuegos.

3. Baco, de EE. UU., quien trabaja en cine de animación y multimedia, le contesta que es importante tener un

   _____ para trabajar en esa carrera.

4. Baco conoce un programa de _____ de videojuegos en Los Ángeles.

5. El programa es competitivo, ya que solamente admiten a _____ estudiantes al año.

6. En estos momentos, Baco trabaja en un proyecto de multimedia de la música de _____ .

Mi música: " 'Ta bueno ya" (Albita, cubanoamericana)

12-22 Asociar datos. Read about this artist in your textbook and follow the directions to listen to the song on the Internet. Then match each item with the best description.

1. Albita _____

2. "La descarga con Albita" _____

3. el tema de " 'Ta bueno ya" _____

4. Carnaval _____

5. el ritmo de " 'Ta bueno ya" _____

a. el descanso del trabajo y de los problemas para celebrar con la comunidad

b. rápido y alegre

c. festival que se celebra en esta canción de Albita

d. nombre del programa de televisión de Albita en MEGA TV

e. cantante versátil con programa de televisión y varios premios Emmy y Grammy

Segunda parte

¡Así lo decimos! Vocabulario (Textbook pp. 400–401)

El medio ambiente

12-23 ¡Así es la vida! Reread the brief passages in your textbook and indicate whether each statement is **cierto**, **falso**, or **No se sabe** (*unknown*).

1. Los jóvenes hispanos de hoy no se preocupan por el medio ambiente.	Cierto	Falso	No se sabe.
2. El desarrollo industrial no tiene un efecto negativo en el medio ambiente.	Cierto	Falso	No se sabe.
3. Los gobiernos (*governments*) de Latinoamérica no se preocupan por proteger los recursos naturales.	Cierto	Falso	No se sabe.
4. Todos opinan que la energía nuclear es importante para nuestro futuro.	Cierto	Falso	No se sabe.
5. Gonzalo, el hombre joven de la camisa anaranjada, es ingeniero nuclear.	Cierto	Falso	No se sabe.
6. Algunas personas están en contra de la energía nuclear.	Cierto	Falso	No se sabe.

12-24 ¡A emparejar! Match each word or expression related to the environment with the phrase that best completes it.

1. El calentamiento global _____

2. La deforestación _____

3. La energía alternativa _____

4. Los envases de aluminio _____

5. Las fábricas _____

6. La radioactividad _____

7. El reciclaje _____

8. La reforestación _____

a. ...echan humo.

b. ...reduce la necesidad de tener pozos de petróleo.

c. ...se consigue plantando árboles (*trees*).

d. ...pone a varias especies que viven en la selva en peligro de extinción.

e. ...proviene de (*comes from*) los desechos de una planta nuclear.

f. ...conserva los recursos naturales y reduce los desechos.

g. ...son más fáciles de reciclar que crear de materiales nuevos.

h. ...es una subida en la temperatura media (*average*) de la Tierra (*Earth*).

12-25 Un crucigrama. A friend of yours wants to quiz you on some Spanish vocabulary related to the environment. Complete the following crossword puzzle with the correct information.

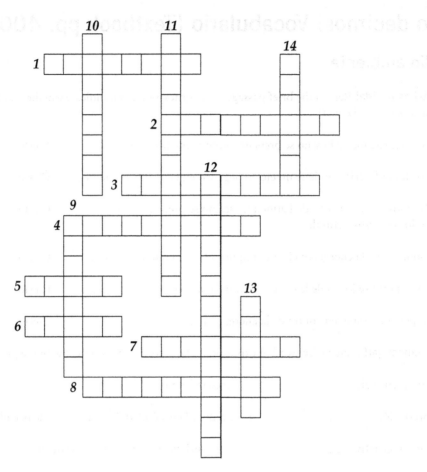

Across

1. Necesitamos _____ el medio ambiente para las generaciones futuras.

2. En vez de tirar todos los desechos, hay que organizar un programa de _____ .

3. El aire, el agua, los bosques pluviales y las selvas forman parte de la _____ .

4. Los _____ son productos químicos que se usan en el cultivo de frutas y verduras.

5. Lo contrario de ahorrar es _____ .

6. La energía _____ es un tipo de energía alternativa.

7. Hay que _____ los envases de vidrio (*glass*), plástico y aluminio.

8. El tráfico de una ciudad puede _____ mucho el aire.

Down

9. En Texas y en Alaska hay mucho _____ .

10. Para proteger el medio ambiente, todos tenemos que aprender a _____ menos.

11. Si la deforestación es un problema, hay que empezar un programa de _____ .

12. Si se escapa _____ de una planta nuclear, puede contaminar el aire.

13. Si una fábrica no obedece bien las leyes contra la contaminación, el gobierno (*government*) la va a _____ .

14. Si hay muy poco de alguna cosa, se dice que hay _____ de esa cosa.

© 2012 Pearson Education, Inc.

12-26 ¿Qué se observa? You observe the following scenes near your neighborhood. Describe to a friend what you see using five different complete sentences in Spanish. Be sure to include at least two sentences for each scene, and try to include your opinion of what you observe.

Modelos: *Un camión echa petróleo a la calle. ¡Es horrible!*
Es importante que llevemos los periódicos al centro de reciclaje.

1. _____

2. _____

3. _____

4. _____

5. _____

12-29 Cuestionario. A local environmental group is conducting a survey of citizens' thoughts on how to protect and improve the environment. Answer each question with a complete sentence in Spanish, based on your personal opinions.

1. ¿Cuál es el problema más grave que afecta al medio ambiente?

   _____ .

2. ¿Qué soluciones puede ofrecer usted a nivel (level) nacional?

   _____ .

3. ¿Qué plan nacional prefiere usted: desarrollar la energía solar o continuar con las plantas nucleares? ¿Por qué?

   _____ .

4. ¿En qué circunstancias se debe multar a una industria?

   _____ .

5. ¿Qué acciones puede tomar usted para ayudar a nivel local?

   _____ .

¡Así lo hacemos! Estructuras

3. The future tense (Textbook p. 404)

12-33 En la oficina. You work at a busy office. Complete each sentence with the correct form of the verb in the future tense, to reveal what task each person will do next week.

Modelo: Yo *haré* (hacer) fotocopias para una reunión.

1. Joaquín _____ (escribir) cartas en la computadora.

2. Ramiro y Carlos _____ (poner) las cuentas en la hoja electrónica.

3. Ana le _____ (decir) a la jefa si hay correos electrónicos urgentes.

4. La jefa _____ (llamar) a esos clientes por teléfono celular.

5. Ustedes _____ (preparar) los trabajos en la computadora.

6. Enrique y yo _____ (ver) los diseños en la pantalla.

7. Yo _____ (usar) el escáner.

8. Todos nosotros _____ (buscar) información en la Internet.

12-34 Mis amigos y yo ayudaremos. Ricardo and his friends are concerned about the environment and want to take measures to improve it. Rewrite the italicized verb phrase in each sentence using the future tense, in order to find out more about their plans.

Modelo: Nosotros *vamos a recoger* basura de las calles.
            recogeremos

1. Mis amigos y yo *vamos a trabajar* para mejorar el medio ambiente.

   _____

2. Marta y Cristina *van a organizar* a un grupo de personas para plantar árboles (*trees*).

   _____

3. Miguel *va a poner* información sobre el reciclaje local en su página web.

   _____

4. Yo *voy a llevar* papeles y periódicos viejos al centro de reciclaje.

   _____

5. Todos *vamos a consumir* menos agua y electricidad.

   _____

6. Mis amigos y yo *vamos a hacer* todo lo posible para proteger la naturaleza.

   _____

12-35 El jefe nuevo no sabe. Every time you ask your new boss something, he responds with a guess. Complete each of his sentences with the future tense form of the verb and the information given. Remember that in this context, the future tense is used to express conjecture in the present. Be sure to use direct object pronouns to avoid repetition, and follow the model closely.

Modelo: Tú: ¿Quién hace los diseños? (los programadores)
            Jefe: No sé; *los harán los programadores.*

1. Tú: ¿Quién enciende las computadoras por la mañana? (el supervisor)

   Jefe: No sé; _____.

2. Tú: ¿Quién imprime los documentos? (el asistente)

   Jefe: No sé; _____.

3. Tú: ¿Quién llama a los clientes? (los secretarios)

   Jefe: No sé; _____.

4. Tú: ¿Quién sabe el código (*code*) para la fotocopiadora? (la recepcionista)

   Jefe: No sé; _____.

5. Tú: ¿Quién puede reparar la impresora? (la secretaria)

   Jefe: No sé; _____.

6. Tú: ¿Quién tiene que instalar los programas nuevos? (los analistas)

   Jefe: No sé; _____.

4. The conditional tense (Textbook p. 407)

12-38 **Las promesas del gobierno.** What did the government promise that it would do during the next term to help the environment? Complete each sentence with the correct form of the verb in the conditional tense.

Modelo: El gobierno prometió que... *haría* (hacer) muchas mejoras enseguida.

El gobierno prometió que...

1. _____ (estudiar) los efectos del uso de la energía nuclear.

2. _____ (controlar) la emisión de humo de los carros.

3. _____ (haber) más medidas (*measures*) contra la contaminación del aire.

4. _____ (multar) las industrias contaminantes.

5. _____ (proteger) los bosques.

6. _____ (empezar) programas de reciclaje.

7. _____ (plantar) más árboles (*trees*) en los parques.

8. _____ (administrar) mejor los recursos naturales.

12-39 **En la television.** Mariluz is a TV reporter concerned about environmental issues, and Roberto is a citizen with similar concerns. Complete their dialog with the correct form of each verb in the conditional tense.

MARILUZ: Roberto, ¿qué (1) _____ (hacer) usted para mejorar el medio ambiente en la ciudad?

ROBERTO: Primero, yo (2) _____ (informar) a los ciudadanos (*citizens*) sobre los principales problemas.

MARILUZ: ¿De qué problemas les (3) _____ (hablar) usted?

ROBERTO: Les (4) _____ (explicar) los problemas de la deforestación y de la contaminación del aire.

MARILUZ: ¿Qué soluciones (5) _____ (buscar) usted para esos problemas?

ROBERTO: Yo (6) _____ (promocionar; *to promote*) un programa de reciclaje en toda la ciudad.

MARILUZ: ¿Qué (7) _____ (sugerir) usted para solucionar la contaminación del aire?

ROBERTO: Los ciudadanos (8) _____ (deber) usar más el transporte público.

12-40 ¿Qué pasaría? You planned to interview the representative of an environmental protection team; however, he did not show up for your meeting. Using the conditional tense, offer possible reasons. Remember that in this context, the conditional tense is used to express conjecture in the past. Be sure to follow the model closely.

Modelo: olvidarse de la fecha
          Él se olvidaría de la fecha.

1. no saber la hora

   _____ .

2. tener problemas con su carro

   _____ .

3. ir a otra entrevista

   _____ .

4. perder la dirección

   _____ .

5. no entender bien a la secretaria

   _____ .

12-42 Tu programa medioambiental. You are the mayor of your city. Write five different, complete sentences in Spanish to indicate what you said you would do to protect the environment during your campaign.

Modelo: Dije que... *prohibiría tirar los desechos industriales en los ríos.*

Dije que...

1. _____

2. _____

3. _____

4. _____

5. _____

¿Cuánto saben? (Textbook p. 410)

12-43 ¿Saben usar el futuro? Liliana and her work colleagues will be in San Antonio next week. Complete each sentence with the correct form of the verb in the future tense.

La próxima semana Julián y Rosa (1) _____ (ir) a una conferencia en San Antonio sobre los

nuevos usos de la Internet. Ellos (2) _____ (reservar) una habitación en el centro de la ciudad y

(3) _____ (visitar) la hermosa ciudad tejana. Yo (4) _____ (estar) en San

Antonio también, aunque no (5) _____ (asistir) a la conferencia. Nosotros

(6) _____ (cenar) juntos el sábado por la noche.

12-44 ¿Saben usar el condicional? Héctor wrote a speech for class about what he would do as president to protect the environment. Complete each sentence with the correct form of the verb in the conditional tense.

Como presidente, yo (1) _____ (bajar) los impuestos (*taxes*) y (2) _____ (multar)

las industrias más contaminantes. También, yo (3) _____ (controlar) el proceso de deforestación

de los bosques y (4) _____ (plantar) más árboles (*trees*) en las ciudades para mejorar la calidad

del aire. Mis colegas y yo (5) _____ (educar) a las personas sobre el medio ambiente y

(6) _____ (empezar) un programa nacional de reciclaje obligatorio. El mundo

(7) _____ (ser) un mejor lugar para todos, y yo (8) _____ (sentirse)

muy satisfecho (*satisfied*) y contento.

Nuestro mundo

Panoramas: Los hispanos en Estados Unidos (Textbook p. 412)

12-51 ¡A informarse! Based on information from **Panoramas**, decide if each statement is **cierto** or **falso**.

		Cierto	Falso
1.	Tradicionalmente en la televisión y en el cine de EE. UU., los papeles (*roles*) para hispanos se han limitado a personajes (*characters*) ilegales o violentos.	Cierto	Falso
2.	Los papeles para hispanos no han cambiado todavía.	Cierto	Falso
3.	Unos cuarenta y ocho millones de hispanos viven en EE. UU.	Cierto	Falso
4.	El español no es lengua oficial en ningún estado de EE. UU.	Cierto	Falso
5.	Pocos hispanos en EE. UU. usan la Internet.	Cierto	Falso
6.	La gran mayoría de los hispanos en EE. UU. opina que el medio ambiente es un tema importante.	Cierto	Falso

12-52 La geografía de los hispanos en EE. UU. Complete each sentence with the best response, based on the map and on your accumulated knowledge of Hispanic groups in the U.S.

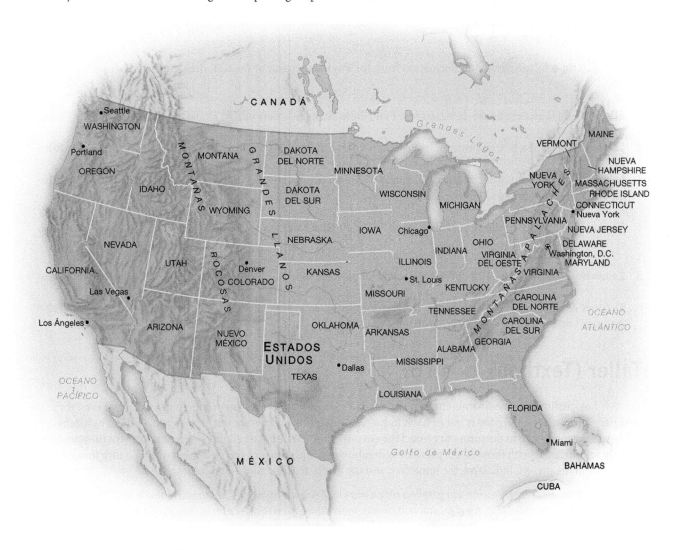

1. Hay _____ estados en EE. UU. que comparten (*share*) frontera geográfica con México.
   a. tres
   b. cuatro
   c. cinco

2. La mayoría de la población hispana en California es de origen _____ .
   a. cubano
   b. puertorriqueño
   c. mexicano

3. _____ está geográficamente cerca de Florida.
   a. México
   b. Cuba
   c. Colombia

4. La mayoría de la población hispana en Florida es de origen _____ .
   a. cubano
   b. puertorriqueño
   c. mexicano

5. _____ es un Estado Libre Asociado (*Free Associated State*) de EE. UU.
   a. Puerto Rico
   b. República Dominicana
   c. Guatemala

6. La mayoría de la población hispana en Nueva York es de origen _____ .
   a. cubano
   b. puertorriqueño
   c. mexicano

Páginas: *Cuando era puertorriqueña* (fragmento), (Esmeralda Santiago, Puerto Rico/EE. UU.) (Textbook p. 414)

12-53 ¿Cierto o falso? Based on information from the **Páginas** section of the text, decide if each statement is **cierto** or **falso.**

1. El edificio de la escuela nueva de la narradora en Nueva York no le deja mucha impresión.   Cierto   Falso

2. La narradora sacaba buenas notas en la escuela en Puerto Rico.   Cierto   Falso

3. La narradora no está satisfecha (*satisfied*) con la decisión del administrador de hacerla repetir el séptimo grado.   Cierto   Falso

4. La narradora no tiene éxito negociando con el Sr. Grant para empezar sus estudios en el octavo grado.   Cierto   Falso

5. La madre de la narradora está impresionada con el inglés de su hija.   Cierto   Falso

6. Después de pensar más en su situación, la narradora se pone nerviosa, cuestionando su estrategia de empezar arriba en vez de abajo.   Cierto   Falso

Taller (Textbook p. 416)

12-54 Las costumbres medioambientales. You may or may not feel like an environmental activist, but even the most "ordinary" citizen does more today out of habit to protect the environment than thirty years ago. Ordinary citizens surely will do even more in the future to protect the environment. Write a paragraph comparing your environmentally friendly actions today with those of the previous generation and with those of the next generation. Be sure to use correct verb forms in the present indicative, the imperfect, and the future tense, according to context.

Modelo: *Hoy día, mi generación usa gasolina sin plomo (lead) en los carros. En los años setenta, lo más típico era la gasolina con plomo. En el futuro, será común tener carros eléctricos o incluso usar más el transporte público, porque tenemos que disminuir nuestra dependencia del petróleo. ...*

_____

_____

_____

_____

_____

_____

_____

_____

13

¿Oíste las noticias?

Primera parte

¡Así lo decimos! Vocabulario (Textbook pp. 420–421)

Los medios de comunicación

13-01 **¡Así es la vida!** Reread the brief dialogs in your textbook and indicate whether each statement is **cierto, falso,** or **No se sabe** (*unknown*).

1. Estos reporteros trabajan en una estación de radio.   Cierto   Falso   No se sabe.

2. La reseña es de Rogelio.   Cierto   Falso   No se sabe.

3. La reseña es sobre la última película de Penélope Cruz.   Cierto   Falso   No se sabe.

4. García, uno de los periodistas, no estaba seguro de que se   Cierto   Falso   No se sabe.
   aceptara su artículo.

5. El artículo es para la sección financiera.   Cierto   Falso   No se sabe.

6. El artículo aparecerá en esta edición del periódico.   Cierto   Falso   No se sabe.

13-02 **Las secciones del periódico.** Rafael works for a large newspaper, and he wants to teach his son José about its contents. Match each situation with the most applicable section of the newspaper.

1. Quieres saber las noticias más importantes del día. _____   a. la cartelera

2. Quieres leer las últimas noticias sobre la economía. _____   b. el consultorio sentimental

3. Deseas saber la opinión del editor. _____   c. el editorial

4. Te interesa saber el resultado del partido de béisbol. _____   d. el horóscopo

5. Quieres salir a escuchar música en algún club de tu ciudad. _____ e. la primera plana

6. Te interesa saber la opinión del crítico sobre una película   f. la reseña

   que acaba de salir. _____
                                                                    g. la sección deportiva

7. Buscas ayuda con los problemas que tienes con tu novio/a. _____
                                                                    h. la sección financiera

8. Deseas saber tu futuro. _____

13-03 Los medios de comunicación. Rafael created a fun puzzle to continue educating his son. Find these ten words related to the media in the following word search. Be sure to look for words horizontally, vertically, and diagonally, both forward and backward.

artículo	cartelera	inicio	periodista	reseña
buscador	horóscopo	locutora	reportaje	titular

A	S	C	A	R	T	E	L	E	R	A	B	O	T	G	A	R
T	D	R	J	U	H	P	O	M	I	L	U	R	Ñ	F	B	Í
R	P	R	Ó	V	I	R	C	S	M	Í	L	H	G	J	H	F
R	E	A	T	Í	N	A	U	D	C	B	C	U	I	O	P	G
Í	M	L	S	Ó	P	D	T	A	Ñ	E	S	E	R	H	U	D
T	O	U	H	N	E	E	O	G	H	I	D	Ó	U	T	A	G
Y	C	T	E	C	F	F	R	U	B	O	S	D	D	A	P	T
C	U	I	G	A	B	O	A	I	E	C	M	Í	N	R	B	Í
L	J	T	B	I	D	A	V	R	O	T	E	F	S	E	T	C
I	F	O	R	A	U	L	Í	P	I	D	J	E	O	P	Ó	U
Ñ	I	Q	C	L	O	F	O	A	T	M	I	R	L	O	N	P
U	S	S	O	M	B	I	L	T	E	U	F	S	F	R	V	T
C	U	R	O	D	Ó	L	C	J	R	Ñ	A	Ó	T	T	I	O
B	T	Y	P	A	P	L	A	I	N	M	Í	C	R	A	N	L
L	S	E	A	M	I	B	A	S	N	I	E	R	A	J	T	A
A	A	R	T	Í	C	U	L	O	J	I	P	I	S	E	Ó	P

13-04 **¡A escoger!** Teresa enjoys talking about the press, television, and radio with a friend. Complete each sentence with the most logical word or expression.

1. Los televidentes ven _____ del día.
   a. el noticiero   b. el artículo

2. _____ nos informa sobre el tiempo.
   a. El meteorólogo   b. El crítico

3. _____ da las noticias a las cinco de la tarde.
   a. El comentarista   b. El lector

4. Oprah es _____ de su propio programa de televisión.
   a. comentarista deportiva   b. presentadora

5. _____ presenta las noticias en línea.
   a. El periódico digital   b. La radio por satélite

6. _____ revisa los artículos de los periodistas.
   a. La oyente de podcast   b. La directora

7. Normalmente _____ critican a las personas del gobierno (*government*).
   a. las revistas del corazón   b. las caricaturas políticas

8. La estación de radio transmite la música favorita de _____ .
   a. sus lectores   b. sus radioyentes

13-07 **Las noticias.** Use a combination of words from the lists to write five different logical sentences in Spanish that express your preferences and opinions about obtaining news and information from newspapers, television, and radio.

el/la comentarista	el periódico	la primera plana
el/la crítico/a	el periódico digital	el noticiero
el/la lector/a	la revista del corazón	la sección financiera
el/la televidente	la televisión	la sección deportiva
el/la oyente de podcast	la radio por satélite	el horóscopo

Modelo: *Nunca estoy de acuerdo con el crítico de cine de nuestro periódico local.*

1. _____ .

2. _____ .

3. _____ .

4. _____ .

5. _____ .

¡Así lo hacemos! Estructuras

1. The imperfect subjunctive (Textbook p. 424)

13-08 Escogemos. As journalists, Alicia and her co-workers comment on various aspects of the press over lunch. Complete each sentence with the correct form of the verb in either the present subjunctive or the imperfect subjunctive, according to the context.

1. *Es bueno* que nosotros _____ más periódicos.
   a. leamos   b. leyéramos

2. *Me alegraba* que tú _____ para el periódico.
   a. trabajes   b. trabajaras

3. Nosotros los periodistas *pedíamos* que el gerente nos _____ un mejor sueldo.
   a. dé   b. diera

4. Yo *prefiero* que la prensa _____ las noticias antes de publicarlas.
   a. revise   b. revisara

5. *Preferíamos* que el gobierno (*government*) _____ la libertad de prensa.
   a. proteja   b. protegiera

6. *Era dudoso* que _____ las caricaturas políticas.
   a. publiquen   b. publicaran

7. *Es importante* que los reporteros _____ de la noticia.
   a. hablen   b. hablaran

8. *No creo* que _____ un periódico mejor que este.
   a. haya   b. hubiera

13-09 Recomendaciones. Hernán used to work for various news companies. Complete each statement with the imperfect subjunctive form of the verb, to explain the particulars of each company.

Modelo: El editor le *decía* al periodista que *escribiera* sobre temas de importancia.

A. El editor le *decía* al periodista que...

1. _____ (revisar) el titular del día.

2. _____ (informar) correctamente a los lectores.

3. _____ (leer) los artículos de sus compañeros.

B. La presentadora *insistía en* que...

4. su programa _____ (transmitirse) en directo (*live*).

5. el gerente la _____ (pagar) muy bien.

6. los televidentes _____ (estar) contentos.

C. Los radioyentes *querían* que...

7. los noticieros _____ (explicar) las noticias detalladamente.

8. los locutores _____ (tener) una voz (*voice*) agradable.

9. la estación de radio _____ (hacer) programas interesantes.

13-10 **¡A completar!** You overhear various comments at a party about the media company where you work. Complete each sentence with either the present subjunctive or the imperfect subjunctive form of the verb, according to the context. Be sure to pay close attention to the tense of each verb in the main clause, and follow the models.

Modelos: El público *pide* que el programa *se repita* (repetirse).
            El público *pedía* que el programa *se repitiera* (repetirse).

1. *Fue importante* que los radioyentes _____ (oír) la verdadera situación política.

2. El periódico les *recomendó* a los lectores que _____ (escuchar) todos los puntos de vista.

3. Tú *esperas* que las fotos de tu cumpleaños _____ (estar) en la página social.

4. *Dudábamos* que las noticias sobre España _____ (aparecer) en la primera plana.

5. La editora *necesita* que nosotros _____ (revisar) la sección financiera.

6. La mujer *esperaba* que su esposo _____ (conseguir) trabajo después de leer los avisos clasificados.

13-11 El futurólogo. You read the horoscope from last Sunday's newspaper with interest. Answer each question with a complete sentence in Spanish, using the imperfect subjunctive.

Modelo: ¿Qué les recomendó el futurólogo a los capricornio?
Les recomendó que fueran rápidos de reflejos para evitar un mal momento.

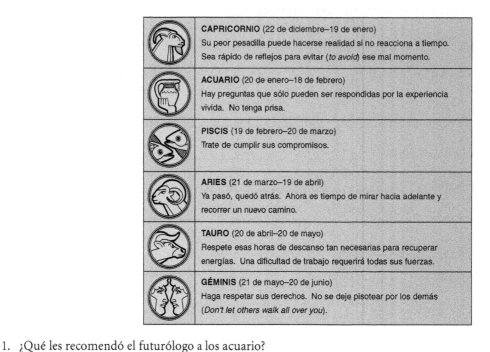

CAPRICORNIO (22 de diciembre–19 de enero)
Su peor pesadilla puede hacerse realidad si no reacciona a tiempo. Sea rápido de reflejos para evitar (*to avoid*) ese mal momento.

ACUARIO (20 de enero–18 de febrero)
Hay preguntas que sólo pueden ser respondidas por la experiencia vivida. No tenga prisa.

PISCIS (19 de febrero–20 de marzo)
Trate de cumplir sus compromisos.

ARIES (21 de marzo–19 de abril)
Ya pasó, quedó atrás. Ahora es tiempo de mirar hacia adelante y recorrer un nuevo camino.

TAURO (20 de abril–20 de mayo)
Respete esas horas de descanso tan necesarias para recuperar energías. Una dificultad de trabajo requerirá todas sus fuerzas.

GÉMINIS (21 de mayo–20 de junio)
Haga respetar sus derechos. No se deje pisotear por los demás (*Don't let others walk all over you*).

1. ¿Qué les recomendó el futurólogo a los acuario?

   _____ .

2. ¿Qué les dijo el futurólogo a los piscis?

   _____ .

3. ¿Qué les advirtió el futurólogo a los aries?

   _____ .

4. ¿Qué les sugirió el futurólogo a los tauro?

   _____ .

5. ¿Qué les pidió el futurólogo a los géminis?

   _____ .

13-14 **Los consejos y deseos de los padres.** What did your parents advise and/or desire for you as you were growing up? For each topic, write a complete, logical sentence in Spanish using the imperfect subjective form of a verb in the dependent clause. Be sure to follow the model closely.

Modelo: la escuela
         Mis padres querían que yo sacara buenas notas en la escuela.

1. mis estudios

   _____ .

2. mi futura carrera

   _____ .

3. mis pasatiempos

   _____ .

4. mis amigos/as y yo

   _____ .

5. mi novio/a

   _____ .

2. Long form possessive adjectives and pronouns (Textbook p. 430)

13-15 A cada cual lo suyo. As you are going through some photographs, you write a brief label on each one for an album. For each image, indicate ownership using a long form possessive adjective. Be sure to follow the model closely.

Modelo: mis periódicos
los periódicos míos

1. la pizza de Alberto y de Mercedes

_____

2. los perros de Teresa y de Rosario

_____

3. tus buenos amigos

_____

4. el carro de nosotros

_____

5. mis vacaciones

_____

6. el dormitorio de Raquel

_____

13-16 ¿Cómo se divide el periódico? You are from a large family in a home that receives only one daily newspaper. You devise a plan indicating who gets to read what section first. Form sentences using the subjects provided, the verb **ser,** and the correct corresponding possessive adjectives.

Modelo: el artículo / mi hermana
          El artículo es suyo.

1. la cartelera / mis hermanos _____ .

2. la primera plana / nosotros _____ .

3. la sección financiera / tú _____ .

4. la sección deportiva / yo _____ .

5. las reseñas de libros / la abuela _____ .

6. los avisos clasificados / tú _____ .

7. el horóscopo / nosotros _____ .

8. el consultorio sentimental / yo _____ .

13-17 ¿Dónde está(n)? No one can find anything at the office today. Answer the questions using possessive adjectives, following the model.

Modelo: ¿Dónde está tu artículo?
          ¿El mío? No sé.

1. ¿Dónde está mi revista del corazón?

   ¿ _____ ? No sé.

2. ¿Dónde están tus reseñas?

   ¿ _____ ? No sé.

3. ¿Dónde está el editorial de Federico?

   ¿ _____ ? No sé.

4. ¿Dónde están los avisos clasificados de ustedes?

   ¿ _____ ? No sé.

5. ¿Dónde están las noticias de ustedes?

   ¿ _____ ? No sé.

6. ¿Dónde está tu horóscopo?

   ¿ _____ ? No sé.

7. ¿Dónde está la sección deportiva del Sr. Gómez?

   ¿ _____ ? No sé.

8. ¿Dónde están las carteleras de Ana y de Pablo?

   ¿ _____ ? No sé.

13-18 ¿De quién es? Ramón is a rather forgetful co-worker of yours. Answer each of his questions negatively, using appropriate possessive adjectives. Be sure to follow the model closely.

Modelo: ¿Es tu revista? (ella)
            No, no es mía, es suya.

1. ¿Es tu caricatura política? (tú)

   _____.

2. ¿Son mis lectores? (nosotros)

   _____.

3. ¿Son los artículos de ustedes? (ellos)

   _____.

4. ¿Es mi programa de radio? (yo)

   _____.

5. ¿Es el noticiero de Graciela? (tú)

   _____.

6. ¿Son nuestros radioyentes? (yo)

   _____.

7. ¿Son mis reseñas? (yo)

   _____.

8. ¿Es tu periódico? (él)

   _____.

¿Cuánto saben? (Textbook p. 433)

13-19 ¿Saben usar el imperfecto de subjuntivo? You overhear various comments about the media in the newsroom. Complete each statement with the imperfect subjunctive form of the verb.

1. El horóscopo me *recomendó* que _____ (hablar) más con mis amigos.

2. El comentarista *esperaba* que la situación política _____ (cambiar) pronto.

3. El editor *quería* que el reportero _____ (escribir) el artículo de nuevo.

4. El periodista *quería* que el público _____ (saber) la verdad.

5. *Era dudoso* que la televisión _____ (decir) lo que pasaba en ese país.

6. El gobierno *prohibió* que los medios de comunicación _____ (publicar) el escándalo.

13-20 ¿Saben usar los pronombres y los adjetivos posesivos? You and a friend from college are journalists in two different countries. He loves to compete and asks you various questions. Complete each sentence with the appropriate long-form possessive adjective or pronoun. Be sure to follow the model closely.

Modelo: Mi televisor es de cincuenta y dos pulgadas (*inches*). ¿Y tu televisor?
El mío es de sesenta pulgadas.

1. Mi periódico es muy objetivo en sus editoriales políticas. ¿Cómo es el periódico de ustedes?

   _____ es muy respetado.

2. Mi reseña de la película es positiva. ¿Y tu reseña?

   _____ es bastante negativa.

3. No me gusta lo que dice mi horóscopo sobre mi futuro. ¿Qué dice tu horóscopo?

   Pues, _____ dice que voy a tener mucha suerte
   en el amor.

4. Mis lectores creen que soy el mejor periodista del país. ¿Qué piensas tú de mis lectores?

   Estoy de acuerdo; _____ creen que eres muy imparcial y objetivo.

5. Nuestros lectores no saben lo que dicen. ¿Qué opinión tienes tú de nuestros lectores?

   Pues _____ no entienden nada de periodismo objetivo.

Perfiles (Textbook p. 434)

Mi experiencia: *El País*, voz de la democracia

13-24 Según Renata. Reread this section of your textbook and give the best answer to complete each statement. Not all expressions in the word bank will be used.

Alejandro Sanz	democracia	Juanes	perspectivas
Bogotá	digitales	periódicos	Santiago

1. En España se publican varios _____ regionales y nacionales, pero *El País* es el que tiene más historia y circulación.

2. *El País* empezó en 1976 durante la transición de dictadura a _____ en España.

3. Renata ahora lee las noticias del mundo en los periódicos _____ .

4. Para entender la política, a Renata le parece importante considerar las _____ expresadas en los periódicos de otros países.

5. Renata lee con frecuencia el sitio web de *La Opinión* de Los Ángeles, el de *El Mercurio* de

   _____ y el de *El Clarín* de Buenos Aires.

6. Un cantautor español que sale en las carteleras de estos periódicos es _____ .

Mi música: "Quisiera ser" (Alejandro Sanz, España)

13-25 Asociar datos. Read about this artist in your textbook and follow the directions to listen to the song on the Internet. Then match each item with the best description.

1. Alejandro Sanz _____

2. la música de Sanz _____

3. la guitarra _____

4. el tema de "Quisiera ser" _____

5. el ritmo de "Quisiera ser" _____

a. el deseo de formar parte de cada aspecto de la vida de su amada

b. el instrumento que toca Sanz en la canción

c. vivo y sensual

d. un cantautor español famoso que ha ganado dos Grammy y varios Grammy Latinos

e. una síntesis de rock, flamenco y balada italiana

Segunda parte

¡Así lo decimos! Vocabulario (Textbook pp. 436–437)

El cine, el teatro y la televisión

13-26 ¡Así es la vida! Reread the brief dialog in your textbook and indicate whether each statement is **cierto, falso,** or **No se sabe** (*unknown*).

1.	"Sábado de Estrellas" es un programa de televisión serio de entrevistas con actores famosos.	Cierto	Falso	No se sabe.
2.	En este episodio, una mujer joven se presenta en la casa de una señora mayor.	Cierto	Falso	No se sabe.
3.	La joven le hace preguntas para el censo (*census*).	Cierto	Falso	No se sabe.
4.	La señora mayor vive con dos personas más.	Cierto	Falso	No se sabe.
5.	La etnia de la señora mayor no es mexicana.	Cierto	Falso	No se sabe.
6.	La etnia de la señora mayor es española.	Cierto	Falso	No se sabe.

13-27 Fuera de lugar. Select the word that does not belong in each group.

1. a. el documental   b. el drama   c. la tragedia   d. el galán

2. a. la comedia   b. la telenovela   c. el principio   d. el concurso

3. a. el guión   b. el espectador   c. el productor   d. el director

4. a. el galán   b. la primera actriz   c. el protagonista   d. la cinematografía

5. a. la obra   b. representar   c. ensayar   d. actuar

6. a. la cámara   b. el papel   c. filmar   d. grabar

7. a. por satélite   b. el premio   c. por cable   d. en vivo

8. a. el papel   b. el guión   c. la cinematografía   d. el ensayo

13-28 El cine, el teatro y la televisión. Carmen is a huge fan of the movies, theater, and television. Complete each sentence with the most appropriate word or expression from the word bank.

actuar	comedia	estudios	galán	premio
canales	en directo	final	guión	primera actriz

1. Se filman las películas de Hollywood en grandes _____ .

2. El Óscar es el _____ más importante del mundo del cine.

3. Salma Hayek es la _____ de la película *Frida*.

4. Penélope Cruz va a _____ en otra película española.

5. Me divertí mucho cuando fui a ver esa _____ .

6. No me gustó el _____ de la película porque el protagonista se muere.

7. ¿Quién escribió el _____ de la película?

8. Con la televisión por cable, se ven muchos _____ diferentes.

9. Un sinónimo de *en vivo* es _____ .

10. El actor es cortés (*courteous*), valiente y guapo; es el _____ de la telenovela.

13-31 **Tus gustos.** What are your preferences regarding the movies, theater, and television? Answer the following questions with complete sentences in Spanish.

1. ¿Cuál es tu película favorita? ¿Por qué?

   _____.

2. ¿Quién es tu actor/actriz favorito/a? ¿Por qué?

   _____.

3. En tu opinión, ¿cómo tiene que ser una buena película?

   _____.

4. ¿Te gusta ir al teatro? ¿Por qué?

   _____.

5. ¿Cuál es tu programa de televisión favorito? ¿Por qué?

   _____.

6. ¿Te gusta ver telenovelas? ¿Por qué?

   _____.

¡Así lo hacemos! Estructuras

3. *Si* clauses (Textbook p. 441)

13-34 **Emparejar.** Patricio and his friends work in the film industry and are discussing plausible and implausible scenarios. Match each **si** clause with the resultant clause that completes it both logically and correctly.

1. Si la película *se filma* en Europa, ... _____

2. Si el productor *necesita* un galán hispano, ... _____

3. Si la comedia *es* buena, ... _____

4. Si en la obra de teatro los protagonistas *mueren*, ... _____

5. Si las noticias *salieran* a las cinco, ... _____

6. Si el estudio *estuviera* cerrado, ... _____

7. Si el productor *tuviera* más dinero, ... _____

8. Si la película *fuera* una comedia, ... _____

a. *contratará* a Javier Bardem.

b. los espectadores *se reirán* hasta el final.

c. *habrá* escenas en Londres.

d. *será* una tragedia.

e. Jim Carrey *sería* el actor principal.

f. no se *podría* filmar la película.

g. *pagaría* mejor a los actores.

h. *necesitarían* un presentador muy pronto.

13-35 Si... Alejandra enjoys entertainment and is discussing various plausible and implausible plans with her friends. Complete each sentence with the correct form of the verb in the present tense or the imperfect subjunctive, according to the context.

Modelos: Si *vas* a Los Ángeles, yo *iré* contigo.
          Si *fueras* a Los Ángeles, yo *iría* contigo.

1. Si nosotros _____ (poder) ir al cine, te *llamaremos* a las cinco.

2. Si yo _____ (ir) a la obra de teatro, *tendré que leer* la crítica antes.

3. Si tú _____ (preferir), *vamos a ver* otra película.

4. Si ellas _____ (conseguir) entradas para el concierto, nos *llamarán*.

5. Si Paula _____ (tener) amigos, *saldría* con ellos al cine.

6. Si yo _____ (ser) actor, *viviría* en Hollywood.

7. Si Shakira _____ (cantar), yo *iría* al concierto.

8. Si nosotros _____ (conocer) al director de la película, *podríamos entrar* a ver los ensayos en el estudio.

13-36 ¿Cómo sería diferente? A theater director wishes some aspects of her industry were different. Form sentences using the fragments provided to express implausible or contrary-to-fact conditions. Be sure to follow the model closely.

Modelo: las compañías teatrales / producir / más obras // el público / ir a verlas
         Si las compañías teatrales produjeran más obras, el público iría a verlas.

1. el galán / ser / malo // a nadie gustarle / la obra

   _____.

2. la primera actriz / actuar mejor // estar / en más obras

   _____.

3. los programas / empezar / a tiempo // haber / menos problemas

   _____.

4. el guión / tener / un final feliz // tener / más éxito

   _____.

5. (nosotros) querer ver / una comedia // ir a ver / esa obra

   _____.

13-38 Situaciones personales. What will you do, or what would you do, in different situations? Complete each sentence with the correct form of the verb in the present tense, the future tense, the imperfect subjunctive, or the conditional tense, according to the context.

Modelos: Si *tengo* dinero este verano, *viajaré a Los Ángeles.*
 Yo *sería* más feliz si *pudiera pasar más tiempo con mi familia.*

1. Si *hay* tiempo este fin de semana, _____ .

2. Si *tengo* dinero este verano, _____ .

3. Yo *voy* al cine si _____ .

4. Yo *saldré* el sábado si _____ .

5. Si yo *tuviera* más dinero, _____ .

6. Si yo *fuera* actor o actriz, _____ .

7. Yo *sería* más feliz si _____ .

8. Yo *tendría* más tiempo si _____ .

¿Cuánto saben? (Textbook p. 444)

13-39 ¿Saben completar las cláusulas con *si*? Paula and her friends are huge fans of Spanish film. Complete each sentence with the correct verb form, according to the context.

1. Si Javier Bardem *fuera* el galán de la película, (nosotras) _____ a verla.
    a. iremos   b. iríamos   c. fuéramos

2. Si Javier Bardem y Penélope Cruz _____ divorciándose, *será* muy triste.
    a. acaban   b. acabarían   c. acabaran

3. Pedro Almodóvar *sería* más famoso en EE. UU. si _____ películas menos oscuras.
    a. hace   b. haría   c. hiciera

4. La película me _____ más si el final *fuera* diferente.
    a. gustará   b. gustaría   c. gustara

5. Si *ponen* una buena película la semana que viene, _____ a verla juntas.
    a. iremos   b. iríamos   c. fuéramos

6. Si _____ más películas extranjeras en general, *iríamos* al cine con más frecuencia.
    a. ponen   b. pondrían   c. pusieran

Nuestro mundo

Panoramas: La herencia cultural de España (Textbook p. 446)

13-46 ¡A informarse! Based on information from **Panoramas**, decide if each statement is **cierto** or **falso**.

1. La ciudad de Bilbao en el País Vasco es de poco interés cultural.   Cierto   Falso

2. El museo Guggenheim de España se encuentra en Bilbao.   Cierto   Falso

3. El famoso arquitecto Antonio Gaudí diseñó varias estructuras famosas en Barcelona, por ejemplo, la Casa Milà.   Cierto   Falso

4. La catedral de Santiago de Compostela en Galicia es moderna.   Cierto   Falso

5. Teruel es famoso por su acueducto renacentista.   Cierto   Falso

6. La Mezquita (*Mosque*) de Córdoba en Andalucía fue construida por los romanos en el siglo I.   Cierto   Falso

7. España tiene diecisiete Comunidades Autónomas y dos Ciudades Autónomas.   Cierto   Falso

8. No hay periódicos independientes en España.   Cierto   Falso

13-47 La geografía de España. Complete each sentence with the best response, based on the map.

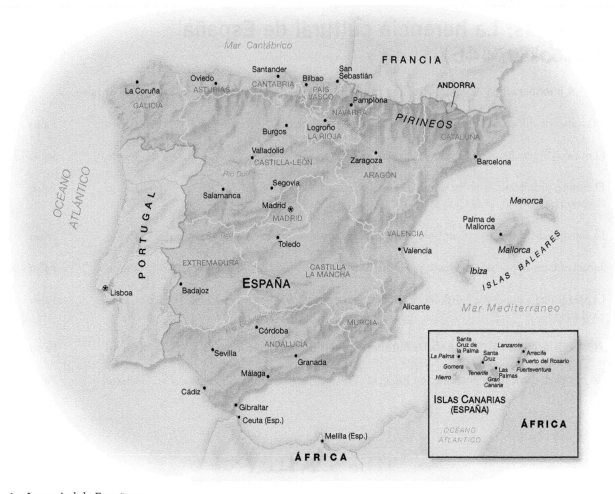

1. La capital de España es _____ .
   a. Sevilla   b. Madrid   c. Barcelona

2. España, _____ y Andorra ocupan la Península Ibérica.
   a. Portugal   b. Francia   c. África

3. Los dos países que tienen frontera con el norte de España son _____ .
   a. Francia y Portugal   b. Francia y Marruecos   c. Francia y Andorra

4. Las dos Ciudades Autónomas de España, Ceuta y Melilla, están _____ .
   a. en el Mar Cantábrico   b. al oeste (*west*) de África   c. en el norte de África

5. Las Islas Baleares de España están _____ .
   a. en el Mar Cantábrico   b. en el Mar Mediterráneo   c. en el Océano Atlántico

6. Las Islas Canarias de España están _____ .
   a. en el Mar Cantábrico   b. en el Mar Mediterráneo   c. en el Océano Atlántico

7. _____ son las montañas entre España y Francia.
   a. Los Pirineos   b. Los montes Cantábricos   c. Los Alpes

8. La famosa región de Andalucía está en _____ de España.
   a. el sur   b. el norte   c. la costa oriental

Páginas: Estimado Director de *El País* (Erasmo Santiago García, España) (Textbook p. 448)

13-48 **¿Cierto o falso?** Based on information from the **Páginas** section of the text, decide if each statement is **cierto** or **falso.**

1. Erasmo Santiago le escribe una carta al director de una revista popular. Cierto Falso

2. A Erasmo le interesa el tema de los libros electrónicos porque es estudiante y le encantan los libros. Cierto Falso

3. Erasmo prefiere leer un libro electrónico más que un libro impreso en papel. Cierto Falso

4. Erasmo se sorprende de que el 64% de los votantes de una encuesta en línea favorezcan los libros electrónicos. Cierto Falso

5. A Erasmo le parece importante poder tocar (*to touch*) y oler (*to smell*) las páginas de un libro impreso en papel. Cierto Falso

6. A Erasmo le preocupa la posibilidad de que podríamos perder el récord de las ideas si hubiera problemas tecnológicos y solo tuviéramos versiones electrónicas de los libros. Cierto Falso

Taller (Textbook p. 450)

13-49 **Si yo fuera...** Think of someone or something that you desire to be or to have, whether it be a famous person, a position, a particular socio-economic status, a talent, a quality, and so on. In those circumstances, what would you do? What effect would you have on the world around you? Write a paragraph describing various aspects of your hypothetical life. Be sure to use correct verb forms in the imperfect subjunctive and the conditional, according to context.

Modelo: *Si yo fuera director de cine, haría películas y documentales con mensajes sociales importantes. Querría trabajar con los mejores actores de Hollywood, como Meryl Streep y Denzel Washington. ...*

_____

_____

_____

_____

_____

_____

_____

_____

_____

_____

_____

Nombre: _____   Fecha: _____

14

¡Seamos cultos!

Primera parte

¡Así lo decimos! Vocabulario (Textbook pp. 454–455)

La música y el baile

14-01 **¡Así es la vida!** Reread the brief dialogs in your textbook and indicate whether each statement is **cierto, falso,** or **No se sabe** (*unknown*).

1. Salvador y Maripaz asistieron a un concierto de música clásica hace una semana.	Cierto	Falso	No se sabe.
2. El concierto de esta noche lo dirige un joven argentino.	Cierto	Falso	No se sabe.
3. La orquesta sinfónica hace giras internacionales.	Cierto	Falso	No se sabe.
4. La orquesta ha tocado en Barcelona.	Cierto	Falso	No se sabe.
5. No fue fácil comprar entradas para el concierto.	Cierto	Falso	No se sabe.
6. Maripaz sugiere que compren una suscripción para la temporada en el futuro.	Cierto	Falso	No se sabe.
7. Salvador y Maripaz acaban comprando la suscripción el año siguiente.	Cierto	Falso	No se sabe.
8. Salvador y Maripaz están impresionados con Gustavo Dudamel.	Cierto	Falso	No se sabe.

14-02 Emparejar. Match each musical instrument with the correct term in Spanish.

1. _____

5. _____

2. _____

6. _____

3. _____

7. _____

4. _____

8. _____

a. el contrabajo

b. la batería

c. la flauta

d. el saxofón

e. el tambor

f. el trombón

g. la trompeta

h. el violín

14-03 La música y el baile. Find these twelve words related to music, musical instruments, and dance in the following word search. Be sure to look for words horizontally, vertically, and diagonally, both forward and backward.

arpa	coreógrafa	guitarra	saxofón
bailarina	danza moderna	maracas	trompeta
clarinete	flamenco	marimba	voz

S	A	X	F	I	N	T	M	O	Z	O	V	Z	P	S	O
M	A	R	A	C	A	S	A	A	O	L	Ó	J	E	T	I
Ó	Q	M	G	Ó	T	L	E	X	R	U	T	C	R	A	S
N	R	A	R	B	U	C	D	E	R	I	P	O	L	I	F
E	U	N	R	A	U	M	I	E	U	T	M	P	F	T	A
R	V	R	L	M	B	A	R	T	O	P	I	B	L	M	S
R	O	E	A	F	A	R	G	Ó	E	R	O	C	A	O	G
A	R	D	B	Ó	N	O	C	T	I	R	D	P	M	S	O
L	R	O	X	S	B	L	A	N	C	Ó	N	A	E	I	N
A	I	M	P	D	A	M	E	G	O	L	R	I	N	F	Ó
C	L	A	R	I	N	E	T	E	V	R	U	G	C	M	F
Ó	R	Z	B	L	I	C	O	N	A	C	S	F	O	N	O
R	P	N	S	Ó	M	X	O	T	L	U	M	E	S	I	X
D	U	A	J	R	O	S	I	M	G	R	I	A	R	P	A
E	T	D	B	O	F	U	L	E	R	T	A	S	O	G	S
N	A	R	C	A	G	A	N	I	R	A	L	I	A	B	O

14-04 ¡Fuera de lugar! Select the word that does not belong in each group.

1. a. el chelo
   b. el contrabajo
   c. la corneta

2. a. el trombón
   b. las maracas
   c. la trompeta

3. a. el clarinete
   b. la batería
   c. el tambor

4. a. el arpa
   b. la flauta
   c. el violín

5. a. la banda
   b. el conjunto
   c. el baile de salón

6. a. el cuarteto
   b. el solista
   c. el piano

7. a. el escenario
   b. la ópera
   c. la sinfonía

8. a. la diva
   b. el ballet
   c. el músico

14-05 ¡A completar! Alejandra is a huge fan of various types of music and dance. Complete each sentence with the most appropriate word or expression from the word bank.

audición	escenario	músicos	repertorio
compositor	gira	ópera	talentosa

1. Antes de ser miembro de un grupo musical, hago una _____ para ver si me seleccionan.

2. Muchos grupos musicales hacen una _____ por diferentes ciudades para presentarle su música al público.

3. La banda está en el _____ , lista para tocar su música.

4. La última pieza de jazz de ese _____ es exquisita.

5. Un cuarteto está compuesto de cuatro _____ .

6. El _____ musical que sabe cantar Plácido Domingo es muy extenso.

7. Los tenores cantan su repertorio en la _____ .

8. Una diva es una cantante sumamente _____ .

14-08 Tus experiencias con la música y el baile. What are your experiences with music and dance? Answer the following questions with complete sentences in Spanish.

1. ¿Tocas, o has tocado, algún instrumento musical? ¿Cuál?

   _____ .

2. ¿Has tomado clases de música o de voz? ¿Cuándo y por cuánto tiempo?

   _____ .

3. En tu opinión, ¿cuáles de las artistas contemporáneas son realmente divas?

   _____ .

4. ¿Cuál es tu banda, conjunto o cuarteto favorito/a? ¿La/lo has visto tocar en vivo?

   _____ .

5. ¿Te gusta bailar? ¿Has tomado clases de baile? ¿Cuándo y por cuánto tiempo?

   _____ .

6. ¿Cuál prefieres ver: una comedia musical, una ópera, un ballet o un espectáculo de danza moderna? ¿Por qué?

   _____ .

¡Así lo hacemos! Estructuras

1. *Hacer* in time expressions (Textbook p. 458)

14-09 **Hace tanto tiempo...** Teresa enjoys talking about music and dance with a friend. Complete each sentence by selecting the correct form of the verb in either the present or the preterit, according to the context.

1. Fui a un concierto de mi banda musical favorita en el 2008.

   Hace tres años que _____ a un concierto de mi banda favorita.
   a. voy
   b. fui

2. Toco el piano desde que tenía seis años. Ahora tengo veintiséis años.

   Hace veinte años que _____ el piano.
   a. toco
   b. toqué

3. La diva empezó su gira hace tres meses y terminará la gira en seis meses.

   Hace tres meses que la diva _____ de gira.
   a. está
   b. estuvo

4. Mi tía asistió a la ópera por primera vez en 1996 y todavía asiste a la ópera regularmente.

   Hace quince años que mi tía _____ a la ópera.
   a. asiste
   b. asistió

5. José Carreras cantó en público por primera vez en 1954.

   Hace cincuenta y siete años que José Carreras _____ en público por primera vez.
   a. canta
   b. cantó

6. Ellos ensayan todos los días hasta que representen la comedia musical en el teatro.

   Hace seis meses que _____ la comedia musical.
   a. ensayan
   b. ensayaron

7. Al público le fascinó la ópera y no deja de aplaudir.

   Hace cinco minutos que el público _____ .
   a. aplaude
   b. aplaudió

8. Alfredo Kraus, uno de los grandes tenores españoles, murió en 1999.

   Hace doce años que Alfredo Kraus _____ .
   a. muere
   b. murió

14-10 El tiempo vuela. Use the construction **hace... que** and the information provided to write complete sentences about how long ago various events took place. Be sure to follow the model closely.

Modelo: Son las cuatro. El director llegó a las dos.
            Hace dos horas que llegó el director.

1. Hoy es sábado. La orquesta ensayó el viernes.

   _____ .

2. Son las cinco. La ópera comenzó a las cuatro.

   _____ .

3. Son las ocho. La diva cantó a las tres.

   _____ .

4. Hoy es el 20 de agosto. La audición terminó el 20 de julio.

   _____ .

5. Hoy es martes. El compositor compuso la pieza musical el sábado.

   _____ .

6. Hoy es el 3 de mayo de 2011. La banda tocó el 3 de mayo de 2009.

   _____ .

7. Hoy es martes 17. La comedia musical se representó el viernes 13.

   _____ .

8. Son las nueve. El músico trajo la guitarra a las ocho y media.

   _____ .

14-11 ¿Cuánto tiempo hace? Use the time period indicated to answer each question with a complete sentence. Be sure to follow the model closely.

Modelo: ¿Cuánto tiempo hace que escuchas jazz? (dos años)
            Hace dos años que escucho jazz.

1. ¿Cuánto tiempo hace que no vas a un concierto? (un año)

   _____.

2. ¿Cuánto tiempo hace que no escuchas una sinfonía? (un mes)

   _____.

3. ¿Cuánto tiempo hace que buscas entradas para la ópera? (un día)

   _____.

4. ¿Cuánto tiempo hace que no ves una comedia musical? (dos días)

   _____.

5. ¿Cuánto tiempo hace que compones esta pieza? (dos semanas)

   _____.

6. ¿Cuánto tiempo hace que tocas el piano? (cinco años)

   _____.

14-12 Las obras de arte. A friend of yours is curious about the amount of time that has passed since various great works of art were created. Use the construction **hace... que** and the information provided to write complete sentences expressing this information. Be sure to follow the model closely.

Modelo: *Guernica* (pintura de Pablo Picasso, 1937)
            Hace setenta y cuatro años que Picasso pintó Guernica.

1. *Autorretrato con mono* (pintura de Frida Kahlo, 1938)

   _____.

2. *Don Quijote de la Mancha* (libro de Miguel de Cervantes, 1605)

   _____.

3. La Sagrada Familia (diseño de Antonio Gaudí, 1882)

   _____.

4. Tikal (construcción de la civilización maya, siglo III a.c.)

   _____.

5. La Casa de la Ópera de Valencia (diseño de Santiago Calatrava, 2004)

   _____.

14-14 **¿Cuánto tiempo hace para ti?** A new friend asks various questions about how long you have been doing certain things, and how long ago you did other things. Answer the questions truthfully using *hacer* in a time expression. Be sure to follow the models closely.

Modelos: ¿Cuánto tiempo hace que te gusta el jazz?
Hace varios años que me gusta el jazz.
¿Cuánto tiempo hace que comiste un buen postre?
Comí un buen postre hace un mes.

1. ¿Cuánto tiempo hace que escuchas la música de tu banda favorita?

    _____.

2. ¿Cuánto tiempo hace que sigues tu carrera universitaria?

    _____.

3. ¿Cuánto tiempo hace que estudias español?

    _____.

4. ¿Cuánto tiempo hace que leíste un buen libro por placer (*pleasure*)?

    _____.

5. ¿Cuánto tiempo hace que saliste a comer un helado?

    _____.

6. ¿Cuánto tiempo hace que hiciste algún viaje?

    _____.

2. *Nosotros* commands (Textbook p. 463)

14-15 **Las sugerencias.** The world of entertainment and the arts lends itself to suggestions from others. Match each drawing with the most appropriate **nosotros** command.

1. _____

4. _____

2. _____

5. _____

3. _____

6. _____

a. Hablemos del cuadro. ¿Qué interpretas tú?

b. ¡Aprendamos a bailar como ellos!

c. No esperemos en la cola. ¡Hay demasiada gente!

d. ¡Pidamos sus autógrafos después de esta canción!

e. Saquemos algunas fotos más y entonces descansemos.

f. ¡Toquemos otra pieza!

14-16 La compañía de danza moderna. A modern dance company is gearing up for a new season, and they are meeting to brainstorm for ideas. Complete each statement with the correct form of the verb as a **nosotros** command.

Modelo: *Levantemos* (Levantar) pesas para ser más fuertes.

1. _____ (Empezar) a ensayar a las siete de lunes a viernes.

2. _____ (Ensayar) con músicos de tambor para experimentar con diferentes ritmos.

3. _____ (Contratar) a un cuarteto para tocar música en vivo durante algunas piezas.

4. _____ (Añadir) algunas piezas atrevidas (*daring*) a nuestro repertorio.

5. _____ (Improvisar) más durante algunas piezas.

6. _____ (Poner) más atención en la apariencia del escenario.

7. _____ (Hablar) con el público después de los espectáculos.

8. _____ (Ofrecer) clases al público para atraer a más gente al estudio.

14-18 **La banda.** The members of a band are excitedly making plans. Answer each question affirmatively, first using the expression **vamos a** + infinitive and then using a **nosotros** command. Use object pronouns when necessary to avoid repetition. Be sure to follow the model closely.

Modelo: ¿Vamos a tener otra audición?
            Músico 1:   Sí, *vamos a tenerla.*
            Músico 2:   Sí, *tengámosla.*

1. ¿Vamos a hacer la gira por la costa este?

   Músico 1:   Sí, _____.

   Músico 2:   Sí, _____.

2. ¿Vamos a tocar las nuevas canciones en el concierto?

   Músico 1:   Sí, _____.

   Músico 2:   Sí, _____.

3. ¿Vamos a componer dos piezas más?

   Músico 1:   Sí, _____.

   Músico 2:   Sí, _____.

4. ¿Vamos a contratar al violinista?

   Músico 1:   Sí, _____.

   Músico 2:   Sí, _____.

5. ¿Vamos a irnos a cenar ahora?

   Músico 1:   Sí, _____.

   Músico 2:   Sí, _____.

14-19 Un conjunto en desacuerdo (*disagreement*). The members of a group cannot seem to agree on the logistics of an upcoming concert. When the singer proposes an idea, one musician responds affirmatively and another responds negatively. Express each response using a **nosotros** command. Use object pronouns when necessary to avoid repetition, and be sure to follow the model closely.

Modelo: ¿Vendemos camisetas en el concierto?
Músico 1:   Sí, *vendámoslas.*
Músico 2:   No, no *las vendamos.*

1. ¿Damos el concierto en Chicago?

   Músico 1:   Sí, _____ .

   Músico 2:   No, no _____ .

2. ¿Grabamos la canción nueva?

   Músico 1:   Sí, _____ .

   Músico 2:   No, no _____ .

3. ¿Hacemos copias adicionales de los CD?

   Músico 1:   Sí, _____ .

   Músico 2:   No, no _____ .

4. ¿Le pedimos más dinero al gerente del club?

   Músico 1:   Sí, _____ .

   Músico 2:   No, no _____ .

5. ¿Nos ponemos las camisetas negras para el concierto?

   Músico 1:   Sí, _____ .

   Músico 2:   No, no _____ .

6. ¿Nos vamos del club para la medianoche?

   Músico 1:   Sí, _____ para la medianoche.

   Músico 2:   No, no _____ para la medianoche.

¿Cuánto saben? (Textbook p. 465)

14-20 ¿Saben usar *hacer* con las expresiones temporales? A distant relative is asking you about your famous cousin. Complete each sentence with the correct form of the verb in either the present or the preterit, according to the context.

Modelos: ¿Cuánto tiempo hace que canta ópera tu primo?
Hace muchos años que mi primo *canta* ópera.
¿Cuánto tiempo hace que cantó en Nueva York?
Cantó en Nueva York hace un año.

1. Tu primo es ahora famoso como cantante de ópera, ¿verdad?

   Sí, hace dos años que _____ (ser) famoso.

2. ¿Cuándo se mudó (*moved*) tu primo a Los Ángeles?

   _____ (mudarse) a Los Ángeles hace cinco años.

3. ¿Cuánto tiempo hace que no ves a tu primo?

   Hace dos años que yo no lo _____ (ver).

4. ¿Conoce tu primo a gente importante?

   Sí, hace tres años que _____ (conocer) a Plácido Domingo, por ejemplo.

5. ¿Cuándo cantó tu primo en público por primera vez?

   Mi primo _____ (cantar) en público por primera vez hace diez años.

14-21 ¿Saben usar los mandatos de *nosotros*? Some members of a ballroom dance club love to chat during rest periods. Complete each statement with the correct form of the verb as a **nosotros** command. Use the object pronoun given to avoid repetition where necessary, and be sure to follow the model closely.

Modelo: Prefiero la salsa. ¡*Bailémosla* (Bailarla)!

1. Me encanta la última canción salsera de Marc Anthony. ¡ _____ (Ponerla)!

2. Me fascina tu forma de bailar. ¡ _____ (Salir) a bailar juntos!

3. El vals es mi baile favorito. _____ (Repetirlo).

4. Necesitamos bebidas durante los descansos. _____ (Traerlas).

5. La salud es muy importante. _____ (Cuidarse).

6. Debemos juntarnos con más frecuencia. _____ (Llamarse).

Perfiles (Textbook p. 466)

Mi experiencia: ¿Baile o ballet? ¡Esa es la cuestión!

14-25 **Según Carlos Perreira-Carreras.** Reread this section of your textbook and give the best answer to complete each statement. Not all expressions in the word bank will be used.

ballet	coreógrafos	función	talentoso
conjunto	flamenca	impresionante	sinfónica

1. A Carlos Perreira-Carreras, un venezolano que ahora estudia en Madrid, le apasiona la música

   _____ .

2. En el conservatorio donde Carlos estudia, se les pide a los alumnos que asistan a todo tipo de

   _____ relacionada con las artes.

3. El fin de semana pasado, Carlos asistió a un _____ titulado "Soleá".

4. Los bailarines principales también fueron los _____ del ballet.

5. A Carlos le pareció _____ la experiencia y ahora aprecia más todo tipo de arte.

6. Carlos va a ir a un concierto de los Gipsy Kings, un _____ español popular desde hace tiempo.

Mi música: "Baila me" (Gipsy Kings, España)

14-26 **Asociar datos.** Read about this group in your textbook and follow the directions to listen to the song on the Internet. Then match each item with the best description.

1. los Gipsy Kings _____

2. los padres de los Gipsy Kings _____

3. el instrumento que predomina en su música _____

4. el tema de "Baila me" _____

5. el ritmo de "Baila me" _____

a. gitanos (*gypsies*) catalanes que huyeron (*fled*) a Francia entre 1936 y 1939

b. la pasión por la música y el baile flamencos

c. un conjunto popular con raíces (*roots*) en España

d. rápido, vivo y alegre

e. la guitarra

Segunda parte

¡Así lo decimos! Vocabulario (Textbook pp. 468–469)

La moda

14-27 **¡Así es la vida!** Reread the brief dialog in your textbook and indicate whether each statement is **cierto, falso,** or **No se sabe** (*unknown*).

1. La periodista y la camarógrafa están en París.	Cierto	Falso	No se sabe.
2. A la periodista le impresiona el uso de colores de una de los diseñadores.	Cierto	Falso	No se sabe.
3. La modelo lleva un conjunto de tonos rojos.	Cierto	Falso	No se sabe.
4. La periodista y la modelo son buenas amigas.	Cierto	Falso	No se sabe.
5. Este año en la alta costura predomina un estilo sencillo y conservador.	Cierto	Falso	No se sabe.
6. En este desfile de moda, solamente se muestran las prendas profesionales para mujeres.	Cierto	Falso	No se sabe.
7. Miguel Palacio hace diseños que combinan telas.	Cierto	Falso	No se sabe.
8. Miguel Palacio vuelve a ganar el premio L'Oreal este año.	Cierto	Falso	No se sabe.

14-28 ¡A emparejar! Match each drawing related to fashion with the most appropriate word or expression.

1. _____

5. _____

2. _____

6. _____

3. _____

7. _____

4. _____

8. _____

a. el desfile de moda

b. el disfraz

c. el esmoquin

d. un modo de vestir profesional

e. la piel

f. las prendas

g. la sencillez

h. el traje de noche

14-29 ¡A seleccionar! Elisa is a close follower of fashion. Complete each of her statements with the most appropriate word or expression from the word bank.

bien hecha	disfraces	está de moda	modelo
diseñadora	esmoquin	gabardina	tul

1. Carolina Herrera es una _____ muy famosa.

2. En el desfile de moda, la _____ llevaba un vestido diseñado por Carolina Herrera.

3. Se dice que un estilo _____ cuando es lo último popular en el mundo de la moda.

4. Una prenda está _____ cuando es de buena calidad y le queda bien al cuerpo.

5. La _____ es una tela útil y práctica que dura (*lasts*) tiempo y que abriga (*warms*) bien.

6. Las faldas de las bailarinas están hechas de _____ .

7. En las ocasiones muy formales, los hombres llevan un _____ negro.

8. En Halloween los niños llevan _____ .

14-32 Cuestionario sobre la moda. What are your opinions and preferences with regard to fashion? Answer the following questions truthfully with complete sentences in Spanish.

1. Para ti, ¿qué significa que algo está de moda?

   _____ .

2. ¿Cuáles son tus telas favoritas? ¿Por qué?

   _____ .

3. ¿Prefieres lo simple o lo sofisticado en cuestiones de moda? ¿Por qué?

   _____ .

4. ¿Qué harías si te invitaran a una fiesta formal y no tuvieras una prenda adecuada?

   _____ .

5. ¿Qué marcas o diseñadores de moda te gustan? ¿Por qué?

   _____ .

¡Asi lo hacemos! Estructuras

3. The pluperfect indicative (Textbook p. 472)

14-35 **Ángel Corella.** Ángel Corella is a highly talented, enterprising Spanish dancer. Complete each statement with the correct verb form, according to the context.

1. El público _____ a Ángel Corella en varios escenarios importantes del mundo.
   a. ha aplaudido   b. había aplaudido

2. Ángel Corella _____ en el escenario con varias bailarinas internacionales famosas.
   a. ha estado   b. había estado

3. Ángel Corella _____ con su hermana mayor, Carmen Corella, desde los ocho años.
   a. ha bailado   b. había bailado

4. Cuando Ángel Corella ganó la Competición Nacional de Ballet de España, en 1991, _____ baile por tan solo ocho años.
   a. ha estudiado   b. había estudiado

5. Antes de ascender en 1996 a bailarín principal del *American Ballet Theatre* (*ABT*) en Nueva York, ya _____ un año en el mismo como solista.
   a. ha pasado   b. había pasado

6. Antes de crear en 2001 la Fundación Ángel Corella en Segovia, España, Corella _____ miembro del *ABT* por cinco años.
   a. ha sido   b. había sido

7. La Fundación Ángel Corella _____ mucha atención internacional.
   a. ha atraído   b. había atraído

8. El Corella Ballet, Castilla y León, una extensión de la fundación, _____ representaciones para el público desde 2008.
   a. ha hecho   b. había hecho

14-36 **Nunca antes.** Enrique works at the theater and is telling others about events that had never happened before this last season. Complete each sentence with the correct form of the verb in the pluperfect indicative.

1. Nosotros nunca antes _____ (conocer) una diva.

2. La diva nunca antes _____ (ponerse) un vestido tan feo.

3. Ningún actor famoso nunca antes _____ (visitar) este teatro.

4. Los músicos nunca antes _____ (ensayar) esa pieza musical.

5. El guitarrista nunca antes _____ (ver) una comedia musical.

6. El compositor nunca antes _____ (componer) una sinfonía.

7. La directora nunca antes _____ (abrir) el teatro por la mañana.

8. La solista nunca antes _____ (enfermarse).

14-37 ¿Qué había pasado ya? What had already happened at the theater last week when additional events took place? Using the fragments provided, form sentences with the first verb in the preterit and the second verb in the pluperfect indicative. Be sure to follow the model closely.

Modelo: cuando / nosotros / recibir / la invitación // ya / empezar / el concierto
           Cuando nosotros recibimos la invitación, ya había empezado el concierto.

1. cuando / yo / llegar / al teatro // mis amigos / ya / sentarse

   _____.

2. cuando / el director / regresar // la orquesta sinfónica / ya / tocar

   _____.

3. cuando / Luis / comprar / las entradas // Pedro / ya / conseguirlas

   _____.

4. cuando / nosotros / volver // la comedia / ya / terminarse

   _____.

5. cuando / tú / traer / la guitarra // el cuarteto / ya / tocar

   _____.

6. cuando Ramón y tú / llegar / al teatro // yo / ya / hablar / con Plácido

   _____.

14-39 Eventos pasados en secuencia. What had you and others in your life experienced or accomplished before other key moments? Answer the following questions truthfully with complete sentences in Spanish.

1. ¿Qué habías hecho antes de empezar tus estudios universitarios?

   _____.

2. ¿Qué no habías hecho nunca antes de empezar tus estudios universitarios?

   _____.

3. ¿Qué ropa no te habías puesto nunca antes de ir a la universidad?

   _____.

4. ¿Adónde habías viajado antes de los dieciséis años?

   _____.

5. ¿Qué habían hecho tus padres antes de que tú nacieras (*were born*)?

   _____.

6. ¿Qué no habían hecho tus padres nunca antes de que tú nacieras?

   _____.

¿Cuánto saben? (Textbook p. 474)

14-40 ¿Saben usar el pluscuamperfecto de indicativo? Patricio knows a lot of facts about the three famous tenors Carreras, Domingo, and Pavarotti. Complete each sentence with the correct form of the verb in the pluperfect indicative.

1. Antes de escuchar a los tres tenores, nunca me _____ (interesar) la ópera.

2. Antes de escuchar a José Carreras y a Plácido Domingo, nosotros sólo _____ (escuchar) la música de Luciano Pavarotti.

3. Antes de cantar con Pavarotti, José Carreras ya _____ (cantar) en muchas óperas.

4. Antes de ganar el Grammy en 1991, Carreras ya _____ (ganar) el premio Emmy.

5. José Carreras ya _____ (debutar) en Barcelona cuando cantó en Nueva York por primera vez.

Nuestro mundo

Panoramas: El arte moderno hispano (Textbook p. 476)

14-47 **¡A informarse!** Based on information from **Panoramas**, decide if each statement is **cierto** or **falso**.

1. El arte moderno hispano no es conocido internacionalmente.	Cierto	Falso
2. El pintor uruguayo Joaquín Torres-García nunca vivió en la Ciudad de Nueva York.	Cierto	Falso
3. El estilo del arquitecto español Santiago Calatrava es moderno, innovador e impresionante.	Cierto	Falso
4. Los cuadros del pintor catalán Joán Miró reflejan el estilo surrealista.	Cierto	Falso
5. La pintora mexicana María Izquierdo nunca quiso mostrar sus obras de arte en otros países.	Cierto	Falso
6. Roberto Matta pinta siguiendo el estilo realista.	Cierto	Falso
7. Las obras del famoso pintor español Pablo Picasso ya no se venden por mucho dinero.	Cierto	Falso
8. La venta de arte es una actividad del pasado, ya que en el siglo veintiuno hay poco interés en comprarlo.	Cierto	Falso

Páginas: "El crimen perfecto" (Enrique Anderson Imbert, Argentina) (Textbook p. 478)

14-48 **¿Cierto o falso?** Based on information from the **Páginas** section of the text, decide if each statement is **cierto** or **falso**.

1. El narrador de este cuento es un criminal que mató a alguien.	Cierto	Falso
2. Decidió esconder el cadáver de su víctima en un cementerio.	Cierto	Falso
3. El cementerio no estaba bien cuidado porque las personas enterradas eran todas unos criminales del siglo anterior.	Cierto	Falso
4. La víctima del narrador era cristiana de mucha fe (*faith*).	Cierto	Falso
5. Durante la noche, las personas enterradas en el cementerio llevaron sus lápidas a otro lugar, para alejarse del cadáver de la víctima.	Cierto	Falso
6. Al día siguiente, unos viajeros notaron el cambio y notificaron a la policía.	Cierto	Falso
7. La policía descubrió el cadáver y pronto las personas originalmente enterradas en el cementerio regresaron.	Cierto	Falso
8. El narrador nunca confiesa la verdad de lo que pasó esa noche tan extraña.	Cierto	Falso

Taller (Textbook p. 480)

14-49 Antes de los 16 años... In the U.S. and Canada, the age of sixteen may be considered the beginning of adulthood. For example, in most states and provinces, it is the legal minimum age at which one can leave compulsory education, begin working, and obtain a driver's license. What experiences had you had before the age of sixteen? Did you feel ready or prepared for this transition into adulthood? Write a paragraph explaining some of the key experiences you had already had by the age of sixteen. Be sure to use correct verb forms in the pluperfect indicative, according to the context.

Modelo: *Cuando cumplí los dieciséis años, me sentía preparado para empezar a participar en las actividades de las personas adultas. Ya había estado en muchos equipos deportivos con otros jóvenes, y por eso había desarrollado la habilidad de llevarme bien con otros y trabajar bien en grupo....*

_____

_____

_____

_____

_____

_____

_____

_____

_____

_____

_____

_____

15

¿Te gusta la política?

Primera parte

¡Así lo decimos! Vocabulario (Textbook pp. 484–485)

Las crisis políticas y económicas

15-01 ¡Así es la vida! Reread the brief passages in your textbook and indicate whether each statement is **cierto, falso,** or **No se sabe** (*unknown*).

1. Los activistas hacen una marcha de protesta contra la injusticia social.	Cierto	Falso	No se sabe.
2. Buscan una voz en la política de su país.	Cierto	Falso	No se sabe.
3. Están a favor de la guerra y de las bombas nucleares.	Cierto	Falso	No se sabe.
4. Usan la violencia para lograr sus metas.	Cierto	Falso	No se sabe.
5. Los derechos humanos les parecen una cuestión de alta importancia.	Cierto	Falso	No se sabe.
6. El ejército le pone fin a la marcha una hora después de su comienzo.	Cierto	Falso	No se sabe.

15-02 ¡Fuera de lugar! Select the word that does not belong in each group.

1. a. el desarme
   b. la guerra
   c. el conflicto

2. a. el ejército
   b. el soldado
   c. el pacifista

3. a. la paz duradera
   b. la paz mundial
   c. la inmigración

4. a. el activista
   b. el desastre natural
   c. la huelga

5. a. la pobreza
   b. la bomba nuclear
   c. el país en vías de desarrollo

6. a. el golpe de estado
   b. la deuda pública
   c. el mercado global

7. a. la justicia
   b. los derechos humanos
   c. la injusticia

8. a. promover
   b. violar
   c. fortalecer

15-03 ¡A completar! A political science professor is explaining some basic concepts to students in his introductory course. Complete each sentence with the most appropriate word or expression from the word bank.

ciudadanos	ejército	país en vías de desarrollo
desarme	pacifista	pobreza

1. Los _____ de un país pueden votar en las elecciones presidenciales.

2. El _____ tiene en su poder las armas (*arms*) de un país.

3. La comunidad internacional quiere el _____ de muchos países para evitar posibles guerras.

4. Óscar Arias es _____ porque trabaja para la paz mundial.

5. Haití es un _____ .

6. La gente de ese país no tiene ni trabajo ni dinero y muchos de ellos viven en la _____ .

15-04 La manifestación (*demonstration*). Some citizens are protesting downtown. Based on the drawing of them, answer the following questions using complete sentences in Spanish.

1. ¿Por qué protestan los activistas?

   _____ .

2. ¿Qué promueven los activistas?

   _____ .

3. ¿Qué quieren abolir?

   _____ .

4. ¿Qué querrán los activistas en cuanto a (*with regard to*) las bombas nucleares?

   _____ .

5. ¿Qué querrán los activistas en cuanto al terrorismo?

   _____ .

15-07 Tus opiniones sobre la política. Answer the following questions from your own point of view, using complete sentences in Spanish.

1. ¿Qué harías tú para eliminar o para minimizar la pobreza?

   _____ .

2. ¿Se puede hacer un esfuerzo para ayudar a los países en vías de desarrollo? ¿Cómo?

   _____ .

3. ¿Crees que los países deben abolir los ejércitos? ¿Por qué?

   _____ .

4. En tu opinión, ¿cuáles son los problemas más serios en EE. UU. o Canadá hoy en día?

   _____ .

5. En tu opinión, ¿cuáles son los peores conflictos que ocurren en el mundo hoy en día?

   _____ .

6. En tu opinión, ¿qué otros problemas serios existen a nivel (*level*) mundial hoy en día?

   _____ .

¡Así lo hacemos! Estructuras

1. The relative pronouns *que, quien,* and *lo que* (Textbook p. 488)

15-08 Las crisis. Today's newspaper reported on various national and international crises. Complete each statement with the correct relative pronoun, according to the context.

1. El desastre natural, _____ ocurrió ayer a las dos de la madrugada, es el peor que este país jamás ha experimentado.
   a. que   b. quien   c. quienes   d. lo que

2. Esos activistas, _____ buscan abolir las armas nucleares, llevan diez horas seguidas protestando contra la guerra.
   a. que   b. quien   c. quienes   d. lo que

3. A los ciudadanos no les gustó _____ ha dicho el presidente sobre la continuación de la guerra.
   a. que   b. quien   c. quienes   d. lo que

4. Los soldados _____ luchan en esa guerra son jóvenes.
   a. que   b. quien   c. quienes   d. lo que

5. Ese soldado, _____ se llama Carlos Ramírez, es de California.
   a. que   b. quien   c. quienes   d. lo que

6. _____ necesitamos en el mundo es la paz duradera.
   a. Que   b. Quien   c. Quienes   d. Lo que

15-09 El soldado lo explica todo. Raúl, a U.S. soldier fighting overseas, is telling a friend and fellow soldier about some good news that he recently received. Complete each sentence with **que, quien(es),** or **lo que.**

1. El señor _____ me llamó ayer fue el sargento.

2. El sargento me dijo _____ quería oír.

3. Me dijo que ya vuelvo a EE. UU., _____ es una muy buena noticia.

4. La persona a _____ primero llamé fue mi madre.

5. Verla contenta es _____ más me importa.

6. También llamé a todos mis hermanos, _____ viven en varios estados del medioeste.

7. Me iré en el vuelo _____ sale por la mañana.

8. Quiero salir esta noche con _____ quieran celebrar conmigo.

15-10 Una conversación. Two friends are having a conversation about political activists. Complete their dialog with the relative pronouns **que, quien(es),** and **lo que.**

JORGE: Allí está el activista con (1) _____ quiero hablar. Quiero hablar con un hombre

(2) _____ es honesto.

JOAQUÍN: ¿Sabes que trabaja con el presidente?

JORGE: Sí, pero (3) _____ más me impresiona de él son sus ideas.

JOAQUÍN: A mí también me gustan sus ideas, pero (4) _____ no me gusta es la actitud (*attitude*) del

pacifista (5) _____ está con él.

JORGE: ¿Quién es?

JOAQUÍN: Es un señor (6) _____ es muy inseguro.

15-11 El activista. An activist needs help with his campaign. Complete the paragraph with the relative pronouns **que, quien(es),** and **lo que.**

El activista es muy inteligente. (1) _____ pasa es que es un poco tímido. (2) _____ menos le

gusta es hablar con las autoridades; por eso, (3) _____ siempre tiene que hacer es pedir ayuda. Sus amigos,

en (4) _____ él confía (*trusts*) y (5) _____ tienen las mismas ideas que él, lo ayudan mucho y le

dicen (6) _____ tiene que hacer. Ellos le aconsejan que sea menos tímido y que siempre diga la verdad. Es

muy importante que el activista los escuche.

¿Cuánto saben? (Textbook p. 491)

15-12 ¿Saben usar los pronombres relativos? Complete each sentence with the relative pronoun **que, quien(es)**, or **lo que.**

1. Los esfuerzos _____ ellos hicieron para encontrar una solución no sirvieron de nada.

2. José, _____ es pacifista, está en contra de una intervención del ejército.

3. La ley _____ aprobaron es buena para todos.

4. No nos gustó _____ dijo el activista sobre el gobierno (*government*).

5. El chico con _____ estudio está interesado en la política.

6. _____ no entiendo es la violación de los derechos humanos.

Perfiles (Textbook p. 492)

Mi experiencia: La política y los hispanos

15-16 Según Marisela Ramos. Reread this section of your textbook and give the best answer to complete each statement. Not all expressions in the word bank will be used.

acción política	candidata	comentarista	inmigración
aumentar	cargo	corridos	pobreza

1. Marisela Ramos, una estudiante universitaria de relaciones internacionales en la Universidad de Arizona, participa

   en un grupo de _____ de estudiantes latinos.

2. El grupo trabaja para _____ el número de latinos que voten en las próximas elecciones.

3. En las elecciones pasadas, los votantes latinos indicaron en una encuesta que los temas de mayor importancia para

   ellos son la economía, el seguro médico y la _____ .

4. Jorge Ramos, el _____ bien conocido de Univisión, afirma que el voto latino va a tener cada vez más
   fuerza a nivel nacional.

5. Marisela aspira a algún _____ político importante en el futuro.

6. Un conjunto que canta _____ sobre el tema de la inmigración son Los Tigres del Norte.

Mi música: "De paisano a paisano" (Los Tigres del Norte, EE. UU.)

15-17 Asociar datos. Read about this group in your textbook and follow the directions to listen to the song on the Internet. Then match each item with the best description.

1. Los Tigres del Norte _____

2. la música de Los Tigres del Norte _____

3. algunos instrumentos tocados por el grupo _____

4. el tema de "De paisano a paisano" _____

5. el ritmo de "De paisano a paisano" _____

a. constante y marcado

b. la guitarra y el acordeón

c. consiste principalmente en *corridos*, o baladas que cuentan una historia

d. expresa los problemas que experimentan los inmigrantes

e. grupo musical de EE. UU. con orígenes en el norte de México

Segunda parte

¡Así lo decimos! Vocabulario (Textbook pp. 494–495)

Cargos políticos y tipos de gobierno

15-18 ¡Así es la vida! Reread the brief excerpt of a campaign speech in your textbook and indicate whether each statement is **cierto, falso,** or **No se sabe** (*unknown*).

	Cierto	Falso	No se sabe.
1. Julián Pérez aspira a ser presidente de España.	Cierto	Falso	No se sabe.
2. Actualmente Pérez no ocupa ningún cargo de influencia.	Cierto	Falso	No se sabe.
3. En su discurso, Pérez promete interesarse por su país, sin distraerse (*get distracted*) por cuestiones a nivel mundial.	Cierto	Falso	No se sabe.
4. En su campaña electoral, Pérez no hace ni promesas ni mención de sus contrincantes.	Cierto	Falso	No se sabe.
5. La deuda pública y la economía son cuestiones que le preocupan a Pérez.	Cierto	Falso	No se sabe.
6. Pérez promete mejorar y proteger el medio ambiente.	Cierto	Falso	No se sabe.
7. El discurso de Pérez es todo un éxito y le consigue muchos votos.	Cierto	Falso	No se sabe.
8. Pérez es buen candidato porque cumplirá con las promesas de su campaña electoral.	Cierto	Falso	No se sabe.

15-19 **Un crucigrama.** Your professor wants to quiz you on some Spanish vocabulary related to government. Complete the following crossword puzzle with the correct information.

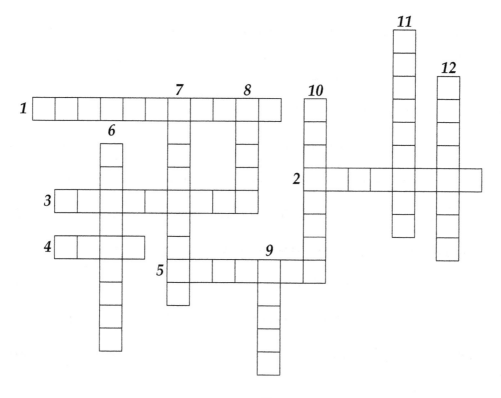

Across

1. Mujer que dirige los asuntos políticos de un estado.

2. Lugar destinado a los jueces para administrar justicia y dictar sentencias.

3. Sistema político en el que la máxima autoridad es elegida por los ciudadanos o por el Parlamento para un período determinado y no hay ni rey ni reina.

4. Hombre que interpreta las leyes, que preside un tribunal y que tiene autoridad para juzgar y sentenciar.

5. Hombre que representa su estado en el Senado.

Down

6. Dinero que el pueblo le paga al gobierno, quitado directamento del sueldo o pagado al hacer cierto tipo de compra.

7. Mujer que dirige los asuntos políticos de un pueblo o de una ciudad.

8. Mujer a cargo de una monarquía o la esposa del rey.

9. Aquello a que está obligado el ser humano por las leyes naturales o políticas o por los valores religiosos.

10. Hombre a cargo de una dictadura.

11. Sistema político que incluye la figura de un rey y/o de una reina.

12. Rectitud e integridad en la manera de pensar, hablar y actuar.

15-20 Los asesores. A candidate's political advisors are meeting to discuss campaign strategies. Complete one advisor's opinion with the most appropriate words or expressions from the word bank.

aumentar	candidato	contrincantes	mejorar	tasa de desempleo
campaña electoral	combatir	debatir	pueblo	votar

Todos los políticos dicen que van a afrontar los problemas del (1) _____ . También dicen que

van a (2) _____ las condiciones de vida de los ciudadanos. Nosotros sabemos que es preciso

(3) _____ los problemas más graves primero. Por ejemplo, hay que bajar la

(4) _____ , dándole trabajo a la gente, ya que si no, se va a (5) _____ el

número de crímenes y saldrán otros tipos de problemas sociales también. Si el público va a apoyar a nuestro

(6) _____ , primero él tiene que poder (7) _____ bien contra sus

(8) _____ . Si no, el público no va a (9) _____ por él.

Tenemos que organizar una (10) _____ muy bien pensada si vamos a ganar las elecciones en

noviembre del año próximo.

15-23 Las promesas. You are running for an important political office. Write six different promises for your campaign platform, choosing from among the terms given.

la corrupción	la honradez	la inmigración
el deber	los impuestos	los programas sociales
la drogadicción	la inflación	la tasa de desempleo

Modelo: *Si ustedes me eligen, eliminaré la contaminación del aire.*

1. _____ .

2. _____ .

3. _____ .

4. _____ .

5. _____ .

6. _____ .

¡Así lo hacemos! Estructuras

2. *Se* for unplanned occurrences (Textbook p. 499)

15-26 **Diferentes situaciones.** Match each drawing with the sentence that best describes it.

1. _____

2. _____

3. _____

4. _____

5. _____

6. _____

a. Se le fue el autobús.

b. Se le rompió una pierna.

c. No se le perdió ningún niño.

d. Se le olvidó la hora del concierto.

e. Se les acabó la comida.

f. Se le torció la rodilla.

5-27 La excusa perfecta. A sophomore student is giving his new freshman roommate some mediocre advice about what to say in different university contexts. Match each situation with the most appropriate explanation or excuse for it.

1. No llamaste a tu compañero de proyecto. _____
2. No le entregaste la tarea al profesor. _____
3. No compraste el libro para la clase. _____
4. No llegaste a clase a tiempo. _____
5. No fuiste a estudiar a casa de un amigo. _____

a. Se me estropeó (*was damaged*) la impresora.
b. Se me perdió la dirección.
c. Se me olvidó el número de teléfono.
d. Se me fue el autobús.
e. Se me acabó el dinero.

15-28 Problemas, problemas. Mr. Navarro's campaign has been negatively affected by repeated mishaps. Rewrite each sentence with the appropriate indirect object pronoun and the correct verb conjugation, according to the context. Note that the verb conjugation may or may not change.

Modelo: A Ramón se le rompió la silla.
          A ti *se te rompieron* las sillas.

1. Al asesor se le quedó el discurso en casa.

   A nosotros _____ los discursos en casa.

2. Se te perdieron los papeles.

   A los asesores _____ el papel.

3. Se nos olvidó el lema de la campaña.

   A mí _____ el lema de la campaña.

4. A Rodríguez y a Martín se les acabó el apoyo del pueblo.

   Al representante _____ el apoyo del pueblo.

5. Se me rompió la computadora.

   A ti _____ las computadoras.

15-30 **Preguntas personales.** What mishaps have you experienced in the past? Answer the following questions with complete sentences in Spanish.

1. ¿Se te cayó algo alguna vez en un restaurante? ¿Qué y por qué?

   _____.

2. ¿Se te rompió algo recientemente? ¿Qué y cómo?

   _____.

3. ¿Se te perdió algo recientemente? ¿Qué y por qué?

   _____.

4. ¿Se te acabó el dinero en alguna ocasión importante? ¿Dónde y cuándo?

   _____.

5. ¿Qué se te olvidó hacer la semana pasada? ¿Por qué?

   _____.

3. *Pero* or *sino* (Textbook p. 502)

15-31 **Habla el pueblo.** Find out what the people and candidates want by completing each statement with either **pero** or **sino,** according to the context.

1. Los trabajadores no desean más impuestos _____ más aumentos.

2. Nosotros queremos elegir al presidente, _____ no podemos votar.

3. Antonio y Sebastián no pronuncian un discurso _____ que repiten el lema.

4. Mis amigos prefieren más programas sociales, _____ no quieren pagar más impuestos.

5. Él quiere ser senador, _____ no le gusta pronunciar discursos.

6. Ellos no piensan ser representantes _____ gobernadores.

7. No deseamos la dictadura _____ la democracia.

8. No prefiero a este candidato _____ al otro.

15-32 El discurso del candidato. Complete the following candidate's speech appropriately with **pero** and **sino.**

Estimados amigos:

Nuestro pueblo busca un nuevo futuro, (1) _____ tenemos que buscarlo con más esfuerzo. Necesitamos

tener más programas sociales, (2) _____ no queremos pagar más impuestos; no queremos un aumento de

impuestos (3) _____ una reducción. No queremos más crimen (4) _____ más ayuda para

combatir el crimen, (5) _____ el gobierno actual no lo combate. No les pido que voten por mí

(6) _____ por la democracia.

¿Cuánto saben? (Textbook p. 504)

15-34 ¿Saben usar el *se* para expresar eventos inesperados? Yesterday's elections did not go as smoothly as planned. Complete each sentence with a **se** construction, including a correct indirect object pronoun and verb conjugation, according to the context.

Modelo: Al asesor *se le torció* (torcer) el tobillo (*ankle*) cuando entraba a votar.

1. A los candidatos _____ (acabar) el tiempo para conseguir más votos.

2. A la asesora _____ (perder) varios papeles importantes.

3. A muchos ciudadanos _____ (olvidar) votar.

4. A ti _____ (estropear) el carro cuando ibas a votar, ¿verdad?

5. A mi amigo y a mí _____ (caer) las papeletas (*ballots*) al piso
   cuando fuimos a entregarlas.

6. A los oficiales _____ (romper) algunas de las máquinas de votación.

15-35 ¿Saben usar *pero* y *sino*? Find out more about the politics of one country by completing each statement with either **pero** or **sino,** according to the context.

1. El gobierno quería aumentar los impuestos, _____ no lo hizo.

2. No hablaron de la paz _____ del desarme.

3. No quiero votar, _____ es mi deber como ciudadano.

4. Apoyo las decisiones del gobierno, _____ algunas no son correctas.

5. No quiero hablar con el senador _____ con el presidente.

6. La paz no debe ser un sueño _____ una realidad.

Nombre: _____ Fecha: _____

Nuestro mundo

Panoramas: La herencia indígena (Textbook p. 506)

15-42 **¡A informarse!** Based on information from **Panoramas,** decide if each statement is **cierto** or **falso.**

1. Las culturas indígenas son un componente importante de la cultura latinoamericana actual. Cierto Falso

2. Las celebraciones hispanas son puramente cristianas, sin influencia indígena alguna. Cierto Falso

3. El quechua es la lengua del pueblo azteca. Cierto Falso

4. Los incas eran expertos en la confección de joyas de oro. Cierto Falso

5. Las palabras *chocolate, tomate, chicle* y *tiza* son préstamos del maya al español. Cierto Falso

6. Las palabras *tapioca, tucán* y *jaguar* son préstamos (*loan words*) del guaraní al español. Cierto Falso

7. Las lenguas que se hablaban en América antes de la llegada de Colón ya no se hablan. Cierto Falso

8. Hay diez países latinoamericanos que protegen y promueven el bilingüismo en el español y en la lengua indígena de la región. Cierto Falso

Páginas: "En solidaridad" (Francisco Jiménez, México/ EE. UU.) (Textbook p. 508)

15-43 **¿Cierto o falso?** Based on information from the **Páginas** section of the text, decide if each statement is **cierto** or **falso.**

1. Durante su último año de la universidad, el narrador decidió unirse al movimiento para sindicalizar a los trabajadores agrícolas. Cierto Falso

2. Su madre estaba a favor de la decisión, porque ella misma era trabajadora migrante en California. Cierto Falso

3. En un evento de su campus, el narrador supo que un grupo de trabajadores agrícolas estaba en huelga y que simplemente pedía recibir el salario mínimo federal. Cierto Falso

4. El narrador fue aún más motivado cuando el representante de los granjeros no dijo la verdad en el evento. Cierto Falso

5. El narrador no aceptaba que el luchar por la justicia social fuera ni su obligación moral ni su responsabilidad personal. Cierto Falso

6. El narrador se fue para la manifestación sin consultar con su instructor, con quien tenía examen el mismo día de su salida. Cierto Falso

7. Durante la marcha, el narrador caminó en el calor siguiendo la misma autopista y los mismos campos donde su familia había buscado trabajo. Cierto Falso

8. Unas cien personas llegaron juntas a Sacramento. Cierto Falso

9. Supieron que la empresa de vino no quiso negociar con el sindicato. Cierto Falso

10. El narrador se quedó pensando en qué podía hacer en su vida para ayudar a los trabajadores migrantes. Cierto Falso

© 2012 Pearson Education, Inc. **Capítulo 15** ¿Te gusta la política? 329

Taller (Textbook p. 512)

15-44 Mi programa electoral y mi lema (*slogan*). You are running for an elected office. Write a speech to your fellow citizens stating the priorities and changes that you will address during your term in office, when you are elected. Give your position on at least five different issues at the local, national, and/or international levels. Be sure to use correct verb forms and relative pronouns.

Modelo: *Estimados ciudadanos:*
¡Soy Pablo López y necesito su voto! ¿Están hartos de ver basura por las calles de esta gran ciudad?
¡Yo también! …

_____

_____

_____

_____

_____

_____

_____

_____

_____

_____

Expansión gramatical

1. Indirect commands (Textbook p. A-25)

EG-01 ¡Que todo salga bien! Imagine that you are a doctor, and a nurse you work with is listing the health issues of several patients. Give advice using the verb in parentheses as an indirect command.

Modelo: El Sr. García cree que tiene fiebre. (tomarse)
            ¡Que *se tome* la temperatura!

1. Juan José se rompió el brazo. (hacerse)

   ¡Que _____ una radiografía!

2. La Sra. Ramona tose mucho. (tomarse)

   ¡Que _____ un jarabe para la tos!

3. Don Rafael está resfriado. (guardar)

   ¡Que _____ cama por dos días!

4. Al Sr. Ramírez le duele el pecho. (dejar)

   ¡Que _____ de fumar!

5. Doña María dice que le duele la garganta. (hacer)

   ¡Que _____ una cita conmigo!

EG-04 Pequeños consejos. Imagine that your friends plan to do the following things. Give them pieces of advice using indirect commands.

Modelo: Van a nadar en el río.
         ¡Que tengan mucho cuidado!

1. Van a ir de excursión.

   _____

2. Van a la fiesta de Antonio.

   _____

3. Van a tener un examen final.

   _____

4. Van a jugar baloncesto.

   _____

5. Van a la biblioteca.

   _____

2. The present perfect subjunctive (Textbook p. A-26)

EG-05 ¿Indicativo o subjuntivo? Select the verb form that correctly completes each sentence.

1. Ellos esperan que los programadores _____ el sistema operativo.
   a. han instalado   b. hayan instalado

2. Nosotros creemos que Ana _____ un buen trabajo.
   a. ha hecho   b. haya hecho

3. Ojalá que Hugo _____ los documentos que le mandé.
   a. ha imprimido   b. haya imprimido

4. Es bueno que nosotros _____ computadoras nuevas.
   a. hemos comprado   b. hayamos comprado

5. Creo que Manuel va a ser despedido, ahora que _____ documentos importantes del disco duro.
   a. ha borrado   b. haya borrado

6. Desde que Teresa _____ ascenso, no habla conmigo.
   a. ha conseguido   b. haya conseguido

7. Voy a archivar estos documentos tan pronto como _____ de revisarlos.
   a. he terminado   b. haya terminado

8. En cuanto tú _____ la antena parabólica, vamos a ver más canales de televisión.
   a. has instalado   b. hayas instalado

EG-06 La jefa incrédula (*incredulous*). An employee is listing all the tasks that have been accomplished at the company throughout the day. However, the boss does not completely trust him. Complete her responses using the present perfect subjunctive.

1. Empleado: He contestado todos los correos electrónicos.

   Jefa: Dudo que tú _____ todos los correos electrónicos.

2. Empleado: He hecho las fotocopias para la reunión de mañana.

   Jefa: Dudo que tú _____ las fotocopias para la reunión de mañana.

3. Empleado: Fernanda ha archivado todos los documentos.

   Jefa: Dudo que ella _____ todos los documentos.

4. Empleado: Alex ha instalado los nuevos programas en la computadora.

   Jefa: Dudo que Alex _____ los nuevos programas en la computadora.

5. Empleado: Rafael y yo hemos arreglado la impresora.

   Jefa: Dudo que ustedes _____ la impresora.

6. Empleado: Luis y Belén han apagado todas las computadoras.

   Jefa: Dudo que ellos _____ todas las computadoras.

EG-08 El accidente. Look at the following drawing and complete the sentences with your own reactions using either the present perfect indicative or present perfect subjunctive.

Modelo: Espero que *ellos hayan llevado un teléfono móvil.*

1. Ojalá que _____ .

2. Es seguro que _____ .

3. Es una lástima que _____ .

4. Es bueno que _____ .

5. Es necesario que _____ .

6. Espero que _____ .

Nombre: _____   Fecha: _____

3. The future perfect and the conditional perfect (Textbook p. A-28)

EG-10 Las órdenes del director. Complete the following exchanges with the correct future perfect forms of the verbs in parentheses.

Modelo: — ¿*Habrán contratado* (Contratar) ustedes a los actores mañana?
         — Claro, nosotros *habremos tenido* (tener) tiempo para contratarlos mañana.

1. — ¿ _____ (Aprender) ustedes el guión antes de las once de la mañana?

   — Por supuesto, nosotros _____ (estudiar) el guión antes de esa hora.

2. — ¿ _____ (Filmar) ustedes las escenas peligrosas antes del martes?

   — Sí, _____ (tener) tiempo para filmarlas antes del martes.

3. — ¿Le _____ (escribir) usted el correo electrónico al productor en una hora?

   — ¡Cómo no! La _____ (hacer) en media hora.

4. — ¿ _____ (Instalar) ellos las cámaras antes del almuerzo?

   — No sé si ellos _____ (terminar) de instalar las cámaras antes del almuerzo.

5. — ¿ _____ (Poder) recoger el chófer al galán de la película hoy?

   — Seguro, él _____ (recoger) al galán antes de las nueve de la mañana.

EG-11 ¡Una película horrible! The cast has just finished filming a new movie, but they are not pleased. Fill in the blanks with the conditional perfect forms of the verbs in parentheses to find out what they would have done differently.

Si el director...

1. hubiera tenido más dinero, _____ (contratar) a mejores actores.

2. hubiera encontrado un mejor reparto, _____ (grabar) más escenas dramáticas.

3. hubiera contratado un buen productor, la cinematografía _____ (ser) mejor.

Si el galán...

4. hubiera tenido un director mejor, (nosotros) _____ (actuar) mejor.

5. hubiera estado en otro estudio, (nosotros) _____ (tener) más tiempo para filmar.

6. hubiera tenido otros compañeros de reparto, (yo) _____ (trabajar) más responsablemente.

Si la primera actriz...

7. hubiera tenido paciencia, el director _____ (conseguir) apoyo del productor.

8. hubiera trabajado con más dedicación, (nosotros) _____ (ganar) algún premio.

EG-12 ¿Qué habrá pasado en la telenovela? You just found out that you will not be able to record the last episode of a soap opera. You wonder what will have happened. Form questions using the sentence fragments provided. Be sure to follow the structure of the model carefully.

Modelo: la telenovela / tener mucha acción
¿Habrá tenido mucha acción?

1. Adriana / saber la verdad

   _____

2. Carina / poner / la evidencia en el auto de Ramón

   _____

3. Débora y Jaime / casarse

   _____

4. todos / estar contentos

   _____

5. Beatriz / darle / a Patricio la información confidencial

   _____

6. Diego / volver de Buenos Aires

   _____

7. Rosaura / morirse

   _____

8. Carmen y Rosario / creer / las excusas de sus hijas

   _____

EG-14 Regreso al pasado. Complete the following sentences by explaining what you would have done differently, using the conditional perfect tense.

Modelo: Siendo primera actriz de una película, *habría trabajado con Antonio Banderas.*

1. Siendo actor/actriz, _____

2. Siendo presidente del gobierno, _____

3. Estudiando en otro país, _____

4. Con más dinero, _____

5. Siendo miembro de la Academia de Hollywood, _____

6. Siendo director/a de cine, _____

7. Sabiendo hablar español perfectamente, _____

8. En una universidad diferente, _____

4. The pluperfect subjunctive and the conditional perfect (Textbook p. A-30)

EG-15 ¡A cambiar! Change the following statements from the present to the past, using the imperfect and the pluperfect subjunctive. Be sure to follow the model.

Modelo: Dudo que haya vuelto la diseñadora.
            Dudaba que *hubiera vuelto* la diseñadora.

1. Es probable que haya tenido un esmoquin.

   _____ probable que _____ un esmoquin.

2. No creo que la modelo haya trabajado allí.

   No _____ que la modelo _____ allí.

3. Dudamos que Laura haya hecho el vestido.

   _____ que Laura _____ el vestido.

4. Esperas que no hayan vendido todas las blusas de rayón.

   _____ que no _____ todas las blusas de rayón.

5. Siento que no hayas conseguido un vestido de lentejuelas.

   _____ que no _____ un vestido de lentejuelas.

6. Esperan que tú ya hayas visto el sombrero de terciopelo.

   _____ que tú ya _____ el sombrero de terciopelo.

7. Es probable que hayan traído un disfraz a la fiesta.

   _____ probable que _____ un disfraz a la fiesta.

8. Es imposible que su hermano haya conocido a Elena.

   _____ imposible que su hermano _____ a Elena.

EG-16 Cambios y más cambios. Change the tenses in the following statements to show contrary-to-fact situations, using the pluperfect subjunctive and the conditional perfect. Be sure to follow the model.

Modelo: Si me regalaran un abrigo de piel, lo devolvería.
Si me *hubieran regalado* un abrigo de piel, lo *habría devuelto*.

1. Si hubiera una camisa de algodón, la compraría.

   Si _____ una camisa de algodón, la _____ .

2. Si la modelo quisiera salir conmigo, la invitaría.

   Si la modelo _____ salir conmigo, la _____ .

3. Si no me faltara dinero, iría al desfile de moda.

   Si no me _____ dinero, _____ al desfile de moda.

4. Si tuviera talento, sería diseñador/a.

   Si _____ talento, _____ diseñador/a.

5. Si fuera rico/a, tendría ropa de alta costura.

   Si _____ rico/a, _____ ropa de alta costura.

6. Si pudiera, haría una campaña en contra de los abrigos de piel.

   Si _____, _____ una campaña en contra de los abrigos de piel.

EG-20 ¿De quién hablamos? Form complete sentences by matching each clause with the most logical continuation.

1. Si Gabriel García Márquez no hubiera escrito

   Cien años de soledad… _____

2. Si Cristina Saralegui no hubiera tenido su programa

   en Univisión… _____

3. Si Carlos Santana no hubiera tocado la guitarra

   tan bien… _____

4. Si Alejandro Amenábar no hubiera filmado

   Mar adentro… _____

5. Si Felipe de Borbón no hubiera sido hijo de

   reyes… _____

a. no habría ganado el Premio Nobel de Literatura.

b. no habría ganado el Óscar.

c. no habría sido príncipe.

d. no habría ganado cuatro Grammys.

e. no habría sido tan famosa.

EG-21 Si yo hubiera sido... Tell orally what you would have done in the following situations by completing the statements below using the conditional perfect.

1. Si yo hubiera sido modelo, ...

2. Si yo hubiera sido diseñador/a, ...

3. Si yo me hubiera disfrazado en Halloween, ...

4. Si yo hubiera sido una persona más extrovertida, ...

5. Si yo hubiera sido una persona más sofisticada, ...

5. The passive voice (Textbook p. A-32)

EG-22 ¡A cambiar! Complete each statement using the passive voice to express the agent. Be sure to follow the model closely.

Modelo: El Senado promovió la ley.
            La ley *fue promovida* por el Senado.

1. El dictador eliminó la democracia.

   La democracia _____ por el dictador.

2. El presidente aumentó la tasa de empleo.

   La tasa de empleo _____ por el presidente.

3. Los ciudadanos eligieron sus representantes.

   Los representantes _____ por los ciudadanos.

4. Los candidatos de ese partido hicieron muchas promesas.

   Muchas promesas _____ por los candidatos de ese partido.

5. Los representantes resolvieron el tema de los impuestos.

   El tema de los impuestos _____ por los representantes.

6. El Congreso abolió el ejército y la compra de armas.

   El ejército y la compra de armas _____ por el Congreso.

7. Los ministros controlaron la inflación.

   La inflación _____ por los ministros.

8. La reina visitó Paraguay y Uruguay.

   Paraguay y Uruguay _____ por la reina.

EG-24 ¿Quién hizo qué? The president wants to know who took care of the following tasks. Complete the answers to the questions affirmatively in the passive voice, using the agents in parentheses. Be sure to follow the model.

Modelo: ¿Se redujo la tasa de desempleo? (el ministro)
Sí, la tasa de desempleo *fue reducida* por el ministro.

1. ¿Se eliminó la drogadicción? (la campaña contra las drogas)

   Sí, la drogadicción _____ por la campaña contra las drogas.

2. ¿Se combatió la corrupción? (el senador)

   Sí, la corrupción _____ por el senador.

3. ¿Se cumplieron las promesas? (la alcaldesa)

   Sí, las promesas _____ por la alcaldesa.

4. ¿Se controló la inflación? (los asesores económicos)

   Sí, la inflación _____ por los asesores económicos.

5. ¿Se afrontó el problema del crimen en el estado? (la gobernadora)

   Sí, el problema del crimen en el estado _____ por la gobernadora.

6. ¿Se aumentaron los impuestos? (el Congreso)

   Sí, los impuestos _____ por el Congreso.

EG-26 Ante la prensa. Imagine that you are a candidate for the presidency and that you are conducting a press conference. Answer the following questions in Spanish, using complete sentences.

1. ¿Cómo se combatirá el crimen durante su presidencia?

   _____

2. ¿Qué impuestos se eliminarán?

   _____

3. ¿Qué se hará con el ejército?

   _____

4. ¿Cómo se reducirá la tasa de desempleo?

   _____

5. ¿Cómo se podrán aumentar los programas de ayuda social?

   _____

Notas

Notas

Notas

Notas

Notas

Notas

Notas

Notas

Notas

Notas

Notas

Notas

Notas